A Comissão Interestadual da Bacia Paraná-Uruguai

CONSELHO EDITORIAL
Ana Paula Torres Megiani
Eunice Ostrensky
Haroldo Ceravolo Sereza
Joana Monteleone
Maria Luiza Ferreira de Oliveira
Ruy Braga

Elisângela de Almeida Chiquito

A Comissão Interestadual da Bacia Paraná-Uruguai

do planejamento de vale aos polos de desenvolvimento

Copyright © 2016 Elisângela de Almeida Chiquito

Grafia atualizada segundo o Acordo Ortográfico da Língua Portuguesa de 1990, que entrou em vigor no Brasil em 2009.

Edição: Haroldo Ceravolo Sereza
Editora assistente: Danielly de Jesus Teles
Editora de livros digitais: Clarissa Bongiovanni
Projeto gráfico, diagramação e capa: Dafne Ramos
Assistente acadêmica: Bruna Marques
Revisão: Selene Pedroso

Esta edição contou com o apoio da Fapesp, número do processo: 2014/17600-3

CIP-BRASIL. CATALOGAÇÃO-NA-FONTE
SINDICATO NACIONAL DOS EDITORES DE LIVROS, RJ

C468c

Chiquito, Elisângela de Almeida
A COMISSÃO DA BACIA PARANÁ-URUGUAI: DO PLANEJAMENTO DE VALE AOS POLOS DE DESENVOLVIMENTO
Elisângela de Almeida Chiquito. - 1. ed.
São Paulo: Alameda, 2017.
23 cm.

ISBN 978-85-7939-377-8

1. Paraná - Uruguai, Bacia - Planejamento. 2. Paraná - Uruguai, Bacia - Desenvolvimento. 3. Recursos hídricos - Desenvolvimento. I. Título

16-30686   CDD: 333.9162
                 CDU: 556.51

ALAMEDA CASA EDITORIAL
Rua 13 de Maio, 353 – Bela Vista
CEP 01327-000 – São Paulo, SP
Tel. (11) 3012-2403
www.alamedaeditorial.com.br

para meus pais, Yvone e Sidinei, pelos ensinamentos,
para Sofia, pela inspiração

Sumário

Prefácio   9

Introdução   13

Capítulo 1. A criação da CIBPU   21

A 1ª conferência dos governadores em 1951: formalização do consórcio de cooperação interestadual   22

A 2ª conferência dos Governadores em 1952: a expectativa de criação de um órgão Federal   32

CIBPU: de fato, uma instituição paulista   38

Capítulo 2. (In)Definições no planejamento regional da CIBPU   55

A definição dos "problemas comuns" e o programa da CIBPU   56

O esquema do Plano Regional   62

O deslocamento dos limites da região   68

Capítulo 3. A CIBPU e o planejamento de vale: referencial norte americano   79

A concepção norte-americana de planejamento de bacias hidrográficas   80

A Missão Cooke e a difusão da concepção de bacias hidrográficas no Brasil   88

A Tennesse Valley Authority como referencial no Brasil   92

O 1º Congresso Panamericano de Engenharia e a difusão da ideia de Multiple-purpose river valley development   93

Getúlio Vargas e Lucas Garcez e a concepção de desenvolvimento de vale   96

O planejamento do Vale do Paraná-Uruguai: integração Latino-americana, foco no urbano e nas condições de vida da população   100

A CIBPU e as condições urbanísticas das cidades do interior 104
Aproveitamento dos Saltos de Itapura e Urubupungá para navegação e energia 108

Capítulo 4. Economia humana na CIBPU: Imbricações entre Lebret e a ONU 117

As ideias de Louis-Joseph Lebret na CIBPU: o papel do governador Lucas Garcez 118
O plano quadrienal de governo 126
A missão da CIBPU: o estudo, necessidades e possibilidades do estado de São Paulo 129
Lebret como expret da ONU: a análise dos níveis de vida e o desenvolvimento como processo 134
A viagem de Lebret à Bacia Paraná-Uruguai: o primeiro "contato global" 145
A CIBPU como "caso concreto" e a formulação da Contribuição à Teoria do Desenvolvimento 149

Capítulo 5. A CIBPU e os polos de desenvolvimento da região Centro-Sul 155

A SAGMACS, a noção de polarização e o foco no "urbano": primeiros traços na CIBPU 155
O Centro-Sul como região 162
A concepção dos polos de desenvolvimento e suas vertentes no Brasil 166
A CIBPU e a formação para o planejamento econômico: o curso "dos americanos" 170
A CIBPU no I Seminário Nacional Sobre Polos de Desenvolvimento em Recife 172
Os planos de industrialização regional (PIR'S) da CIBPU 174

Considerações finais 179

Bibliografia 183

Documentos da CIBPU 193
Documentos e relatórios 195
Legislação 197
Entrevistas 199

Prefácio

Sarah Feldman[1]

Na historiografia do urbanismo no Brasil, ainda que a referência a instituições criadas na administração pública e fora dela seja uma constante, há uma escassez de trabalhos que tenham como centro da reflexão suas estruturas e seu papel no processo de construção de ideias, de práticas urbanísticas e de diferentes vertentes de atuação no campo profissional do planejamento urbano. Como espaços de intermediação entre o que se pensa e o que se realiza, a partir das instituições é possível desvendar como e em que medida, em diferentes condições políticas, econômicas, sociais e culturais, modelos administrativos e ideários urbanísticos permanecem, transformam-se ou se acomodam, engendrando em cada momento práticas específicas.

Esta é a abordagem desenvolvida por Elisângela Chiquito neste livro que tem origem em sua tese de Doutorado sobre a Comissão Interestadual da Bacia Paraná Uruguai – CIBPU, formada através de um convênio entre os governos estaduais de São Paulo, Paraná, Santa Catarina, Mato Grosso, Goiás, Minas Gerais e Rio Grande do Sul.

A CIBPU é criada em 1952, no contexto de rearticulação da vida democrática no país com o fim do Estado Novo, quando um amplo leque de instituições voltadas para o planejamento urbano se organizam fora da estrutura da administração pública. A SAGMACS, Sociedade de Análise Gráfica e Mecanográfica Aplicada a Complexos Sociais, vinculada ao Movimento Economia e Humanismo se organiza em São Paulo, no ano seguinte à promulgação da Constituição Federal de 1946. Nos anos 1950 são criados o IBAM, Instituto Brasileiro de Administração Municipal, no Distrito Federal, que se constitui no âmbito do programa de cooperação técnica em administração pública com o USAID – United States Agency for International Development, e o CEPEU,

---

[1] Professora Livre Docente Sênior do Instituto de Arquitetura e Urbanismo da Universidade de São Paulo e Pesquisadora do CNPQ

Centro de Estudos e Pesquisas Urbanísticas, vinculado à Faculdade de Arquitetura e Urbanismo da Universidade de São Paulo. No início dos anos 1960 é criado o CEPUR – Centro de Pesquisas em Planejamento Urbano e Regional, na Universidade do Recife. Os percursos destas instituições se cruzam principalmente através dos profissionais, pois todas se empenharam na formação de quadros técnicos, seja oferecendo cursos, seja estabelecendo convênios com instituições estrangeiras e, principalmente, experimentando formas de trabalho conjunto com órgãos públicos. Mas cada instituição tem suas singularidades quanto à origem e trajetória. Ao mesmo tempo que potencializam a intensa mobilização que ocorre a partir da década de 1930 pela legitimação do urbanismo nas administrações municipais, mobilizam abordagens e referências que superam a dimensão técnica que se instala na Era Vargas.

Na década de 1950 o enfrentamento das desigualdades regionais, o papel primordial do Estado na condução deste processo e a criação de estruturas administrativas supra-municipais configuram um repertório que tem como base conceitual a indissociabilidade entre o ideário do planejamento e as teorias e estratégias de desenvolvimento. Nessa perspectiva, um conjunto de novas questões são colocadas: a superação do limite político administrativo para a demarcação de áreas de planejamento, a necessidade de considerar os determinantes geográficos e econômicos, as potencialidades de recursos regionais, assim como os avanços da técnica nos processos de planejamento e desenvolvimento.

O conhecimento sobre a realidade urbano-industrial já institucionalizado nos cursos de arquitetura, de sociologia e de geografia, além da engenharia, garante as condições para a formulação desta dimensão radicalmente multidisciplinar do planejamento. Por outro lado, esta perspectiva é alimentada pela inserção do Brasil, juntamente com outros países da América Latina, no circuito de experts internacionais de diferentes campos disciplinares e de diferentes países que se engajam na missão de cooperação e assistência técnica às regiões subdesenvolvidas. A criação da Organização das Nações Unidas em 1945, da Organização dos Estados Americanos em 1948, e o Point Four Program lançado por Harry Truman em 1949 garantem o suporte institucional para acordos de intercâmbio de conhecimento técnico e especializado estabelecidos pelo governo brasileiro.

A primorosa pesquisa documental realizada por Elisângela revela a criação da CIBPU como um condensador desta conjuntura de abertura política, de renovação de conhecimento e de inserção de novos atores na prática do planejamento.

Através dos estudos e projetos que analisa põe em evidência a atuação de órgãos estatais, agências internacionais, empresas de consultoria e da universidade. Nessa articulação de agentes, mostra como o protagonismo político e econômico de São Paulo na condução do convênio envolvendo mais seis estados garantem a persistência da Comissão, apesar de frustrada a tentativa de se constituir como um órgão federal.

Ao privilegiar o estudo das referências do ideário urbanístico ao longo das duas décadas de atividade da CIBPU, sua análise foge das relações mecânicas e imediatas. Em diálogo com a bibliografia nacional e internacional, desvenda os itinerários da difusão da experiência americana da Tennessee Valley Authority no Brasil, dos vínculos entre a atuação do Padre Louis Joseph Lebret na CIBPU e como expert internacional da ONU para formulação de sua Contribuição à Teoria do Subdesenvolvimento, e da concepção de polos de crescimento de François Perroux e Jacques Boudeville à formulação dos polos de desenvolvimento da região centro-sul.

A partir dessa tessitura que não ignora embates e conflitos, aponta mudanças nas referências e concepções de planejamento e desenvolvimento no interior da CIBPU, que repercutem no encolhimento de sua abrangência multidisciplinar e em sua estrutura de funcionamento, na passagem do período democrático para o regime autoritário com o golpe de 1964. E nesse processo se evidenciam tanto as potencialidades como o curto período de sobrevivência da perspectiva de planejamento regional na CIBPU - contradição que, podemos afirmar, é generalizável para a perspectiva do planejamento regional no Brasil.

Este livro, através de um recorte preciso ilumina um tema pouco explorado e problematizado – o planejamento regional – e um objeto de estudo que não tem recebido a devida atenção no campo da história do urbanismo – a CIBPU. Pelos resultados que apresenta e multiplica as perguntas e, portanto, as possibilidades de pesquisas que merecem ser enfrentadas, num momento em que as escalas de planejamento ganham relevância no debate nacional e internacional, diante das mudanças em curso nos processos de produção e organização do espaço urbanizado.

São Carlos, 2015

Introdução

O período compreendido entre o final da Segunda Guerra Mundial e a década de 1950 foi profícuo na criação dos primeiros organismos de planejamento regional no Brasil entre os quais está a Comissão Interestadual da Bacia Paraná-Uruguai.[1] A criação destes organismos se insere em contexto de grande crença no planejamento regional no país,[2] como atribuição privilegiada do Estado e como possibilidade de superação da condição de subdesenvolvimento.

Em nível internacional, este período corresponde a um dos momentos mais férteis do debate mundial sobre as teorias e concepções de desenvolvimento e de modernização do território. Este debate impulsionou a circulação internacional das ideias e experiências por meio de redes formadas por experts em planejamento e desenvolvimento e por relações políticas e econômicas.

A criação da Comissão Interestadual da Bacia Paraná-Uruguai (CIBPU) se dá a partir da confluência de concepções teóricas que se introduzem no contexto brasileiro a partir dos anos 1940. A primeira se refere à matriz norte-americana do planejamento de bacias hidrográficas – ou planejamento de vale –, tendo como principal referência a experiência da Tennessee Valley Autorithy, cujo modelo de planejamento foi difundido mundialmente no período pós Segunda Guerra Mundial.[3] A segunda se refere ao ideário do

---

1   Neste período foram criadas a Comissão do Vale do São Francisco (1948), a Superintendência do Plano de Valorização Econômica da Amazônia) (1953), Superintendência do Plano de Valorização da Fronteira Sudoeste do País) (1956) e a Superintendência de Desenvolvimento do Nordeste (1959), todas pelo governo federal, e a Comissão Interestadual da Bacia Paraná-Uruguai (1951), a partir de um convênio entre estados da federação.

2   FELDMAN, Sarah. *1950: a década de crença no planejamento regional no Brasil*. In: XIII Encontro Nacional da ANPUR, Anais... Florianópolis: ANPUR, 2009.

3   Sobre a Tennesse Valley Authority ver GRAY, Aelred J.; JONHSON, David A. *The TVA regional planning and development program: the transformation of an institution and its mission*. Gateshead:

movimento francês Economia e Humanismo, trazido ao Brasil através da vinda de Louis Joseph-Lebret em 1947, difundido com a criação em São Paulo da Sociedade de Análise Gráfica e Macanográfica Aplicada aos Complexos Sociais (SAGMACS).[4] À estas, soma-se a concepção de polos de crescimento formulada na França por François Perroux, que se difunde no continente americano e no Brasil ao longo dos anos 1950 e, especialmente na CIBPU, vai adquirindo relevância até ocupar nos anos 1960 o lugar de destaque nesta instituição, ofuscando a concepção inicial do órgão.

A perspectiva deste livro é compreender a repercussão destes referenciais teóricos na CIBPU a partir de sua circulação internacional e das relações entre os agentes, que os mobilizam no sentido de desvendar o processo de construção da instituição, os conflitos envolvidos neste processo, e as particularidades que assumem as ideias no contexto brasileiro. A construção de nossa argumentação foi fundamentada pela compreensão do objeto como resultado de embates de ideias, de interesses, de agentes e instituições, que formam uma emaranhada trama, cujos fios se revelam e se contraem dependendo do contexto político e econômico, das forças e dos agentes envolvidos. Buscamos compreender como os debates e os embates entre seus agentes, assim como o contexto político em que está inserida, configuram também uma mudança na concepção da instituição.

Grande parte da bibliografia produzida sobre o planejamento regional no Brasil, no campo da historiografia do planejamento, parte das experiências produzidas no final dos anos 1950, com atenção especial à SUDENE, de todo um repertório construído a partir da atuação da CEPAL e da problematização da metrópole como questão regional. É o

---

Athenaeum Press, 2005.; e LILIENTHAL, David E. *TVA – a democracia em marcha*. (Trad. Otávio Alves Velho). Rio de Janeiro: Civilização Brasileira, 1956.

4 Entre os trabalhos que abordam o ideário do movimento Economia e Humanismo de Lebret destacamos LAMPARELLI, Celso Monteiro. "Louis-Joseph Lebret e a pesquisa urbano-regional no Brasil: crônicas tardias ou história prematura". *Cadernos de Pesquisa LAP*, São Paulo, n. 5, mar./abr. 1995, p. 2-33; LEME, Maria Cristina da Silva. "A formação do pensamento urbanístico no Brasil, 1895-1965". In: LEME, Maria Cristina da Silva (Org.). *Urbanismo no Brasil: 1895-1965*. São Paulo: Studio Nobel/FAU-USP/FUPAM, 1999b, p. 20-38; RIBEIRO, Luiz César de Queiroz; CARDOSO, Adauto Lúcio. "Planejamento urbano no Brasil: paradigmas e experiências". *Espaço & Debates*, São Paulo, ano XIV, n. 37, 1994, p. 77-89; VALLADARES, Licia do Prado. *A invenção da favela: do mito de origem a favela.com*. Rio de Janeiro: Editora FGV, 2005; CESTARO, Lucas. *Urbanismo e Humanismo: a SAGMACS e o estudo da "Estrutura Urbana da Aglomeração Paulistana"*. Dissertação (Mestrado). São Carlos: EESC-USP, 2009; ANGELO, Michelly. *Les développeurs: Louis-Joseph Lebret e a SAGMACS na formação de um grupo de ação para o planejamento urbano no Brasil*. Tese (Doutorado) São Carlos: EESC-USP, 2010.

caso do trabalho de Amélia Cohn,[5] *Crise Regional e Planejamento* que aborda o processo de criação da SUDENE. Da mesma forma, o livro de Betty Lafer, *Planejamento no Brasil*,[6] importante referencial para a historiografia do planejamento governamental no Brasil, aborda o tema a partir da segunda metade dos anos 1950, com a elaboração do Plano de Metas. Neste mesmo livro, no artigo de Roberto Mendonça de Barros, intitulado *A experiência regional de planejamento*, afirma-se que as primeiras tentativas de planejamento regional no Brasil datam do fim da década de 1950, através da SUDENE e do Grupo de Planejamento Carvalho Pinto, em nível estadual. Esta tese vem mostrar que, embora a SUDENE tenha adquirido grande visibilidade na historiografia do planejamento regional, as primeiras experiências de planejamento regional e as reflexões a este respeito no contexto acadêmico e político se iniciam na segunda metade dos anos 1940.

Outro ponto cego na historiografia do planejamento se refere à concepção de planejamento de bacias hidrográficas, que vem ganhando força, recentemente, a partir de seus vínculos com a questão ambiental e que aparece como sendo uma novidade e um consenso em relação à dimensão de sustentabilidade do desenvolvimento. Nesta perspectiva, a compreensão das experiências de planejamento de bacias hidrográficas pela historiografia é, de grande relevância, não com o objetivo comparativo com as experiências recentes, mas como uma busca de conceitos que talvez tenham se perdido no decurso do tempo.

Após um longo período de eclipse dos estudos e práticas de planejamento durante as décadas de 1980 e 1990, no contexto de agravamento dos problemas urbanos e metropolitanos, de crise econômica e política e da própria crise do planejamento num período de redemocratização,[7] recentemente os estudos acadêmicos têm se voltado para a reflexão sobre a dimensão regional. Este trabalho se insere neste movimento de retomada, buscando refletir sobre a dimensão regional do planejamento a partir da historiografia.

No contexto de criação de instituições de planejamento regional no pós-guerra, a CIBPU se destacou pela elaboração de uma vasta gama de estudos, planos e projetos relacionados ao desenvolvimento regional, pelas articulações entre governo e empresas de consultoria, nacionais e internacionais, pela mobilização de agentes e concepções em torno da questão do desenvolvimento, e pela formação de técnicos e planejadores.

---

5 COHN, Amélia. *Crise Regional e Planejamento*. São Paulo: Perspectiva, 1976.
6 LAFER, Betty M. *Planejamento no Brasil*. São Paulo: Perspectiva, 1975.
7 *Espaços & Debates*, 1981.

A trajetória da CIBPU se desenvolve ao longo de três momentos da história política brasileira que interfere decisivamente na concepção da instituição: o primeiro se refere ao período pós Segunda Guerra Mundial, com a emergência da ONU e os programas internacionais para o desenvolvimento, e em nível nacional, a política desenvolvimentista com o retorno de Vargas à presidência; o segundo de refere à ascensão de Juscelino Kubitschek à presidência da República e o processo de interiorização do desenvolvimento baseado no trinômio industrialização-urbanização-rodovias, cujo plano de governo teve como meta síntese a construção de Brasília, e na abertura ao capital estrangeiro; e, por fim, o período da ditadura militar pós 1964.

Apesar de sua grande contribuição e importância para o planejamento regional no Brasil do pós-guerra, a atuação da CIBPU tem passado despercebida pela produção da historiografia do urbanismo e do planejamento no Brasil. Constitui exceção o livro de Gardin, resultado de sua tese de doutorado desenvolvida no Departamento de Geografia da Faculdade de Filosofia, Letras e Ciências Humanas da USP (FFLCH), publicado em 2009. O trabalho de Gardin, como primeiro trabalho realizado sobre a CIBPU, consiste em um estudo panorâmico e analisa as ações desta instituição no desenvolvimento da região, destacando suas principais contribuições aos estados de Mato Grosso e São Paulo, e seus desdobramentos recentes. Sob esta perspectiva, a autora compreende que a ação da CIBPU não ultrapassou o caráter de planejamento parcial e setorial, mas nem por isso foi menos importante. Como um dos desdobramentos da CIBPU, Gardin aponta a hidrovia Tietê-Paraná, que teve a participação direta da CIBPU como representante no conselho que a planejou.

A perspectiva adotada neste livro é inversa, ou seja, não parte dos produtos ou das ações da CIBPU, mas busca compreender as ideias e conceitos que orientaram esta atuação e de que maneira repercutiram na instituição. Nesse sentido, foi no material documental da CIBPU e na produção teórica sobre as diferentes concepções de planejamento e desenvolvimento regional que nos debruçamos para a realização deste trabalho.

Entre os trabalhos teóricos sobre planejamento regional destacamos os trabalhos de Friedmann[8] e Serebrenick[9], que situam a CIBPU num contexto mais amplo das experiências de planejamento regional no Brasil. Serebrenick em seu artigo faz um balanço acerca da experiência brasileira, analisando os órgãos de planejamento

---

8 FRIEDMANN, John. *Introdução ao planejamento regional com referencia especial a Região Amazônica*. (Tradução de Maria Faustino) Rio de Janeiro: FGV, 1960.

9 SEREBRENICK, Salomão. "Planejamento regional". *Revista Brasileira de Geografia*. Rio de Janeiro: Conselho Nacional de Geografia, jan/mar, 1963.

no Brasil até os anos 1960 e insere a CIBPU neste contexto. Friedman constitui hoje um dos principais teóricos sobre planejamento regional e possui uma vasta produção bibliográfica, que nos serviu de base para a compreensão das teorias e práticas em nível internacional.[10]

Além destes, a monografia de Álvaro de Souza Lima – 1º vice-presidente no período de 1953 a 1961 e representante do Estado de São Paulo na CIBPU – intitulada *Exemplo de planejamento regional: a Bacia Paraná-Uruguai,* publicada em 1960 pela própria CIBPU, analisa de maneira aprofundada a atuação deste órgão no contexto do planejamento regional do período. Trata-se, no entanto, da visão de um agente que fez parte da experiência.

A CIBPU é um vasto campo de pesquisas a ser explorado pela historiografia do planejamento no Brasil. A reflexão sobre a circulação das ideias e concepções internacionais sobre planejamento regional no Brasil, e especificamente na CIBPU, no contexto de modernização do território e de superação da condição de subdesenvolvimento no pós-guerra, ainda não foi realizada. A compreensão da CIBPU como instituição de planejamento regional criada a partir de uma trama de ideias mobilizadas por redes criadas por profissionais e pelas relações políticas e econômicas internacionais é de grande relevância para o entendimento historiográfico do planejamento e do desenvolvimento no Brasil.

Os estudos sobre a circulação das ideias e práticas em planejamento urbano e regional é um campo internacionalmente consolidado. Podemos citar o trabalho recente organizado por Patsy Healey e Robert Upton, intitulado *Crossing Borders: international exchange and planning practices,* publicado em 2010, que congrega trabalhos que apresentam pesquisas acadêmicas sobre história das ideias sobre planejamento e desenvolvimento em diferentes momentos historicos, apresentando exemplos da Africa, Asia, Europa e America do Norte, assim como relatos de experiências dos autores no campo de planejamento internacional. No Brasil, as pesquisas sobre a circulação do ideário urbanístico entre Brasil e países da Europa e Estados Unidos tem tradição a

---

10 Entre a vasta produção de Friedmann destacamos para este trabalho FRIEDMANN, John; WEAVER, Clyde. Territory and function: the evolution of regional planning. Berkeley: University of California Press, 1979.; PERROUX, F.; FRIEDMAN, J.; TINBERGEN, J. Los polos de dasorrollo y la planificación nacional, regional e urbana. Buenos Aires: Ediciones Nueva Visión. FRIEDMANN, J.; ALONSO, W. Regional development and planning. A reader. Cambridge: The MIT Press, 1964.; FRIEDMANN, John. Introdução ao planejamento regional com referencia especial a Região Amazônica (tradução de Maria Faustino) Rio de Janeiro: FGV, 1960.

partir de uma extensa rede de pesquisadores de diversas instituições brasileiras que se inserem neste campo como, por exemplo, os pesquisadores ligados à Rede Urbanismo no Brasil/CNPq.

Entre os vários autores que se debruçam a compreender o planejamento urbano e regional no Brasil a partir da circulação internacional do ideário urbanístico podemos citar Andrade (1996, 1999, 2010), Feldman (2005, 2009) e Leme (1999, 2009).[11] Todos eles buscam, a partir da perspectiva historiográfica, a compreensão da trajetória das ideias e do papel dos profissionais a formação do urbanismo e do planejamento no Brasil. O principal foco dos trabalhos de Andrade está na compreensão da repercussão do ideário vinculado ao urbanismo inglês e à ideia de cidade-jardim através dos planos urbanísticos e das trajetórias profissionais. Feldman em seus trabalhos busca desvendar as instituições de urbanismo no Brasil, a formação de profissionais urbanistas e a construção da legislação urbanística a partir da circulação das ideias e agentes. O livro *Urbanismo no Brasil 1895-1965*, organizado por Leme, reúne trabalhos de diversos pesquisadores e que em conjunto fazem um relato e uma análise crítica do papel das ideias e das realizações para a construção da cidade brasileira no século XX, passando pelo modelo cidade-jardim, pelos urbanismo modernista liga do ao CIAM, e pelo referencial do Movimento Economia e Humanismo.

Em trabalho recente, Feldman[12] aborda um conjunto significativo de experiências de planejamento regional no Brasil dos anos 1950, em diferentes escalas e que

---

11   ANDRADE, C. R. M. "Camillo Sitte, Camille Martin e Saturnino Brito: traduções e transferências de ideias urbanísticas". In: RIBEIRO, L.C. de Q., PECHMAN, R. (Orgs.). *Cidade, povo e nação. Gênese do urbanismo moderno.* Rio de Janeiro: Civilização Brasileira, 1996; ANDRADE, C. R. M. "Novo Arrabalde: o desenho de um novo modo de vida". In: LEME, M. C. da S. (Org.). *Urbanismo no Brasil 1895-1965.* São Paulo: FUPAM/ Studio Nobel, 1999; ANDRADE, C. R. M.. "A circulação transatlântica da ideia de cidade jardim: as referências teóricas dos urbanistas brasileiros na primeira metade do século XX". In: SALGADO, Ivone; BERTONI, Ângelo. (Org.). *Da construção do território ao planejamento das cidades: competências técnicas e saberes profissionais na Europa e nas Américas (1850-1930).* São Carlos: RiMa; Fapesp, 2010, p. 27-33; FELDMAN, Sarah. *Planejamento e zoneamento: São Paulo 1947- 1972.* São Paulo, Edusp/Fapesp, 2005; FELDMAN, Sarah. "1950: a década de crença no planejamento regional no Brasil". In: XIII Encontro da ANPUR. Florianópolis: ANPUR, 2009; LEME, M. C. S.; FERNANDES, A.; FILGUEIRA, G. M. A. (Orgs.). *Urbanismo no Brasil 1895-1965.* São Paulo: Studio Nobel /FAU USP /FUPAM, 1999; LEME, M. C. S.. "A circulação de ideias e práticas na formação do urbanismo no Brasil". In: Pontual, V. e Loretto, R. P. (Org.). *Cidade, Territorio e Urbanismo.* Recife: Ceci, 2009, p. 73-92.

12   FELDMAN, Sarah. "1950: a década de crença no planejamento regional no Brasil". In: XIII Encontro Nacional da ANPUR, Anais... Florianópolis: ANPUR, 2009.

mobilizam diferentes referenciais teóricos internacionais. Nas experiências abordadas pela autora está o Estudo realizado pela Sagmacs para a CIBPU, além de outros estudos realizados por Anhaia Mello e Antonio Bezerra Baltar. Segundo a autora, todos os estudos analisados evidenciam uma ampliação da escala territorial do município para a região, a superação da dimensão técnica predominante no urbanismo desde os anos 1930, e mobilizam referenciais que não necessariamente condizem com aqueles mobilizados na escala local, assim como trazem à tona a perspectiva de reforma social, aspecto fundador do urbanismo.

O presente livro está organizado em cinco capítulos. O primeiro capítulo aborda o processo de criação da CIBPU como um órgão regional, sua estrutura, o perfil de sua atuação, quais eram os profissionais envolvidos, o processo de constituição do órgão, os debates e os embates.

No segundo capítulo, buscamos desvendar o processo de planejamento do órgão e o deslocamento da concepção de região. Sob esse ponto de vista, buscamos mostrar neste capítulo os desafios no que se refere ao planejamento regional da CIBPU e de que forma esse processo conflituoso contribuiu para a permanência da instituição ao longo dos 20 anos de sua existência. Para isso, num primeiro momento, trazemos à luz os conflitos e ideias presentes no processo de elaboração do Plano Regional da CIBPU e, num segundo momento, buscamos mostrar a trajetória das ideias em torno da definição de sua região de planejamento.

O terceiro capítulo busca compreender a repercussão na CIBPU do conceito de planejamento de vale, ou planejamento de bacias hidrográficas. Destacamos neste sentido o papel das missões norte-americanas na difusão desta concepção no Brasil e os meios pelos quais repercutiu na CIBPU. Abordamos as especificidades que esta concepção assume ao migrar de seu contexto original e repercutir no contexto brasileiro, procurando entender de que forma ela orienta os trabalhos da Comissão.

O quarto capítulo analisa os vínculos entre a CIBPU e as ideias do movimento Economia e Humanismo, assim como a compreensão da instituição como um laboratório mundial no âmbito dos programas de cooperação internacional da ONU. Para esta análise, detectamos três aspectos importantes através dos quais o texto será conduzido. O primeiro se refere à participação de docentes da Escola Politécnica da Universidade de São Paulo no curso de Economia Humana de 1947, e que se desdobrou na participação efetiva desses docentes na Sociedade para Análise Gráfica e Mecanográfica Aplicada aos Complexos Sociais (SAGMACS) e no reconhecimento do Pe. Louis-Joseph Lebret pela Universidade nos anos 1960. Um segundo aspecto se refere à participação da SAGMACS no governo de Lucas Garcez para o Estado de São Paulo, assimila orientações de Lebret no planejamento governamental e constróuindo, através da criação da CIBPU, uma via de atuação para Lebret e para a SAGMACS no Brasil na planejamento em escala regional. O terceiro aspecto se refere à configuração da CIBPU como um laboratório de experimentação no campo mundial do subdesenvolvimento latino-americano, o que permitiu por um lado, a formulação da contribuição de Lebret à Teoria do Desenvolvimento formulada a partir de um "estudo de caso concreto", e a introdução da concepção humanista no pensamento e nos trabalhos da CIBPU.

O quinto capítulo analisa o deslocamento na concepção de desenvolvimento regional da CIBPU. Com novos agentes e um novo contexto político, a concepção de planejamento regional e de desenvolvimento da CIBPU se redefine e os estudos, planos e políticas de desenvolvimento regional passam a se orientar pela concepção de polos de desenvolvimento. Essa concepção se vincula originalmente à teoria francesa dos polos de crescimento formulada por François Perroux, e à vertente norte-americana da Regional Science Association, de Walter Isard. Neste momento, os estudos e planos se voltam especificamente para a industrialização regional através da seleção de cidades que funcionaram como polos de atração, e da criação de distritos industriais. Neste período destaca-se também na CIBPU os cursos de formação para o planejamento sob a perspectiva do desenvolvimento polarizado.

Capítulo 1
A criação da CIBPU

Criar e experimentar processos e práticas, para coordenar, com objetivos superiores, não apenas simples órgãos administrativos, mas unidades de governo de problemas existentes dentro da área selecionada para os fins de planejamento, constitui concepção governamental de real transcendência.

Lucas Nogueira Garcez[1]

A Comissão Interestadual da Bacia Paraná-Uruguai (CIBPU) foi concebida num nos momentos mais férteis do debate mundial sobre a questão do planejamento para o desenvolvimento. Com o final da Segunda Guerra Mundial um verdadeiro aparato institucional é montado oferecendo a assistência técnica aos países do "terceiro mundo", "subdesenvolvidos" ou "em desenvolvimento", através da criação de organismos internacionais, públicos ou privados (ONU, Ford Foundation e Rockfeller Fundation), programas de assistência (Point IV, Partners in Progress) e agentes de financiamento (BIRD, Banco Mundial, BNDE). Neste momento, o debate sobre o desenvolvimento e as contribuições teóricas e experiências práticas se difundem através dos programas de cooperação internacional e se traduzem nas realidades específicas dos países que passam a constituir um arcabouço institucional visando sua inserção nos programas internacionais e ampliando as possibilidades de financiamento para o desenvolvimento regional.

---

1   Discurso do governador de São Paulo Lucas Nogueira Garcez na 1ª Conferência dos Governadores, 6 a 8 de setembro de 1951.

Embora nunca tenha sido institucionalizada como um órgão em nível federal, a CIBPU atuou durante 20 anos no Brasil (1951-1972) e constitui importante referência para a compreensão da história do planejamento regional no Brasil. A compreensão do processo de criação da CIBPU, sua estrutura, o perfil de sua atuação, quais eram os profissionais envolvidos, os debates e os embates entre diferentes concepções administrativas permite compreender os desafios enfrentados no processo de criação de instituições.

A 1ª Conferência dos Governadores em 1951: formalização do consórcio de cooperação de interestadual

Em setembro de 1951, durante as comemorações do dia da Independência, os governadores dos estados de Paraná, Santa Catarina, São Paulo, Goiás, Mato Grosso e Minas Gerais reuniram-se em conferência na cidade de São Paulo para tratar dos problemas comuns entre esses estados da federação, no sentido de ampliar a capacidade de provisão de serviços públicos necessários ao desenvolvimento regional.[2]

A Conferência dos Governadores para o estudo dos problemas da bacia do rio Paraná,[3] como foi denominada, foi convocada pelo então governador do estado de São Paulo, professor Lucas Nogueira Garcez, responsável pela mobilização dos governadores dos referidos estados e do governo federal para este debate. O discurso do governador Lucas Garcez na sessão de abertura da 1ª Conferência buscava alinhavar os interesses nacionais e estrangeiros:

> Nenhum grande planejamento, abrangendo o interior do Brasil, será viável, se não se apoiar em uma política de povoamento, de viação e produção de energia elétrica (...). Ao longo de suas encostas, vazias de população, sem o poder de fixação humana, que os grandes vales apresentam em outras partes do globo, não há atrativos para desbra-

---

[2] Os governadores em gestão eram Lucas Nogueira Garcez (São Paulo), Pedro Ludovico (Goiás), Fernando Corrêa da Costa (Mato Grosso), Bento Munhoz da Rocha Neto (Paraná), Juscelino Kubitschek (Minas Gerais) e Irineu Bornhausen (Santa Catarina). O estado do Rio Grande do Sul, incorporado mais tarde como membro da CIBPU, como veremos adiante, não participou desta conferência.

[3] A *Conferência dos Governadores para o estudo dos problemas da bacia do rio Paraná* foi denominada, mais tarde, *1ª Conferência dos Governadores*, tendo em vista a continuidade das reuniões ao longo da trajetória da CIBPU.

vadores e migrações. É necessário, pois, dinamizar-lhes o valor econômico. Só esse trabalho (...) justificaria este conclave de Governadores.[4]

A despeito da grande notabilidade política na ocasião da Conferência, Lucas Garcez não possuía uma trajetória política de destaque. Garcez era engenheiro civil e professor da cadeira de Hidráulica e Saneamento da Escola Politécnica da Universidade de São Paulo. Sua atuação na administração pública iniciou durante o Estado Novo ao assumir a superintendência da construção da Usina Hidrelétrica de Avanhandava, em 1940, e da Fábrica Nacional de Motores (FNM), em 1943. Antes de assumir o governo de São Paulo, Garcez havia desempenhado o cargo de secretário de Viação e Obras Públicas no governo paulista de seu antecessor, Adhemar de Barros[5] (PSP), que o projetou como gestor público e o levou a disputar o governo do Estado nas eleições de 1950. A partir de uma aliança entre o Partido Social Progressista (PSP) de Adhemar de Barros e o Partido Trabalhista Brasileiro (PTB) de Getúlio Vargas, a campanha de Garcez ao governo do Estado foi casada com a campanha presidencial de Vargas e, em outubro de 1950, ambos foram eleitos. Garcez, de perfil técnico e acadêmico com uma grande capacidade de articulação de interesses, passa a liderar a gestão do estado mais desenvolvido do país.

Vargas e Garcez compartilhavam, a princípio, um mesmo projeto político – o desenvolvimento econômico através do planejamento e o aproveitamento dos recursos estratégicos pelo Estado com foco no processo de industrialização, no controle dos recursos naturais e na ocupação do território utilizando como unidade de planejamento o vale. O discurso do governador Lucas Garcez na Conferência evidencia esta concepção ressaltando o interesse de São Paulo em pensar o desenvolvimento da região da bacia hidrográfica como um todo:

> O magnífico surto de desenvolvimento do Norte do Paraná e do interior de São Paulo começa a ser seguido pela região mato-grossense que vai de Santana do Parnaíba a Ponta Porã; o Triângulo Mineiro mostra aos poucos ao Brasil toda sua pujança; as imensas possibilidades goianas passam ao domínio das realidades palpáveis e os catarinenses, gradativamente, vão integrando na economia brasileira as ferazes terras do Vale do Iguaçu.

4 CONFERÊNCIA dos Governadores, 1ª, 06 a 08/09/1951, São Paulo SP Ata...São Paulo, 1951. p.13.

5 Em sua volta ao governo do estado nos anos 1960, Adhemar se torna um dos sustentáculos para o golpe militar de 1964. Fonte: GARCIA Jr, Gentil da Silva. *O populismo de Adhemar de Barros diante do poder militar no pos-64*. Dissertação (Mestrado). Campinas: IFCH, 2001.

Para os paulistas, então, o desenvolvimento da Bacia do Paraná já se tornou essencial, a fim de que o ritmo de progresso do Estado não sofra solução de continuidade.

Além disso, está no próprio destino histórico de São Paulo a atração pelo "hinterland". No passado, foi visando a integração geográfica, através das Bandeiras, que na Bacia do Paraná, se desenrolou a epopéia magnífica da "Monção Cuiabana".[6]

A 1ª Conferência tinha três objetivos principais. O primeiro deles era a definição de quais problemas em relação ao desenvolvimento eram comuns aos estados e que poderiam ser tratados em conjunto. O segundo se referia à fixação dos limites da região de planejamento que contemplasse os estados e que pudesse responder aos problemas comuns. Para isso deveriam ser discutidos os critérios a serem utilizados em relação à unidade de planejamento regional e os fins a que se destina.

O terceiro objetivo era a criação de um órgão de planejamento regional. A proposta dos governadores, de forma geral, era a criação de um organismo técnico-administrativo federal, que atuasse externamente aos órgãos de linha. Este órgão deveria possuir poderes de governo, mas também a agilidade, a flexibilidade e a autonomia de uma empresa privada, possibilitando colocar em prática, de forma rápida, os programas de desenvolvimento.

Para atingir tais objetivos, a 1ª Conferência previa a utilização dos recursos provindos do programa de financiamento internacional norte-americano, o Point Four Program. Anunciado pelo governo de Harry Truman em 1949, esse programa previa a cooperação através de assistência técnica e de financiamento para os países subdesenvolvidos. Em julho de 1951 já havia sido criada a Comissão Mista Brasil-Estados Unidos (CMBEU) para o estudo da aplicação destes recursos no Brasil. Os trabalhos da CMBEU que estavam em andamento na ocasião da 1ª Conferência partiram dos estudos já elaborados nos anos 1940 pelas missões norte-americanas Cooke e Abbink e estabeleceu como prioridades para os investimentos os setores de agricultura, energia e transporte.[7]

Apesar de partilharem de uma concepção de desenvolvimento semelhante, os debates na Conferência deixavam evidente a tensão entre o governo federal e os estados

---

6   Discurso do governador de São Paulo pronunciado na sessão de instalação da 1ª Conferência dos Governadores, 6 a 8 de setembro de 1951, Palácio dos Campos Elíseos, São Paulo.

7   RELATÓRIO da Comissão Mista Brasil-Estados Unidos. *Memórias do Desenvolvimento*. Ano 2, nº 2. Rio de Janeiro: Centro Internacional Celso Furtado de Políticas para o Desenvolvimento, 2008.

no que diz respeito a problemática regional entre norte/nordeste e sul/sudeste que vinha se configurando, no âmbito federal, a partir da ideia de existência de desequilíbrios regionais.

Esta ideia se evidencia no Brasil a partir dos anos 1940, e orienta formulação da política de desenvolvimento regional presente na Constituição Federal de 1946 que destina recursos para a criação de instituições voltadas para o equacionamento dos tais desequilíbrios regionais com foco nas chamadas "regiões-problema", ou seja, áreas até então não aproveitadas economicamente, que apresentavam graves problemas sociais, econômicos e políticos, ou mesmo áreas praticamente despovoadas que possuíam riquezas naturais inexploradas.

Nesta linha, a Constituição de 1946 definiu três "regiões-problema" no Brasil – o Nordeste, a Amazônia e o Vale do São Francisco –, considerando que a região abrangida pela Bacia do Paraná conduzia o desenvolvimento do país. Para Amélia Cohn,[8] a configuração do quadro conceitual dos "desequilíbrios regionais" no Brasil e a inserção do nordeste brasileiro como "região-problema" constitui elemento fundamental para acirrar as disputas egionais, sobretudo entre o norte-nordeste dito "atrasado" e a região centro-sul considerada "adiantada".

Assim, o debate da Conferência evidenciava essa disputa e apontava para o fato de que embora a região da bacia Paraná-Uruguai não configurasse uma das "regiões-problema", seu desenvolvimento significava a única possibilidade de alavancar o progresso da nação e tirá-la da condição de subdesenvolvimento. O discurso do governador Lucas Garcez sintetiza esta ideia:

> Se naquelas regiões o problema é despertar riquezas, aqui, no paralelo de nossas preocupações, será coordená-las, discipliná-las nesse tumulto e nessa eclosão de energias, que representam potenciais de vontades e possibilidades inúmeras.[9]

Outra ideia que reforçava a necessidade de planejamento do desenvolvimento da bacia Paraná-Uruguai era a falta de homogeneidade de seu território. Embora fosse a região mais desenvolvida do país, era necessário considerar que a bacia possuía, em seu interior, grandes diferenças intrarregionais que passavam da configuração da metrópole paulista, que comandava a economia nacional, às "áreas selvagens do interior

---

8   COHN, Amélia. *Crise regional e planejamento: o processo de criação da SUDENE*. São Paulo: Perspectiva, 1976.

9   CONFERÊNCIA dos Governadores, 1ª, 06 a 08/09/1951, São Paulo SP Ata...São Paulo, 1951. p.98.

do país", localizadas nos estados de Mato Grosso ou Goiás. Vale destacar que, em 1950, a população do estado de Mato Grosso era de 522.044 pessoas distribuídas entre 35 municípios e com uma densidade populacional de 0,4 hab/Km², enquanto o estado de São Paulo já atingia 9.134.423 de habitantes, 369 municípios e com uma densidade populacional de 37 hab/km², sendo que mais de 2 milhões de pessoas estavam localizadas na capital do estado que já possuía uma densidade demográfica de 1.354 hab/Km².[10]

A ideia de criação de um órgão de planejamento regional para a bacia Paraná-Uruguai foi, portanto, parte de uma política de descentralização das atividades produtivas em um território de alcance do desenvolvimento paulista que, certamente, aumentaria a área de influência de São Paulo e o reafirmaria como principal centro econômico nacional. Esta visão reaparece no teor contraditório do II Plano Nacional de Desenvolvimento, onde a intenção de minimizar as desigualdades regionais do país coexiste com a ideia de tornar o "Centro-Sul" o "núcleo básico da economia moderna do Brasil".[11] O trabalho de Schiffer[12] argumenta que a configuração da metrópole paulista como centro nacional realmente se efetiva nos anos 1970.

De qualquer modo, se a política de integração nacional colocava as regiões da Amazônia e do Vale do São Francisco como áreas estratégicas de investimento e desenvolvimento, os vales do Paraná e do Uruguai constituíam a dimensão latino-americana de integração.[13]

A região do Vale do Paraná, região mais dinâmica do país e em melhores condições de desenvolvimento econômico, nunca ficou "no esquecimento", diferentemente do que afirmou a declaração do Governador de Mato Grosso, Fernando Corrêa da Costa.[14] O território que correspondia à região do vale do rio Paraná vinha

---

10 SAGMACS. *Problemas de desenvolvimento. Necessidades e possibilidades do Estado de São Paulo.* São Paulo: CIBPU, 1954.

11 A respeito do II PND ver SOUZA, Maria Adélia A. de. O. "II PND e a política urbana brasileira: uma contradição evidente". In: DÉAK, C. e SCHIFFER, S. R. (Orgs.) *O processo de urbanização no Brasil.* São Paulo: Edusp, 2004. p. 111-143.

12 SCHIFFER, Sueli Ramos. "São Paulo como polo dominante do mercado unificado nacional". In: DÉAK, C e SCHIFFER, S. R. (Orgs.) *O processo de urbanização no Brasil.* São Paulo: Edusp, 2004.

13 CONFERÊNCIA dos Governadores, 1ª, 06 a 08/09/1951, São Paulo SP *Ata...*São Paulo, 1951.

14 A declaração do governador do Mato Grosso dizia: "Infelizmente, porém, não exageramos se aqui repetirmos aquela apóstrofe desencantada com que Orville Derby verberava o descaso nacional, declarando que 'quer sob o ponto de vista econômico, que sob o ponto de vista científico, nenhum tem recebido menor atenção do que o Vale do Paraná." (Conferência, 1951:18).

sendo, desde os anos 1930, terreno fértil de disputa entre a União e grandes empresas agrícolas e de colonização. Em 1932, num movimento separatista ocorrido durante a Revolução Constitucionalista, políticos e lideranças regionais já haviam tentado, sem sucesso, junto ao governo federal, a criação de um Estado,[15] na área compreendida pelo sul do estado de Mato Grosso, atingindo áreas do oeste de São Paulo e Paraná, além de áreas do Paraguai. Os interesses envolvidos neste fato, segundo Fausto,[16] correspondiam tanto à oligarquia rural, que desejavam sua manutenção no controle do sistema econômico e político, como aos interesses de empresários interessados em implantar uma democracia liberal.

Com o Estado Novo, o governo federal passa a agir mais intensamente sobre estas áreas. Em 1943, o governo Vargas criou os territórios federais de Ponta Porã e Iguaçu na faixa de fronteira correspondente à porção sul do estado do Mato Grosso (hoje estado de Mato Grosso do Sul) e a oeste do Paraná e de Santa Catarina, territórios que já estavam previstos pela Constituição de 1937 como parte da política de proteção de áreas estratégicas e de ocupação do território pelo programa Marcha para Oeste.

A criação desses territórios, controlados diretamente pelo governo federal, encampou terras que estavam sob concessão de grandes empresas agrícolas e de colonização, como a Companhia Matte Larangeira, que possuía sua sede em Guaíra, às margens do rio Paraná, localizada 5km a montante do salto Sete Quedas. A Companhia Matte Larangeira atuou na exploração de erva-mate utilizando o transporte fluvial para a exportação de sua produção e uma linha férrea da própria empresa para a transposição dos saltos das Sete Quedas.[17] O território da empresa foi encampado pela União em 1943 e sua sede incorporada ao Serviço de Navegação da Bacia do Prata (SNBP).[18]

---

15 Em 1932 foi criado à revelia do governo federal, o Estado de Maracaju que existiu sem autorização da União de 10 de julho de 1932 a 2 de outubro do mesmo ano sob a chefia de governo o médico Vespasiano Barbosa Martins. Fonte: http://www.ihgms.com.br.

16 FAUSTO, Boris. *A revolução de 1930: história e historiografia*. São Paulo: Companhia das Letras, 1997, p. 160.

17 BIANCHINI, Odaléa da Conceição Deniz. *A Companhia Matte Larangeira e a ocupação da terra do sul de Mato Grosso (1880-1940)*. Campo Grande: Ed. UFMS, 2000, p. 264.

18 Além da Cia. Matte Larangeira, diversas empresas vinham atuando na implantação de núcleos coloniais e de transportes, como a Companhia de Terras do Norte do Paraná, a Companhia Colonizadora Brasileira, a Companhia Paulista de Estradas de Ferro e a Companhia de Viação de Jan Bata. Fonte: MONBEIG, Pierre. *Pioneiros e Fazendeiros de São Paulo*. São Paulo: Hucitec/Pólis, 1984; COSTA, Georgia Carolina Capistrano da. *Batatuba, uma cidade serial*. Docomomo, 2010, p. 14

Após a queda de Vargas, os territórios de Iguaçu e Ponta Porã foram extintos pela Constituição de 1946, e as terras foram distribuídas a novos agricultores.

A criação de um organismo federal de desenvolvimento para a região da bacia do Paraná-Uruguai se inseria numa disputa entre o controle público ou privado, entre o estado nacional e as empresas estrangeiras, no aproveitamento dos recursos nacionais.

Entre os participantes da Conferência estavam, além dos governadores e representantes dos estados, o presidente do Instituto de Engenharia, arq. Amador Cintra do Prado,[19] o engenheiro Lucas Lopes,[20] como representante do estado de Minas Gerais e membro da CMBEU, o presidente do Conselho Nacional de Economia João Pinheiro Filho representando o executivo federal, e o deputado federal Carvalho Sobrinho, representante do legislativo.

No segundo dia da Conferência, o presidente Getúlio Vargas foi formalmente informado sobre os trabalhos que se desenvolviam em São Paulo e que, em breve, seria submetido ao seu exame e consideração o "plano traçado", de fundamental importância para a "recuperação e emancipação econômica do Brasil".[21] Em 15 de setembro de 1951, o presidente Vargas responde ao governador Garcez informando oficialmente o apoio do governo federal à criação do órgão regional que, segundo ele, "tão fielmente corresponde às recomendações formuladas" em sua mensagem de abertura ao Congresso Federal.

---

19   Amador Cintra do Prado, irmão do prof. Luiz Cintra do Prado da Escola Politécnica da USP, foi presidente do Instituto de Engenharia entre 1951 e 1953, arquiteto da Cúria Metropolitana, fundador do Partido Democrata Cristão (PDC) em São Paulo e um dos membros fundadores da Escola Livre de Sociologia e Política em 1933.

20   O engenheiro Lucas Lopes foi professor de geografia econômica da Faculdade de Ciências Econômicas da Universidade de Minas Gerais e dirigiu a Comissão do Vale do São Francisco, quando preparou o Plano Geral para o Aproveitamento do Vale do São Francisco, apresentado ao Congresso em 1950. Em 1951 estava no governo do estado de Minas Gerais coordenando a elaboração do seu Plano de Eletrificação, era presidente das Centrais Elétricas de Minas Gerais (CEMIG) e integrava a Comissão Mista Brasil-Estados.

21   Telegrama enviado ao presidente Getúlio Vargas pelos governadores da 1ª Conferência em 7/09/1951.

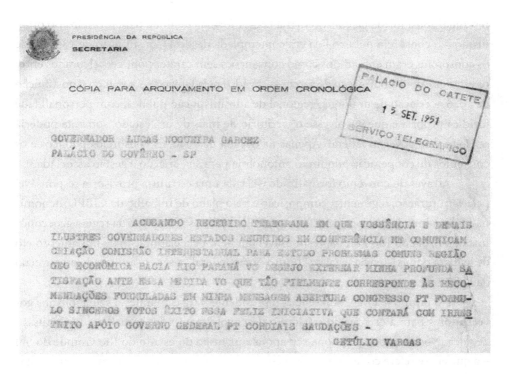

Figura 1 - Telegrama de Getúlio Vargas para o governador Lucas Garcez informando apoio do governo federal (15/09/1951) Fonte: CPDOC-FGV.

Ao mesmo tempo em que fica evidente a convergência de interesses entre União e estados na criação de órgão regional, a concepção do órgão, sua área de influência e seu grau de autonomia são objeto de conflito, como veremos ao longo deste capítulo.

Os debates da Conferência também apontavam para que a criação do órgão regional não poderia se condicionar à sua existência como órgão federal. Neste sentido, o professor Domício Figueiredo Murta, representante do estado de Minas Gerais, propôs a constituição imediata de "um órgão técnico-administrativo para disciplinar e orientar o planejamento dos empreendimentos", independente do governo federal, com recursos próprios.[22] A proposta de Murta foi aprovada por unanimidade, mas não foi descartada pelos governadores a intenção de tornar o organismo uma instituição federal, no entanto isto nunca foi feito.

Foi formalizado, então, o Convênio dos Estados da Bacia Hidrográfica do Rio Paraná para a programação dos problemas comuns, um convênio de cooperação inte-

---

22   CONFERÊNCIA dos Governadores, 1ª, 06 a 08/09/1951, São Paulo SP Ata...São Paulo, 1951.

restadual sob a forma de consórcio público. A forma escolhida para formalizar o organismo – o consórcio público – já era contemplada desde a Constituição de 1891, onde os consórcios eram entendidos como convenções sem caráter político, celebrados entre os estados e com a obrigação de serem aprovados pela União.[23] A partir da Constituição de 1946, a criação de um órgão regional de administração pública, com personalidade jurídica própria e que envolvesse o território de mais de um estado, somente poderia ser feita pelo governo federal. Apenas na década de 1990, os consórcios públicos e os convênios de cooperação adquirem autonomia para sua criação e gestão associada.[24]

Através do convênio formalizado é criada uma estrutura provisória responsável pela estruturação, regimento, composição e pelo plano de trabalho da CIBPU, denominada inicialmente de Comissão Técnica de Estudos dos problemas da região geoeconômica da Bacia do Rio Paraná, responsável também pela elaboração de um anteprojeto de lei para dar existência legal ao "futuro órgão federal" a ser encaminhado ao governo da União.

No último dia da Conferência, o presidente Vargas manifesta seu apoio aos governadores para a criação do órgão e o desenvolvimento dos trabalhos da Comissão Técnica. No entanto, condiciona seu apoio à inclusão do estado do Rio Grande do Sul – a que ele se refere como "o meu Rio Grande" – como membro da comissão interestadual, condição esta que foi prontamente aceita.[25] Com a inclusão do estado gaúcho, a comissão passou a abranger a parte brasileira da bacia do rio Uruguai em sua região de planejamento, da qual o estado do Rio Grande do Sul é parte. Assim, a denominação do órgão criado então pelo consórcio estabelecido entre os sete estados brasileiros passa a ser Comissão Interestadual da Bacia do Paraná-Uruguai (CIBPU), título proposto pelo prof. Victor Peluzzo Junior, representante de Santa Catarina.[26]

---

23   BRASIL. Constituição da República dos Estados Unidos do Brasil de 1891, art. 48, 16° e art. 65.
24   Emenda Constitucional n.° 19, de 04/06/1998 regulamentada pela Lei N° 11.107, de 6 de abril de 2005.
25   MARTINS, Demósthenes. *A poeira da jornada: memórias*. São Paulo: Resenha Universitária, 1980 apud RECH, Hélvio. *A formação do setor energético de Mato Grosso do Sul: uma análise à luz da teoria do desenvolvimento de Celso Furtado*. Tese (Doutorado). São Paulo: Escola Politécnica da USP, 2010.
26   CONFERÊNCIA dos Governadores, 1ª, 06 a 08/09/1951, São Paulo SP Ata...São Paulo, 1951.

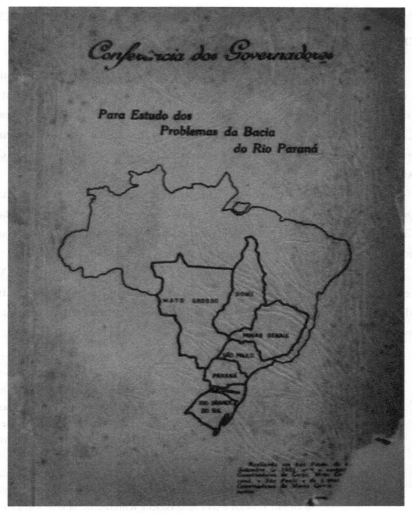

Figura 2- Capa da publicação da 1ª Conferência dos Governadores.
Fonte: CIBPU, 1951.

A 2ª Conferência dos Governadores em 1952: a expectativa de criação de um órgão federal

Os trabalhos da Comissão Técnica relativos à criação da estrutura administrativa do órgão e a elaboração da proposta para a transformação da CIBPU em um órgão federal tiveram andamento durante o ano de 1952. Em setembro deste ano é realizada a 2ª Conferência dos Governadores, em Porto Alegre-RS, quando os representantes dos estados se reuniram para discutir e encaminhar a proposta de criação da CIBPU ao governo federal.

A maioria dos temas tratados na 2ª Conferência versou sobre o problema rural e de proteção das áreas de fronteira, temas estes de grande interesse para o estado do Rio Grande do Sul, assim como os problemas de reflorestamento, as possibilidades de ligação fluvial e ferroviária, e o problema sanitário de imigração.

A 2ª Conferencia em Porto Alegre foi presidida pelo próprio presidente Vargas, que ressaltou em seu discurso de abertura o vínculo entre a incorporação do Rio Grande do Sul à estratégia de articulação político-administrativa entre as esferas federal e estadual na composição da Comissão:

> Em setembro do ano findo, a Conferência dos Governadores, reunida na Capital bandeirante sob os auspícios do Governador Lucas Nogueira Garcez, aprovava uma indicação no sentido de ser convidado o Estado do Rio Grande do Sul a integrar a Comissão Interestadual incumbida de programar os empreendimentos ligados ao desenvolvimento da Bacia do Paraná. Semelhante iniciativa bem demonstrava a alta compreensão, por parte dos Senhores Governadores dos Estados do Mato Grosso, Goiás, Minas Gerais, São Paulo, Paraná e Santa Catarina, da necessidade de uma articulação político-administrativa, entre a União Federal e os Estados, suficientemente flexível para sobrepor-se às dificuldades inerentes a todos os problemas do grande vulto.[27]

Com o apoio do presidente Vargas e o consenso sobre as questões e temas a serem tratados pelo desenvolvimento regional, a CIBPU estava a um passo de sua institucionalização em nível federal. Assim foi encaminhada pelos estados em dezembro de 1952, após o término da 2ª Conferência, uma minuta de projeto de lei ao governo federal propondo a criação de um órgão técnico-administrativo, de personalidade jurídica

---

[27] CONFERÊNCIA dos Governadores, 2ª, 20/09/1952, Porto Alegre-RS, *Ata...* São Paulo, 1952.

própria, que seria gerido pelos próprios estados-membros, e que receberiam auxílio financeiro da União, a título de cooperação.

Em 1950 já havia sido feita uma primeira tentativa de criação da um órgão federal de planejamento para a região da bacia do rio Paraná, através do deputado Carlos Vandoni de Barros (UDN),[28] representante do Estado de Mato Grosso no legislativo federal, no governo mato-grossense de Jari Gomes.[29] O projeto de lei para a criação da Comissão do Vale do Paraná (PL 19/1950) apresentado à Câmara dos Deputados, em 21 de março de 1950, abrangia no território de planejamento os estados de São Paulo, Minas Gerais, Paraná, Goiás e Mato Grosso. O PL Nº 19/1950 não chegou a ser aprovado, mas constitui peça importante para compreendermos as ações e os agentes que empenharam esforços na construção do órgão regional e as ideias mobilizadas nesta ocasião.[30]

Entre as questões apresentadas por Vandoni de Barros como cruciais para serem resolvidas pela Comissão do Vale do Paraná estava a "permutação de produtos", ou seja, a livre circulação de mercadorias entre os estados da região e destes com os países vizinhos Uruguai, Argentina e Paraguai. Essa circulação de mercadorias se daria através da transformação do rio Paraná em uma via navegável até o estuário do rio Prata, que previa a "superação das barreiras" constituídas pelas cachoeiras das Sete Quedas e Urubupungá com obras multifinalitárias que contemplariam barragens, eclusas e o aproveitamento dos referidos saltos para a geração de energia elétrica. Além da navegação, a proposta contemplava um programa de irrigação; o combate à erosão do solo e reflorestamento.

A proposta de criação da Comissão do Vale do Paraná abrangia, de maneira geral, as ideias sobre planejamento de bacias hidrográficas que estavam sendo colocadas em

---

28 Antes de assumir seu cargo no legislativo federal (onde permaneceu até o final de seu mandato em 31 de janeiro de 1951), Vandoni de Barros havia dirigido o Serviço de Navegação da Bacia do Prata no período de 1939 a 1947 e exercido o cargo de diretor do Instituto Nacional do Mate, nomeado em 1945. Este instituto, assim como outros institutos agrícolas vinculados ao Ministério do Trabalho, Indústria e Comércio criados no Estado Novo (1937-1945) se vinculava à política de integração nacional e ocupação econômica das vastas áreas "vazias" do país, buscando o enfraquecimento da atuação das velhas oligarquias rurais anunciada como a "marcha para o oeste". Fonte: Diário Oficial da União. 16/11/1945, pág. 1, Seção 1.

29 O Projeto de Lei nº 19 de 21 de março de 1950 cria a Comissão do Vale do Paraná e dá outras providencias. Fonte: Diário do Congresso Nacional, 22 de março de 1950, p. 1844-1948.

30 O Projeto de Lei nº 19 de 21 de março de 1950 foi arquivado pela Câmara dos Deputados, e chegou ser revalidado em 1952 por outro representante do Mato Grosso, o deputado Filadelfo Garcia, após a realização da *1ª Conferência dos Governadores*, mas também não foi aprovado.

prática nos Estados Unidos e já repercutiam no Brasil, mas possuía a especificidade de associá-la à questão da integração latino-americana. A fonte utilizada para a elaboração do PL Nº 19/1950 foi a proposta do Vale do São Francisco, elaborada por Lucas Lopes, que este por sua vez, era um difusor do planejamento regional norte-americano. O projeto de lei para a criação da Comissão do Vale do Paraná foi, na realidade, uma reprodução ipsis litteris da lei de criação da Comissão do Vale do São Francisco.[31] Como explicita Vandoni de Barros, "foi nessa Lei que calcamos, quase palavra por palavra, o (...) projeto".[32]

Assim como na CVSF, os principais aspectos do PL 19/1950 são que a comissão, como uma instituição federal, possuía uma estrutura administrativa própria e os governos dos estados envolvidos participariam apenas como "observadores sem direito a voto".[33] Quanto aos recursos o PL 19/1950 acrescenta, em relação à lei de criação da Comissão do Vale do São Francisco, a destinação de verbas de CR$ 100 milhões ao ano para o desenvolvimento da região do Vale do Paraná.[34]

A minuta de projeto de lei encaminhada ao Presidente Vargas para a criação da CIBPU diferia fundamentalmente da proposta de Vandoni de Barros, e consequentemente da CVSF, já implantada em 1948, quanto ao caráter da estrutura administrativa. Enquanto o PL Nº 19/1950 propunha a criação de uma autarquia federal em que os estados componentes não estavam representados no centro das decisões do órgão, e nem mesmo possuíam direito de manifestação, a nova proposta estabelecia que a gestão da CIBPU deveria ser feita pelos próprios estados-membros, sendo a representatividade do governo federal na CIBPU dada apenas pela participação de um representante do Conselho Nacional de Economia como membro nato, com direito a voto.[35] A nova proposta estabelecia também que deveria ser destinada pela União uma verba inicial de 100 milhões de cruzeiros para o ano de 1953 e mais 1% de sua renda tributária durante 20

---

31 BRASIL. Lei nº 541 de 15 de dezembro de 1948 – cria a Comissão do Vale do São Francisco, e dá outras providências.

32 Discurso pronunciado na Câmara Federal em 21/03/1950. Fonte: Diário do Congresso Nacional, 22 de março de 1950, p. 1844.

33 BRASIL. Projeto de Lei nº 19 de 21 de março de 1950. Artigo 13.

34 BRASIL. Projeto de Lei nº 19 de 21 de março de 1950; pela Constituição de 1946 seria destinado 1% da renda tributária da União à região do Vale do São Francisco, para a elaboração do plano de aproveitamento, sem a participação dos Estados na composição dos recursos. Ainda a Constituição de 1946 destinava para a região Amazônica e do Nordeste (polígono das secas) 3% do orçamento da União e os mesmos 3% do orçamento dos Estados.

35 Minuta de Projeto de Lei constante no Processo M.V. 35686/52. Fonte: CPDOC-FGV.

anos a partir de 1954, e os estados colaborariam com 0,5% de suas rendas durante o mesmo período.[36]

Esta divergência entre União e estados em relação à criação da Comissão Interestadual da Bacia Paraná-Uruguai faz com que o governo do Estado de São Paulo se apresse para ratificar o Convênio celebrado entre os Estados da Bacia para a criação da CIBPU e aprovar sua estrutura administrativa de forma a garantir seu caráter de gestão consorciada interestadual.[37] Em 23 de dezembro de 1952 é aprovada pelo legislativo paulista a Lei Nº 2018, que organiza a estrutura da CIBPU e logo em seguida o presidente Vargas é informado pelo governador Lucas Garcez a iniciativa do estado de São Paulo.

* * *

CRIADA A COMISSÃO INTERESTADUAL DA BACIA PARANÁ-URUGUAI — O Governador do Estado de São Paulo, Sr. Lucas Nogueira Garcez, endereçou o seguinte telegrama ao Presidente Getúlio Vargas comunicando a criação da Comissão Interestadual da Bacia Paraná-Uruguai:
"São Paulo — Tenho a honra de comunicar a V. Ex.ª que acabo de promulgar as leis que criam a Comissão Interestadual da Bacia Paraná-Uruguai, ratificando o Convênio firmado na Conferência dos Governadores, realizada em setembro de 1951 e que concedeu recursos financeiros para custeio de suas despesas, nos têrmos do referido Convênio. A V. Ex.ª que na memorável Conferência de Pôrto Alegre prometeu seu precioso e decisivo apôio à iniciativa dos sete Estados integrantes da região geo-econômica da Bacia Paraná-Uruguai, participo que êste é mais um passo que o Govêrno de São Paulo dá na execução do plano de trabalho organizado pela Comissão Interestadual. O apôio dado pela Assembléia Legislativa dêste Estado ao projeto que o Governador lhe encaminhou revela alta compreensão dos nobres representantes do povo no Parlamento Estadual, aprovando medidas que são do interêsse de uma vasta região do País. Apresento a V. Ex.ª os protestos do meu profundo respeito. — *Lucas Nogueira Garcez*, Governador do Estado".

* * *

Figura 3- Telegrama de Lucas Garcez ao presidente Vargas informação a criação da CIBPU. Fonte: DOSP de 29/12/1952.

O conflito de interesses entre os estados-membros da CIBPU e a União, no que se refere à autonomia do órgão foi certamente uma das causas de sua não transformação em autarquia federal. Enquanto os governadores dos estados-membros da CIBPU propunham que a União tivesse uma participação compartilhada na gestão do órgão através de um delegado designado para tomar parte nas sessões da Comissão e acompanhar os serviços, a União colocava, como condição para a efetivação da CIBPU como órgão federal,

---

36 *Ibidem.*

37 SÃO PAULO (Estado) Lei nº 2.018 de 23 de dezembro de 1952.

ser a gestora do órgão regional, com a atribuição de aprovação de todos os projetos e de fiscalização da aplicação de todos os recursos concedidos e de todos os serviços e obras.[38]

A dissonância entre o volume de recursos que deveriam ser destinados pela União e sua falta de participação na gestão e nas decisões foi justificativa do indeferimento de criação do órgão federal pelo ministro da Fazenda Osvaldo Aranha em julho de 1953.[39] Para Aranha, as condições apresentadas pelos estados eram "estranhas" e "notadamente privilegiadas", e sugeria que a minuta de projeto de lei fosse reexaminada pelos governadores e reencaminhada para avaliação do governo federal, o que nunca foi feito.[40] Mesmo com o indeferimento, e após intensos debates, a decisão dos governadores foi manter a instituição com recursos dos próprios estados-membros e dar andamento ao programa de desenvolvimento, cujos trabalhos começaram, efetivamente, a partir de 1954, quando os estados passam a contribuir com as dotações orçamentárias.

Embora tivesse inicialmente o apoio do presidente Vargas, a CIBPU nunca foi transformada em organismo federal, permanecendo ao longo de toda sua trajetória – de 1951 a 1972 – como um "órgão interestadual de investigação, análise, planejamento e orientação" do desenvolvimento regional.[41] O processo administrativo para a criação da Comissão Interestadual da Bacia Paraná-Uruguai como um organismo regional em nível federal tramitou no governo federal até 07 de abril de 1954. O volume contém documentos com a exposição de motivos para sua criação, a minuta de anteprojeto de lei e, finalizando, com a proposta de convênio com o Serviço de Navegação da Bacia do Prata, firmado com a CIBPU em 19 de abril de 1954.[42]

Se, por um lado, o indeferimento da criação da CIBPU como um órgão federal teve um impacto negativo no que se refere ao seu reconhecimento como um órgão de

---

38 Arquivo Getúlio Vargas. GV c 1951.09.15/2. Fonte: CPDOC-FGV.

39 Osvaldo Aranha, que teve importante papel na aproximação entre Brasil e Estados Unidos e na política internacional, era amigo e aliado de Getúlio Vargas e teve uma ampla atuação política junto ao governo Vargas desde os anos 1930, sendo embaixador do Brasil para os Estados Unidos de 1934 a 1937 e Ministro das Relações Exteriores de 1938 a 1944. Em 1947, assumiu a chefia da delegação brasileira na recém-criada Organização das Nações Unidas (ONU), presidindo a II Assembléia Geral da ONU, sendo que em 1953 volta para o governo Vargas como Ministro da Fazenda, quando iniciou um processo de reformas cambiais com o objetivo de estabilização econômica, parte de uma campanha anti-inflacionária. Fonte: http://www.un.org.

40 Ofício interno do Ministério da Fazenda ao presidente Getúlio Vargas explicitando os motivos do indeferimento do processo, datado de 01/07/1953. P.R. 95496/52. Fonte: CPDOC-FGV.

41 SÃO PAULO (Estado). Lei nº 2.018, de 23 de dezembro de 1952.

42 Processo M.V. 35686/52. Fonte: CPDOC-FGV.

planejamento regional, à equidade na distribuição dos recursos pelo território e aos conflitos entre áreas de jurisdição – motivos que contribuiriam no final dos anos 1960 para a sua extinção – por outro lado, garantiu a autonomia dos estados na decisão e aplicação dos recursos. A singular iniciativa de se constituir um órgão regional a partir dos próprios estados e a manutenção desta condição por toda a sua trajetória revela a autonomia e a força econômica e política da região.

Além das divergências entre os estados e a União na estruturação da CIBPU e da dificuldade de recursos, outras possíveis causas da não transformação em órgão federal são as turbulências do governo democrático de Getúlio Vargas (1951-1954) que envolviam, entre outras tensões, as campanhas para nacionalização dos setores estratégicos, notadamente petróleo[43] e energia elétrica, o que deflagrou uma disputa polarizada entre os chamados "nacionalistas" e "entreguistas". Nesse contexto, a criação da CIBPU por parte do governo federal significaria o acirramento dessas tensões. Vale destacar que a proposta de Vargas para a criação da Eletrobrás[44] não havia sido levada adiante em função da oposição dos grupos estrangeiros.[45]

A desaprovação da CIBPU como órgão federal pela União não significou sua supressão como órgão regional e nem sua inefetividade. A CIBPU atuou intensamente durante o período democrático e, somente a partir da instalação do novo regime militar, especialmente a partir de 1968, é que sua atuação passa a sofrer um desgaste até ser extinta em 1972. Ao longo dos seus 21 anos de existência, a CIBPU desenvolveu pesquisas, estudos e projetos voltados ao desenvolvimento regional, atuou na promoção de cursos de formação em planejamento regional e formalizou mais de uma centena de contratos e convênios com empresas de consultoria nacionais e estrangeiras, universidades e centros de pesquisa. Foram realizadas 121 reuniões do Conselho Deliberativo e 10 Conferências entre os estados membros, nas quais foram debatidas as orientações para a atuação do órgão, sempre em consonância com o programado na 1ª Conferência dos Governadores.

---

43 A Campanha *O petróleo é nosso!* defendia o monopólio estatal do petróleo através da criação de uma empresa de economia mista, a Petrobrás, cujo projeto de lei para sua criação foi aprovado em 1953.

44 A criação da Eletrobrás foi levada ao Congresso Nacional em 1954 por Vargas, o que intensificou a crise política de seu governo, e somente foi aprovada em 1961, sob a presidência de João Goulart.

45 A este respeito ver: SKIDMORE, Thomas. *Uma História do Brasil.* São Paulo: Paz e Terra, 1998; IANNI, Octávio. *Estado e Planejamento Econômico no Brasil (1930-1970).* Rio de Janeiro: Civilização Brasileira, 1977.

CIBPU: de fato, uma instituição paulista

A CIBPU não consistia em um órgão de linha, mas compunha o *staff* para assessorar os governos na investigação, análise, planejamento e orientação dos assuntos comuns aos estados da bacia, contemplados no convênio entre os governos. A análise da trajetória da CIBPU através dos documentos referentes à estrutura administrativa e das atas das Conferências dos Governadores e do Conselho Deliberativo permitiu identificar o papel preponderante que o estado de São Paulo desempenhou em toda a trajetória da CIBPU, seja na composição do órgão, no poder de decisão ou nos estudos e trabalhos realizados, permitindo sua compreensão como uma instituição praticamente paulista.

A predominância paulista fica evidente na própria instalação da sede da CIBPU, que se localizava apenas na capital paulista, não se tendo notícias da criação de escritórios em outros estados. A sede foi instalada no 6º andar do recém-construído edifício Conde Prates, à Rua Barão de Itapetininga na cidade de São Paulo, edifício significativo do processo de modernização da metrópole. (Figura 4)

Figura 4 – Anúncio do edifício Conde Prates em 1948.
Fonte: O Estado de S. Paulo, 23/11/1948, p. 7

Como maior contribuinte, o estado de São Paulo centralizou as decisões e a condução dos trabalhos da CIBPU, sendo que a maior parte dos estudos e projetos desenvolvidos se localizavam em território paulista ou na fronteira com o Paraná e Mato Grosso. Com a ausência dos recursos da União, o órgão seria mantido com a dotação de 0,5% da receita arrecadada pelos estados-membros. Para o início dos trabalhos no ano de 1953, somente o governo do Estado de São Paulo contribuiu financeiramente, concedendo um crédito especial de Cr$ 35.115.000,00 à CIBPU.

Este recurso inicial foi destinado para o pagamento da própria estrutura criada em São Paulo e da primeira parte dos trabalhos desenvolvidos pela SAGMACS para o estado, que já haviam sido acertados pelo governo e cujos trabalhos já haviam sido iniciados. Isso reafirma o esforço deste estado na constituição do órgão regional. Vale ressaltar também que apenas o estado de São Paulo ratificou o convênio interestadual formalizado na 1ª Conferência.[46]

O estado de São Paulo, que possuía maior arrecadação e passou a ser o maior contribuinte, também centralizou as decisões, descaracterizando a CIBPU como um efetivo órgão de coordenação interestadual. A desigualdade de recursos é demonstrada pela composição das despesas efetuadas pela CIBPU por estado-membro no período de 1953 a 1966.[47] O Quadro 1 mostra que do total das despesas efetuadas, 80% foi coberto com recursos proveniente da dotação orçamentária do estado de São Paulo. Os outros 20% dos gastos foram efetuados pelos demais estados.

Quadro 1- Composição das despesas efetuadas com recursos provenientes dos estados (1953-1966) (%)

Estados	Despesas efetuadas entre 1953 e 1966 (%)
Goiás	5,08
Mato Grosso	4,17
Paraná	5,22
São Paulo	80,03
Minas Gerais	2,64
Rio Grande do Sul	2,19
Santa Catarina	0,67
Total	100

Fonte: elaboração da autora a partir dos dados extraídos dos Relatórios de atividades da CIBPU.

O problema da desigualdade da participação dos estados-membros na gestão e no planejamento da CIBPU considerando a diferença da contribuição financeira entre eles foi, muitas vezes, debatida por profissionais ligados ao planejamento regio-

---

46 SÃO PAULO (Estado). Lei nº 2.018, de 23 de dezembro de 1952.

47 Este período foi recortado em função da disponibilidade dos dados nos documentos do acervo pesquisado da CIBPU.

nal. Salomão Serebrenick[48] em seu artigo Planejamento regional, publicado na Revista Brasileira de Geografia após dez anos de atuação do órgão, aponta que a desigualdade de recursos financeiros entre os diversos estados participantes, com a consequente preponderância do estado de São Paulo sobre os demais foi uma das condições negativas para o planejamento da região, ressaltando que a Comissão estaria "fadada a malograr", se não fosse transformada a tempo em órgão federal".[49]

O estado de São Paulo também sempre ocupou, ao longo da trajetória da CIBPU, a liderança da instituição. Todos os seus presidentes, sem exceção, foram governadores paulistas, a saber em ordem cronológica: Lucas Garcez (1951-1955), Jânio Quadros (1955-1959), Carvalho Pinto (1959-1963), Adhemar de Barros (1963-1966), Laudo Natel (1966 a 1967) e Abreu Sodré (1967 a 1971).

A estrutura executiva da CIBPU no Escritório Central foi ocupada também prioritariamente por paulistas. Nos primeiros anos da gestão da CIBPU, houve diversos pedidos por parte dos membros de outros estados de desligamento da estrutura executiva, justificados pela dificuldade de permanecer em São Paulo, onde se localizava o Escritório Central, pois desempenhavam ainda funções nas administrações estaduais.[50]

Assim, ocorre uma total modificação na atribuição dos cargos executivos e a substituição por representantes paulistas. Em outubro de 1954, o prof. Paulo Mendes da Rocha, da Escola Politécnica assume a diretoria da Divisão de Estudos e Planejamento (DEP) até então ocupada pelo engenheiro Tácito Piratiny do Nascimento. O engenheiro Carlos Eduardo de Almeida[51] assume a função de assistente desta divisão substituindo o capitão Carlos Astrogildo Corrêa, representante do Estado de Goiás, e a diretoria da Divisão Administrativa passa de José Vaz Pupo Nogueira para o paulista Aprígio Nosé.[52]

O início dos trabalhos da CIBPU – que corresponde ao período compreendido entre a realização da 1ª Conferência dos Governadores em 1951 até o ano de

---

48   Salomão Serebrenick tinha formação de engenheiro pela Escola Politécnica e foi chefe da Divisão de Estudos e Projetos da Comissão do Vale do São Francisco (CVSF).

49   SEREBRENICK, Salomão. Planejamento regional. *Revista Brasileira de Geografia*, Rio de Janeiro: Conselho Nacional de Geografia, 1963.

50   REUNIÃO do Conselho Deliberativo da Comissão Interestadual da Bacia Paraná-Uruguai, 8ª, 16 de setembro de 1953, São Paulo, SP.*Ata...* São Paulo, 1953.

51   Carlos Eduardo de Almeida foi levado à CIBPU por Paulo Mendes da Rocha, do qual foi discípulo e professor assistente de na Escola Politécnica.

52   ATA da Sessão da 7ª reunião ordinária do Conselho Deliberativo da Comissão Interestadual da Bacia Paraná-Uruguai, realizada em 27 e 28 de agosto de 1953.

1954, quando os governadores decidem manter o órgão interestadual independente do Governo Federal e passam a contribuir com suas dotações orçamentárias – foi um tanto conturbado, tanto pelo momento de eclosão de ideias sobre a constituição do órgão como pelo contexto político do período, que tinha como pano de fundo a disputa entre interesses nacionais e estrangeiros no controle dos recursos nacionais.

Neste período, foram realizadas diversas reuniões para elaboração da estruturação, regimento interno, composição, e plano de trabalho da CIBPU, assim como a regulamentação de sua estrutura administrativa e da forma de gestão. A estrutura administrativa proposta inicialmente pela Comissão de Estudos da CIBPU previa a criação de uma estrutura técnica com dois departamentos e, nele, setores responsáveis por cada tema de atuação (Figura 5).[53] No entanto, na ocasião da aprovação da Lei nº 2.018, que dá organização à comissão, esta estrutura foi reduzida (Figura 6).

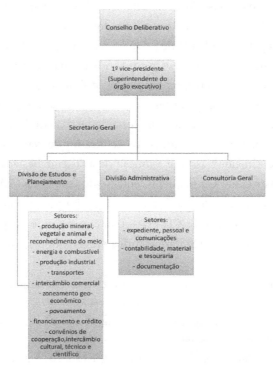

Figura 5 – Organograma inicial proposto pela Comissão de Estudos da CIBPU.
Fonte: Ata da 1ª Reunião da Comissão de Estudos, 19/12/1952.

---

53 REUNIÃO da Comissão de Estudos, 1ª, 19/12/1952, São Paulo-SP, *Ata...* São Paulo, 1952.

Figura 6 – Organograma da CIBPU aprovado pela Assembléia Legislativa do Estado de São Paulo
(vigorou até 1961)
Fonte: Lei nº 2.018, de 23 de dezembro de 1952

A CIBPU era composta por um órgão superior – o Conselho Deliberativo - e um órgão executivo – o Escritório Central. O Conselho Deliberativo era constituído pelos governadores dos sete estados-membros, ou por seus representantes. Estes deveriam eleger entre si, um presidente, um 1º vice-presidente, um 2.º vice-presidente e um secretário geral. A direção geral da CIBPU era responsabilidade do presidente do Conselho Deliberativo, que também constituía seu representante legal, para o qual foi eleito de imediato o governador Lucas Garcez.[54] Vale ressaltar que, ao longo de toda existência da CIBPU os presidentes foram os governadores em gestão do estado de São Paulo.[55] O órgão executivo – denominado Escritório Central - era superintendido pelo 1º vice-presidente e era formado por uma Divisão Administrativa e pela Divisão de Estudos e Planejamento.[56]

No início dos anos 1960 a estrutura administrativa do Escritório Central da CIBPU se modifica representando um novo perfil de atuação. A Divisão de Estudos e

---

54 REUNIÃO dos Componentes da Comissão de Estudos dos Problemas Econômicos da Região do rio Paraná e seus afluentes, 1ª, 16/05/1952, Ata... São Paulo, 1952.

55 Os presidentes da CIBPU foram Lucas Nogueira Garcez (1951-1955), Jânio da Silva Quadros (1955-1959), Carlos Alberto de Carvalho Pinto (1959-1963), Adhemar Pereira de Barros (1963-1966), Laudo Natel (1966-1967), Roberto Costa de Abreu Sodré (1968-1971), Laudo Natel (1971-1975).

56 SÃO PAULO (Estado) Lei nº 2.018, de 23 de dezembro de 1952.

Planejamento é transformada em Departamento de Estudos e Projetos (DEP) e é criado o Departamento de Planejamento Econômico e Social (DPES) em 1961 (Figura 7).[57]

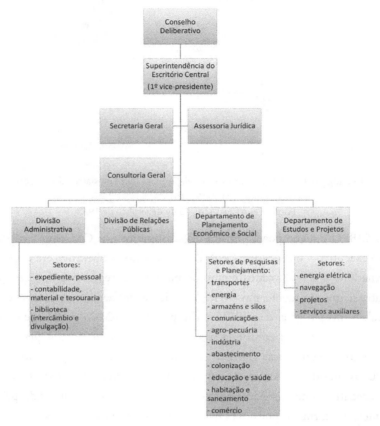

Figura 7 – Segundo organograma da CIBPU (1961-1972).
Fonte: Ata da 64ª Reunião do Conselho Deliberativo da CIBPU de 30/09/1961.

O DPES foi criado com o objetivo de "realizar levantamentos, estudos, planos e programação para o desenvolvimento socioeconômico da Região, pelo melhor aproveitamento das condições conjunturais e vocacionais específicas, no sentido de uma maior integração harmônica".[58] O DPES é organizado em Setores de Pesquisas e Planejamento, cada setor relativo a um tema específico: transportes, energia, armazéns

---

57 Ata da 64ª Reunião do Conselho Deliberativo da Comissão Interestadual da Bacia Paraná-Uruguai realizada em 30 de setembro de 1961.

58 RESOLUÇÃO nº 41 de 30 de setembro de 1961 – Reestruturação do Escritório Central. Fundo CIBPU, caixa 01.

e silos, comunicações, agropecuária, indústria, abastecimento, colonização, educação e saúde, habitação e saneamento, comércio, retomando a ideia inicial da estrutura administrativa.

Até o ano de 1962, o DPES foi dirigido por Sebastião Advíncula da Cunha[59], que era também secretário-adjunto do Grupo de Planejamento do governo Carvalho Pinto. Durante a gestão de Cunha, o DPES focou especialmente o planejamento estadual paulista. Através de seus Setores de Pesquisas e Planejamento, conforme a reestruturação realizada na gestão Carvalho Pinto, foram elaboradas por especialistas contratados diversas monografias que apresentam um levantamento completo da situação econômica e social do estado de São Paulo abrangendo os temas agricultura,[60] análise da situação educacional,[61] a questão da imigração estrangeira e nacional,[62] cooperativismo,[63] industrialização,[64] saúde pública e saneamento[65], sistemas de água e esgotos[66], ensino básico e técnico,[67] demografia e migrações,[68] estrutura econômica,[69] financiamento[70] e

---

59 Sebastião Advíncula da Cunha foi um economista, trabalhou no BNDES, foi professor da Universidade de São Paulo e um dos idealizadores da Fapesp. Fonte: HAMBURGUER, Amélia Império (org.). *Fapesp 40 anos: abrindo fronteiras*. São Paulo: Fapesp/Edusp, 2004.

60 FREITAS, Luiz Mendonça de. *Problemas básicos da agricultura paulista*. São Paulo: CIBPU, 1964.

61 LAMPARELLI, Celso; RIVERA, Luiz. *Análise da situação educacional: ensino fundamental e médio no Estado de São Paulo*. São Paulo: CIBPU, 1964. 71 p.; SCAGLIUSI, Modesto. *O ensino técnico*. São Paulo: CIBPU, 1964.

62 NOGUEIRA, Oracy. *O desenvolvimento de São Paulo: imigração estrangeira e nacional e índices demográficos, demógrafos-sanitários e educacionais*. São Paulo: CIBPU, 1964.

63 PINHO, Diva Benevides. *Cooperativismo e desenvolvimento das zonas rurais do Estado de São Paulo*. São Paulo: CIBPU, 1964.

64 KRAUSE, Paul. *O problema industrial paulista*. São Paulo: CIBPU, 1964.

65 CASTRO, Paulo de Carvalho. *Saúde e saneamento*. São Paulo: CIBPU, 1964.

66 NUCCI, Nelson L. R.; GREINER, Peter; KIMATZ, Tsungo. *Equipamentos urbanos de água e esgotos no Estado de São Paulo*. São Paulo: CIBPU, 1964.

67 LAMPARELLI, Celso M. e RIVERA, Luiz L., *op. cit.*; SCAGLIUSI, Modesto, *op. cit.*

68 NOGUEIRA, Oracy, *op. cit.*

69 CONSIGLIO, Vespasiano. *Análise de estrutura econômica do Estado de São Paulo*. São Paulo: CIBPU, 1964.

70 CINTRA, Jorge do Amaral. *Meios internacionais de financiamento a projetos de desenvolvimento*. São Paulo: CIBPU, 1964.

a concepção do humanismo nas instituições.[71] Estas pesquisas foram publicadas pela CIBPU em 1964.

Cunha, que segundo depoimento de Plínio de Arruda Sampaio era um "homem de esquerda", pediu exoneração do cargo da CIBPU em janeiro de 1963, quando mudou a orientação política do governo estadual paulista com a eleição de Adhemar de Barros.[72] Em junho do mesmo ano, assumiu a diretoria do DPES o economista Antônio Delfim Netto.[73]

A criação do DPES trouxe substanciais transformações na concepção de planejamento da CIBPU, como veremos em profundidade em capítulo específico. Embora tenha havido uma continuidade dos estudos de aproveitamento dos recursos hídricos para a geração de energia, a CIBPU ficou a serviço do planejamento estadual, com foco no desenvolvimento do interior paulista e na descentralização da metrópole.

As mudanças e oscilações no perfil institucional da CIBPU se relacionam com a gestão de seus presidentes, todos paulistas. O Quadro 2 apresenta de forma detalhada todas as Conferências realizadas pela CIBPU e o presidente em gestão.

Quadro 2–Conferências dos Governadores da CIBPU

Conferências	Data	Local de realização	Presidente da CIBPU	Presidente da República
1ª Conferência	06 a 08/09/1951	São Paulo, SP	Lucas Garcez	Getúlio Vargas
2ª Conferência	20/09/1952	Porto Alegre, RS	Lucas Garcez	Getúlio Vargas
3ª Conferência	20/12/1953	Curitiba, PR	Lucas Garcez	Getúlio Vargas
4ª Conferência	22/04/1954	Belo Horizonte, MG	Lucas Garcez	Getúlio Vargas
5ª Conferência	28 a 29/05/1955	Goiânia, GO	Janio Quadros	Café Filho
6ª Conferência	29/03 a 3/04/1957	Florianópolis, SC	Janio Quadros	Juscelino Kubitschek
7ª Conferência	9 e 10/10/1959	São Paulo, SP	Carvalho Pinto	Juscelino Kubitschek
8ª Conferência	19 e 20/03/1960	Brasília, DF	Carvalho Pinto	Juscelino Kubitschek
9ª Conferência	23 e 24/11/1963	Cuiabá, MT	Adhemar de Barros	João Goulart (Min. Tancredo Neves
10ª Conferência	18 a 20/02/1968	Urubupungá, SP	Abreu Sodré	Costa e Silva

Fonte: Elaboração da autora a partir das Atas das Conferências dos Governadores.

---

71 PALMIERI, Victorio D'Achille. *Humanismo nas instituições políticas e econômicas*. São Paulo: CIBPU, 1964.

72 Entrevista concedida por Plínio de Arruda Sampaio. HAMBURGUER, Amélia Império (org.) *Fapesp 40 anos: abrindo fronteiras*. São Paulo: Fapesp/Edusp. p. 513.

73 Fichas de registro dos empregados da CIBPU. Fonte: Fundo CIBPU, cx. 07.

A análise do perfil de atuação da CIBPU através das atas das Conferências dos Governadores e do Conselho Deliberativo da CIBPU nos permitiu a proposta de uma periodização de sua trajetória. O período compreendido entre 1951 a 1954, sob a presidência de Lucas Garcez, corresponde ao período de eclosão da CIBPU, de formulação da sua estrutura, do perfil de atuação, da agenda dos trabalhos, da definição da região de atuação, e é caracterizado por um momento de intensos debates nas atividades do órgão.

O período que vai de 1955 a 1958, na gestão de Jânio Quadros, é de retração, quando a atuação dos órgãos de decisão diminui, com a realização de poucas reuniões do Conselho Deliberativo, e o órgão executivo continua seu trabalho na esteira das decisões da antiga gestão. Esse período se caracteriza por um momento de grande turbulência política no governo federal, provocado pelo suicídio de Vargas, e pela política do governo de Juscelino Kubitschek (1956-60), cuja concepção se apoiava no trinômio rodovias-urbanização-industrialização e no capital estrangeiro e que teve como principal meta a construção de Brasília. Acelerada pela política de substituição de importações, a produção industrial brasileira cresceu 80% entre 1955 e 1961, com grande ênfase nas indústrias de bens de capital, automobilística e de eletrodomésticos.

A política de Kubitschek ofusca os planos da CIBPU como estavam previstos no ato de sua criação, que compreendiam, em linhas gerais, o transporte intermodal (navegação-ferrovia- rodovia), a associação entre desenvolvimento industrial-agrícola-agrário e o Estado como responsável pela exploração dos setores de base como o setor energético.

Esse período de retração se associa também ao encolhimento da política no governo Jânio Quadros, que não possuía um plano de governo ao assumir a liderança do estado de São Paulo, mas foi eleito a partir de seu carisma com o povo na campanha "tostão contra o milhão".[74] Sua gestão na CIBPU foi bastante criticada pela ausência de uma proposta, por sua ausência administrativa e pela utilização das assembleias como "palanque eleitoral".[75] No entanto, os trabalhos técnicos continuaram a ser executados e os contratos formalizados.

No período de 1955 a 1958, em que a CIBPU esteve sob a presidência do governador de São Paulo, Jânio Quadros, detecta-se um enfraquecimento político da CIBPU. As Conferências dos Governadores realizadas anualmente na gestão de Lucas Garcez foram diluídas – foram realizadas apenas a 5ª Conferência em Goiânia, em maio de

---

74 FAUSTO, Boris. *A revolução de 1930: história e historiografia*. São Paulo: Cia. das Letras, 1997.
75 SÃO PAULO (Estado) Diário Oficial de 13/07/1955. Pg. 48.

1955, na qual Jânio Quadros foi eleito o presidente da CIBPU, e a 6ª Conferência, em 1957, realizada em Goiânia. Vale ressaltar que as atas das 5ª e 6ª Conferências dos Governadores não foram publicadas pelo Diário Oficial do Estado de São Paulo como vinha sendo feito na gestão de Lucas Garcez. As pesquisas nesta fonte apenas demonstraram discursos dos membros do legislativo apontando o "fracasso da conferência dos governadores" (se referindo à 5ª Conferência de 1955) e sua utilização por parte de Jânio Quadros para "fins eleitoreiros".[76] Após as eleições presidenciais de 1955, a 6ª Conferência foi realizada em Florianópolis-SC já sob o governo federal de Juscelino Kubistchek (1956-1960), tendo João Goulart como vice-presidente do Brasil e Carvalho Pinto como ministro da Fazenda.

Entre 1959 e 1962, que corresponde à gestão de Carvalho Pinto, tem-se uma primeira redefinição da CIPBU com a alteração de sua estrutura administrativa e uma reorientação dos seus trabalhos que passam a focar, por um lado, o estado de São Paulo e, por outro, o apoio à criação da Eletrobrás. Carvalho Pinto assume o governo do Estado em 1959, no contexto político paulista caracterizado pela pouca força dos partidos políticos e a polarização entre o "adhemarismo" e o "janismo".[77]

No governo Carvalho Pinto, um grande enfoque é dado ao planejamento estadual com a criação do Grupo de Planejamento (GP). O GP absorveu para o planejamento paulista o diretor da CIBPU Paulo Mendes da Rocha. Após o término da gestão de Carvalho Pinto, a CIBPU também absorveu membros do GP em sua estrutura. O economista Antonio Delfim Netto, recém-doutor pela FEA-USP e membro do "grupão"[78] assume a diretoria do Departamento de Planejamento Econômico e Social da CIBPU, criado em 1961.[79] Terminada a administração Carvalho Pinto, Delfim Netto apresentou ao Conselho Deliberativo da CIBPU um "amplo plano de pesquisas econômicas em toda a região da bacia, destinado a fundamentar um Programa de Industrialização Regional"[80] que foi aprovado em maio de 1963. Em 1º de junho deste mesmo ano, a

---

76   Ibidem.

77   FAUSTO, Boris. A revolução de 1930: história e historiografia. São Paulo: Cia. das Letras, 1997.

78   LAMPARELLI (1995) explica que o termo "grupão" era utilizado para denominar o núcleo de maior decisão do Grupo de Planejamento.

79   SÃO PAULO (Estado) Diário Oficial de 17/12/1960. p1.; CIBPU. Relatório de Atividades de 1963.

80   Relatório do Departamento Econômico e Social escrito por Delfim Netto no Relatório do Exercício de 1963 da CIBPU.

CIBPU contrata Delfim Netto para dirigir do DPES, tendo em vista a exoneração do então diretor Sebastião Advíncula da Cunha.[81]

A reestruturação do Escritório Central da CIBPU foi colocada em pauta na reunião do Conselho Deliberativo realizada 30 em setembro de 1961. Nesta reunião, deliberou-se sobre "a reestruturação da Divisão de Estudos e Planejamento e a criação do Departamento de Assuntos Econômicos. A Divisão de Estudos e Planejamento se torna Departamento de Estudos e Planejamento, com uma estrutura administrativa maior dividida por setores. O Departamento de Assuntos Econômicos, na verdade, é aprovado como Departamento de Planejamento Econômico e Social também organizado por setores.[82]

Assim, a atribuição de "planejar" se desloca como atribuição dos engenheiros para os economistas, ficando o departamento coordenado por Paulo Mendes da Rocha com atribuição de "elaborar projetos técnicos referentes aos planos e programas estabelecidos pela Comissão" e o DPES, com atribuição de "realizar levantamentos, estudos, planos e programação para o desenvolvimento socioeconômico da região".[83]

Em 23 e 24 de novembro de 1963, após o término do governo de Carvalho Pinto, ocorre a 9ª Conferência dos Governadores em Cuiabá-MT que elege novamente um governador paulista para a presidência da CIBPU, Adhemar de Barros. Para a vice-presidência da CIBPU foi indicado Adhemar de Barros Filho, que seria também o superintendente do órgão executivo. Na gestão de Adhemar de Barros, entre 1963 a 1966, há a segunda redefinição na concepção da CIBPU, com a diminuição de trabalhos sob contrato e o aumento da equipe técnica voltada para o planejamento de polos de desenvolvimento e de áreas industriais, com uma orientação para as áreas urbanas e para a rede de cidades e de indústrias. A atuação do DPES ganha força nesta nova orientação.

O período de gestão dos presidentes da CIBPU, Laudo Natel e Abreu Sodré, no período de 1967 a 1972 correspondente ao governo militar, é a fase de encolhimento do órgão, com poucos convênios efetuados e estes voltados à formação de profissionais para o planejamento regional, a elaboração de projetos de distritos industriais.

---

81 Carta de Sebastião Advíncula da Cunha ao vice-presidente da CIBPU de 28 de janeiro de 1963. Fundo CIBPU, caixa 54.

82 Ata da 64ª Reunião do Conselho Deliberativo da Comissão Interestadual da Bacia Paraná-Uruguai realizada em 30 de setembro de 1961.

83 RESOLUÇÃO nº 41 de 30 de setembro de 1961 - Reestruturação do Escritório Central, constante na Ata da 64ª Reunião do Conselho Deliberativo da Comissão Interestadual da Bacia Paraná-Uruguai realizada em 30 de setembro de 1961. Fundo CIBPU, caixa 01.

Como maior contribuinte, o Estado de São Paulo centralizou as decisões e a condução dos trabalhos e teve, na concepção da CIBPU e ao longo de toda a trajetória da instituição, papel principal, descaracterizando-a como um órgão efetivamente regional. Podemos compreender assim, a CIBPU como uma instituição praticamente paulista que permitiu a extensão do território paulista como forma de não limitar o seu desenvolvimento lançando seus tentáculos para além do limite político-administrativo. Vale ressaltar que apenas o estado de São Paulo ratificou o convênio interestadual formalizado na 1ª Conferência.[84]

Por outro lado, mesmo com a preponderância de São Paulo, a permanência da CIBPU ao longo de toda sua trajetória como um organismo interestadual de gestão compartilhada revela um desafio que é resultado da interação e do conflito entre os interesses políticos e as diferentes concepções de desenvolvimento dos múltiplos agentes envolvidos, que vai para além da composição dos recursos financeiros. As decisões sempre foram tomadas no âmbito do Conselho Deliberativo da CIBPU, instância em que estavam representados todos os estados membros.

O perfil do Escritório Central: entre a formação de quadros técnicos e a contratação de empresas de consultoria

Os debates sobre qual deveria ser o perfil de atuação do Escritório Central se realizaram nas reuniões do Conselho Deliberativo da CIBPU e no grupo de trabalho da Comissão Técnica criada para a estruturação do órgão. Fundamentalmente, estes debates giravam em torno da montagem da estrutura administrativa do órgão e confrontava diferentes opiniões que eram, por um lado, favoráveis à constituição de uma equipe técnica no interior da estrutura administrativa do CIBPU, que seria responsável pela elaboração do planejamento do órgão, dos estudos sobre a região e dos projetos dos empreendimentos programados, e por outro, aquelas que defendiam que a CIBPU deveria atuar na decisão e coordenação do plano, dos estudos e projetos mas que estes deveriam ser desenvolvidos fora da estrutura sua administrativa, sob contrato.

A ideia presente nas decisões da 1ª Conferência dos Governadores era que a estrutura da CIBPU deveria contemplar uma equipe de técnicos responsáveis pela elaboração dos trabalhos.[85] Esta ideia foi defendida nas reuniões do Conselho Deliberativo

---

84 SÃO PAULO (Estado). Lei nº 2.018, de 23 de dezembro de 1952.
85 BUENO, s/d. p.17.

da CIBPU e da Comissão Técnica por Francisco Teixeira Mendes, representante do Estado de Mato Grosso, que havia assumido a superintendência dos trabalhos como 1º vice-presidente da CIBPU.

No entanto, no decorrer dos trabalhos ocorre uma fissura na CIBPU em que um grupo formado pelos estados de Goiás, Paraná, Santa Catarina e Minas Gerais, liderados por este último, se opunha à Teixeira Mendes, que representava às ideias dos governos de São Paulo, Mato Grosso e Rio Grande do Sul, das quais também se aproximava o interesse do Governo Federal. A posição defendida por Teixeira Mendes era de que a CIBPU deveria formar quadros técnicos de carreira, específicos para desenvolver os trabalhos do órgão. Esta posição foi contestada pelo grupo liderado por Minas Gerais, que defendia que o órgão não deveria ter aparelhamento técnico, mas sim, que os trabalhos deveriam ser realizados por empresas de consultoria. Colocando em questão a legitimidade na atividade de planejar, Teixeira Mendes discorda do grupo liderado por Minas Gerais, explicando que "se essa tarefa fosse delegada a terceiros, estes seriam, na realidade, o órgão planejador e não mais a Comissão".[86]

Neste impasse, o grupo passa a pressionar Teixeira Mendes não efetuando o depósito dos recursos relativos a parte dos estados na contribuição anual, criando resistência dos estados na ratificação do convênio em suas assembleias legislativas e mobilizando-se para paralisar os trabalhos da CIBPU. Sem outra saída, Teixeira Mendes renuncia ao cargo em 24 de novembro de 1953, sendo substituído pelo engenheiro Álvaro de Souza Lima, que havia sido Secretario de Viação e Obras Públicas do Estado de São Paulo no governo Adhemar de Barros (1947-1949), diretor da Estrada de Ferro Sorocabana (1949-1951) e, indicado pelo próprio Adhemar de Barros, havia ocupado até o momento a pasta do Ministério de Viação e Obras Públicas no governo Vargas (31 de janeiro de 1951 a 13 de junho de 1953).[87]

Um outro aspecto que se revela como foco de conflito na criação da CIBPU é em relação à exploração dos empreendimentos, especialmente aqueles destinados à geração de energia elétrica. A 1ª Conferência dos Governadores criou a CIBPU como um órgão de estudos e de planejamento do aproveitamento dos recursos naturais da bacia Paraná-Uruguai e deixava claro que não era sua atribuição a execução e a exploração dos empreendimentos.

---

86   ATA da Reunião Extraordinária pelo Conselho Deliberativo da Comissão Interestadual da Bacia Paraná-Uruguai, realizada em 24 de novembro de 1953.

87   *Dicionário Histórico-Biográfico Brasileiro pós 1930*. Rio de Janeiro: Ed. FGV, 2001.

Esta compreensão se modifica em 1959, após a 7ª Conferência dos Governadores na gestão de Carvalho Pinto, quando se decide pela execução da barragem de Jupiá, parte do complexo de Urubupungá. As obras da Usina Hidrelétrica de Jupiá se iniciam em 1959, sob o gerenciamento da CIBPU, com a contratação da empresa Camargo Corrêa S.A. para os serviços preliminares, mas logo em 1961 é constituída a CELUSA – Centrais Elétricas de Urubupungá,[88] que assumiu a responsabilidade sobre as obras. A atribuição da CIBPU, portanto, vai além de elaboração dos estudos e projetos, se colocando como responsável por dar início à execução dos empreendimentos e participou também da constituição das empresas publicas de exploração do potencial energético.

Em 1954, após o período conturbado de definições e de estruturação interna, quando se iniciam as contribuições orçamentárias dos estados, iniciam-se efetivamente os contratos e convênios para elaboração dos trabalhos e estudos a serem realizados por empresas ou por órgãos públicos estaduais ou federais. O fato da grande maioria dos trabalhos da CIBPU serem desenvolvidos através de contratos e convênios, manteve, por todo o período democrático, sua estrutura administrativa e técnica enxuta, com a atribuição de decidir, coordenar e supervisionar os trabalhos.

Nos anos 1960, especificamente após 1963 com entrada de Adhemar de Barros para a presidência da CIBPU e a contratação do economista Antônio Delfim Netto para a diretoria do Departamento de Planejamento Econômico e Social (DPES) isso se altera. Ampliam-se os quadros de funcionários da CIBPU, o perfil de atuação do órgão se modifica e há uma recondução tanto nas atividades técnicas desenvolvidas pelo Escritório Central como nas concepções teóricas que as orientam. Os estudos passam, a partir de então, a ser desenvolvidos prioritariamente no interior da CIBPU, por funcionários do Escritório Central, retomando a ideia de formação de quadros técnicos proposta na 1ª Conferência dos Governadores.

Neste momento a estrutura técnica do Escritório Central se dilata com a contratação de novos funcionários, grande parte deles economistas egressos da Faculdade de Economia e Administração da Universidade de São Paulo.[89] Entre 1951 e 1972, o número de funcionários da CIBPU se amplia em 14 vezes, sendo que o aumento mais

---

88   A CELUSA foi sucedida cinco anos depois pela Centrais Elétricas de São Paulo (Cesp), cuja criação foi resultado da fusão de cinco companhias estaduais as quais são, além da Centrais Elétricas de Urubupungá S.A., as Usinas Elétricas do Paranapanema (USELPA), a Companhia Hidroelétrica do Rio Pardo (CHERP), a Companhia Melhoramentos de Paraibuna (COMEPA) e a Bandeirante de Eletricidade S.A. (BELSA).

89   Fichas de registro dos empregados da CIBPU. Fonte: Fundo CIBPU, cx. 07.

significativo se deu a partir da gestão de Adhemar de Barros, em 1963, com a contratação de 32 funcionários, adentrando pelas gestões militares de Laudo Natel e Abreu Sodré, no período militar (Quadro 3). Embora a estrutura administrativa do Escritório Central tenha se ampliado, a partir de 1966, no período das gestões Laudo Natel e Abreu Sodré, a CIBPU apresenta um número reduzido de trabalhos realizados.

Quadro 3 – N° de funcionários do Escritório Central por gestão (1951-72)

Presidentes	Período de gestão	N° de funcionários contratados	Total de funcionários no fim da gestão
Lucas Nogueira Garcez	Set/1951 – Jan/1955	5	5
Jânio da Silva Quadros	Mai/1955 – Jan/1959	2	7
Carlos A. de Carvalho Pinto	Out/1959 – Jan/1963	7	14
Adhemar Pereira de Barros	Nov/1963 – Jun/1966	32	46
Laudo Natel	Jun/1966 – Mar/1967	0	46
Roberto da C. Abreu Sodré	Mar/1967 – Mar/1971	24	70
Laudo Natel	Mar/1971 – Set/1972	1	71

Fonte: Fichas de registro de funcionários da CIBPU. Fundo CIBPU, cx 07.

Ao longo da trajetória da CIBPU, foram formalizados 148 convênios e contratos com empresas de consultoria em planejamento, universidades e centros de pesquisa, as empresas de engenharia de infraestrutura e barragens, e órgãos do governo federal, estadual e municipal. Entre as empresas de consultoria em planejamento destacamos a Sociedade de Análises Gráficas e Mecanográficas Aplicadas aos Complexos Sociais (SAGMACS) e a Assessoria em Planejamento (ASPLAN S.A.), que realizaram os estudos socioeconômicos.

A SAGMACS foi responsável por um estudo abrangente sobre as condições socioeconômicas para quatro dos sete estados membros da CIBPU – São Paulo, Santa Catarina, Paraná e Rio Grande do Sul – importante para o reconhecimento dos problemas do desenvolvimento regional e para a orientação da política de aproveitamento territorial dos governos estaduais e em nível regional através da CIBPU.

Tanto a SAGMACS como a ASPLAN eram empresas constituídas por membros vinculados ao Movimento Economia e Humanismo de Pe. Lebret, que exerceu grande influência sobre a formação de profissionais brasileiros e que constituiu vínculos estreitos com o governador Lucas Garcez, vínculos que se desdobraram em sua participação na própria formulação da CIBPU, antes mesmo da formalização dos contratos.

A contratação de empresas de engenharia, nacionais e estrangeiras, para a consultoria técnica e elaboração de estudos e projetos para navegação e geração de energia hidrelétrica possibilitou a circulação das mais avançadas técnicas internacionais neste campo, assim como a criação de empresas nacionais e a consolidação deste campo no Brasil. Entre as estrangeiras destacam-se a italiana Societá Edison, sediada em Milão – e que posteriormente abriu uma filial no Brasil para o desenvolvimento dos trabalhos da CIBPU denominada Edisonbrás – e a holandesa Deerns Planejamento e Engenharia S.A.

Entre as empresas brasileiras estão a BRASTEC Ltda., SERVITEC Ltda., a Sociedade Engenharia Simões Pinto Ltda. e a Camargo Corrêa S.A. que estavam se constituindo e iniciando seus trabalhos neste período. Paralelamente à estas contratações, a Escola Politécnica da Universidade de São Paulo estruturava o seu Laboratório de Hidráulica para desenvolver estudos e modelos, utilizando os avançados conhecimentos no campo da engenharia de barragens os quais constituíram base para o Departamento de Estudos e Projetos da CIBPU, que tinha como diretor o professor Paulo de Menezes Mendes da Rocha, da Escola Politécnica.

A Universidade de São Paulo teve participação de destaque em toda a trajetória da CIBPU, seja através dos convênios estabelecidos para realização de pesquisas e para o oferecimento de cursos de formação para o planejamento, seja também através da participação direta de docentes e discentes da universidade no corpo executivo e técnico da CIBPU. Os principais colaboradores da CIBPU na Universidade de São Paulo foram a Escola Politécnica (EP), a Faculdade de Economia e Administração (FEA), o Centro de Pesquisa Urbana da Faculdade de Arquitetura e Urbanismo da (CPEU-FAU), o Departamento de Botânica da Faculdade de Filosofia, Ciências e Letras e a Faculdade de Saúde Pública (FSP).

Dentre os órgãos governamentais estaduais e regionais destacam-se o Instituto Agronômico do Estado de São Paulo, o Instituto Agronômico de Campinas, o Departamento de Águas e Energia Elétrica do Estado de São Paulo (DAEE), o Serviço de Navegação Bacia do Prata (SNBP), o Departamento de Portos, Rios e Canais do Estado do Rio Grande do Sul, o Conselho de Navegação e Portos do Estado de São Paulo, a Eletrificação Rural de Minas Gerais (ERMIG), a Comissão Interestadual dos Vales Araguaia-Tocantins (CIVAT), a Comissão de Energia Elétrica do Estado de Santa Catarina, a Secretaria de Viação e Obras Públicas do Estado do Paraná, o Governo do Estado do Mato Grosso e as Centrais Elétrica de Goiás.

Capítulo 11
(In) Definições no planejamento regional da CIBPU

> *Nada há de sagrado, de intocável, na questão da delimitação regional, e útil será ter sempre em mente que os limites regionais podem ser modificados de tempos em tempos, à medida que se forem definindo finalidades e circunstâncias diversas.*
>
> John Friedmann[1]

O problema de delimitação das fronteiras sobre a qual o planejamento deve incidir é sempre um desafio. A atividade de planejamento se organiza em função do seu território. Quando o planejamento é formulado para áreas cujos limites são administrativos – o município, o estado, o país – não resta duvida sobre sua área de abrangência. Mas a definição da unidade de planejamento nem sempre coincide com os limites administrativos, como é o caso do planejamento regional. A delimitação da região de planejamento, nesse caso, é parte de um processo de opção conceitual que envolve os objetivos, métodos e ações a que o planejamento se remete. A bacia hidrográfica, a região metropolitana ou a região polarizada são diferentes unidades com diferentes concepções de desenvolvimento e diferentes objetivos.

Como aponta Friedman,[2] os limites regionais se modificam à medida que se alteram as finalidades do planejamento e circunstância em que se insere. Nessa perspectiva, buscamos desvendar o processo de planejamento da CIBPU e o deslocamento da

---

[1] trecho do livro de FRIEDMANN, J. R. *Introdução ao planejamento regional.* Rio de Janeiro: Fundação Getúlio Vargas, 1960..

[2] *Ibidem.*

concepção de região como resultado de um processo conflituoso, mas que contribuiu para a permanência da instituição ao longo dos 20 anos de sua existência.

A definição dos "problemas comuns" e o programa da CIBPU

A atuação da CIBPU foi orientada ao longo de sua trajetória pelas diretrizes e pelo programa de ações definidos pela 1ª Conferência dos Governadores que formaria a sua agenda institucional. Para a elaboração deste programa foram constituídas na ocasião da conferência quatro comissões de estudo, compostas por representantes políticos dos estados participantes, cada uma responsável por um dos seguintes temas-chave: transporte e comunicações; energia elétrica e combustíveis; zoneamento geo-econômico e povoamento; intercâmbio técnico e científico e convênios bilaterais de cooperação, financiamento e crédito (Quadro 4).

Quadro 4 - Composição das comissões de estudo da bacia Paraná-Uruguai

Transporte e comunicações	Energia elétrica e combustíveis	Zoneamento geo-econômico e povoamento	Intercâmbio técnico e científico e convênios bilaterais de cooperação, financiamento e crédito
Joaquim Taveira (GO)	Joaquim Taveira (GO)	Joaquim Taveira (GO)	Joaquim Taveira (GO)
Cel. Marinho Lutz (MT)	Cel. Arthur Levy (MT)	Casimiro Brodziak (MT)	Casimiro Brodziak (MT)
João José Cabral (SC)	Estácio Trindade (MT)	Francisco Teixeira Mendes (MT)	Francisco Teixeira Mendes (MT)
Guilherme Winter (SP)	Felizardo Gomes da Costa (PR)	Francisco Antonio Cardoso (SP)	Felizardo Gomes da Costa (PR)
Durval Muylaert (SP)	Carvalho Sobrinho (SP)	Carvalho Sobrinho (SP)	Carvalho Sobrinho (SP)
Oswaldo Sant'ana de Almeida (SP)	João Pinheiro Filho (presidente de CNE)	Homero Braga (PR)	João Pinheiro Filho (presidente de CNE)
João Pinheiro Filho (presidente de CNE)	Amador Cintra do Prado (SP)	Egon W. Bercht (PR)	Mário Beni (SP)
Wilson Quintela (MT)	Dagoberto Sales Filho (SP)	Lacerda Werneck (PR)	Guilherme Winter (SP)
Mj. Luis Carlos Tourinho (PR)	Lucas Lopes (MG)	João Pinheiro Filho (presidente de CNE)	Lucas Lopes (MG)
José Esteves Rodrigues (MG)		Prof. Domício Figueiredo Murta (MG)	

Fonte: Elaboração pela autora a partir da Ata da 1ª Conferência, 1951.

Dos membros das comissões destacamos a participação do engenheiro Lucas Lopes, que estava presente em duas delas – a Comissão de Energia Elétrica e Combustíveis e Comissão de Intercâmbio Técnico e Científico e Convênios Bilaterais de Cooperação, Financiamento e Crédito. Lopes, que possuía destacada experiência profissional na área de planejamento do desenvolvimento regional, havia sido o primeiro presidente da CVSF e responsável pela elaboração do Plano de Valorização do Vale do São Francisco; foi responsável em 1951 pelo Plano de Eletrificação de Minas Gerais, passando a presidir a CEMIG e, ainda no mesmo ano, passou a integrar a Comissão Mista Brasil-Estados Unidos a convite de Vargas.[3]

Os resultados das discussões das comissões de estudo apresentaram os problemas comuns aos estados em cada um dos temas, que constituíram as metas do programa da CIBPU. As metas definidas pela Comissão de Transporte e de Comunicações, apontavam para a necessidade de investimento no transporte multimodal (fluvial, rodoviário, ferroviário e aéreo), com destaque para o desenvolvimento do transporte fluvial. Especificamente o programa previa: a transformação dos cursos do rio Paraná e seus afluentes para a navegação; a melhoria e ampliação do traçado rodoviário e a formalização de convênios para construção e gestão de tráfego; o reequipamento do parque ferroviário, com melhoria e ampliação dos traçados e sua eletrificação; desenvolvimento de novos campos de pouso e instalações para o transporte aéreo.

A Comissão de Energia Elétrica e Combustíveis identificou como metas a elaboração de um plano de aproveitamento de potencial hidrelétrico do rio Paraná e seus afluentes, o reflorestamento das áreas devastadas para a produção de combustível vegetal e a criação de reservas florestais. Vale destacar que, em 1952, 67% da energia produzida no Brasil vinham de madeira e carvão vegetal, 10% de carvão mineral, 20,3% do petróleo e apenas 2,3% do aproveitamento hidráulico, possuindo o Estado de São Paulo, em 1953, apenas 13% de sua área com cobertura florestal.[4]

A região da bacia compreendia áreas com maior potencial de energia hidrelétrica da América Latina considerando os Saltos de Avanhandava (6.600 hp), Itapura (50.700 hp) e as enormes quedas de Urubupungá (447.000 hp) e Sete Quedas (1.500.000 hp) que não eram aproveitados. Os saltos de Sete Quedas e Urubupungá eram a menina dos olhos dos técnicos, especialistas e investidores – Urubupungá de interesse maior entre

---

3   LOPES, Lucas. *Memórias do desenvolvimento*. Rio de. Janeiro: Centro da Memória da Eletricidade no Brasil, 1991. 346 p.

4   SAGMACS. *Problemas de desenvolvimento. Necessidades e possibilidades do Estado de São Paulo*. São Paulo: CIBPU, 1954, 2v. p.67-68.

os estados de São Paulo e Mato Grosso, e Sete Quedas, de interesse nacional. Na época, se avaliava a soma total do potencial hidrelétrico da bacia em 12 milhões de hp, sendo considerada a região como "a base vindoura do mais importante dos centros industriais da América do Sul".[5]

A Comissão de Zoneamento Geoeconômico e Povoamento colocava a necessidade de um profundo levantamento do território através da elaboração de estudos, mapas, estatísticas para que se possa determinar a "localização imediata das zonas industriais" e de que esta sempre seja próxima a uma fonte de energia elétrica. No que se refere ao povoamento, a comissão atenta para a necessidade de que ele deve ocorrer "pari passu" com o aparelhamento sanitário, educacional e de transportes, devendo seguir um plano demográfico realizado de acordo com uma política migratória. A criação de novos núcleos urbanos planejados como estratégia de povoamento não foi colocada pela comissão, mas sim, a melhoria de condições urbanas e socioeconômicas dos núcleos urbanos existentes e a criação nestes de zonas industriais.[6]

A Comissão de Estudos de Intercâmbio Técnico e Científico e Convênios Bilaterais de Cooperação, Financiamento e Crédito, estabelece como necessidade urgente a formalização dos convênios. Para o financiamento do desenvolvimento dos trabalhos da CIBPU, foi proposto a utilização de recursos referentes a 0,5% dos orçamentos dos estados membros e 0,5% da receita federal como recurso fixo (no entanto, na minuta do projeto de lei encaminhado ao governo federal em 1952, constava 1% da receita da União e mais 100 milhões de cruzeiros como verba inicial no ano de 1953). Além do recurso orçamentário, foram previstos também recursos de iniciativa particular, que seriam conseguidos através de concessões, e utilização dos recursos provenientes do programa de financiamento americano *Point Four Program*.[7]

O *Point Four Program* (ou *Act for International Development*, como foi outorgado em 1950),[8] era um programa de cooperação internacional para o desenvolvimento

---

5 CONFERÊNCIA dos Governadores, 1ª, 06 a 08/09/1951, São Paulo SP *Ata*...São Paulo, 1951.p.17.

6 CONFERÊNCIA dos Governadores, 1ª, 06 a 08/09/1951, São Paulo SP *Ata*...São Paulo, 1951.

7 CONFERÊNCIA dos Governadores, 1ª, 06 a 08/09/1951, São Paulo SP *Ata*...São Paulo, 1951.

8 O *Point Four* fazia parte dos quatro pontos da política externa norte-americana anunciada por Truman em 1949. O primeiro ponto era o apoio à ONU. O segundo se referia aos programas de recuperação econômica da Europa a partir da destruição da guerra (Plano Marshall). O terceiro assegurava assistência às nações livres para resistir à agressão (consagrado na Organização do Tratado do Atlântico Norte). O ponto quatro – *Point Four* – tinha como objetivo "embarcar em um novo programa ousado para tornar os benefícios dos nossos avanços científicos e os progressos

econômico dos países subdesenvolvidos através de acordos de assistência técnica em diferentes modalidades (Figura 8). Neste momento, o Brasil estava tentando criar condições favoráveis ao investimento estrangeiro e se inserir, por meio do planejamento, nos programas de financiamento internacional. Em 1950, é criada pelo governo federal a Comissão Nacional de Assistência Técnica, junto ao Ministério das Relações Exteriores, para estudar as necessidades brasileiras em relação à assistência técnica e viabilizar a participação do Brasil nos programas de assistência da ONU.[9]

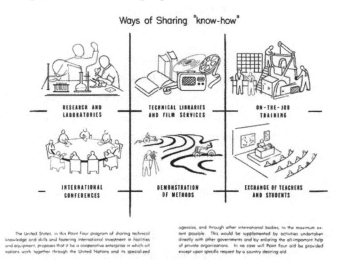

Figura 8 - Programa de cooperação técnica do Point Four Program. Fonte: U.S. DEPARTMENT OF STATE, 1949.

Pelo lado norte-americano, o estudo das possibilidades de aplicação do *Point Four* no Brasil foi coordenado pelo empresário Nelson Rockefeller que organizou, a pedido do governo, uma comissão executiva que analisava inclusive a criação de uma agência governamental de financiamento. Os resultados dos estudos coordenados por Rockefeller foram publicados em 1951 no relatório *Partners in Progress*.

---

industriais disponíveis para a melhoria e crescimento das regiões subdesenvolvidas". Fonte: U.S. DEPARTMENT OF STATE. The Point Four Program. (publication 3347) Washigton D.C.: U.S. Government Printing Office, 1949.

9 FELDMAN, Sarah. "1950: a década de crença no planejamento regional no Brasil". Florianópolis: XIII Encontro Nacional da ANPUR, 2009.

A intenção de obtenção de financiamento externo para a CIBPU já ficava evidente na 1ª Conferência. O discurso de abertura da proferido pelo governador de Mato Grosso, Fernando Corrêa da Costa, anunciava:

> A impressionante observação de Nelson Rockfeller, nas páginas de seu relatório, enfeixadas em *Partners in Progress*, com a objetividade característica de um ianque, é um brado de alerta a despertar os responsáveis pelo destino social do universo (...) Eis o *Ponto IV* de Truman, em cujas parcelas devemos equacionar a vitalização do nosso Vale, desse magnífico Vale que é o do Paraná.[10]

A intenção do governo norte-americano expostas no relatório *Partners in Progress* era que o financiamento do Brasil fosse realizado entre instâncias governamentais dos dois países. A despeito disso, as instituições mais representativas na aplicação do *Point Four* na América Latina foram a American International Association for Economic and Social Development (AIA), entidade privada sem fins lucrativos criada em 1946 para auxílio para o desenvolvimento dos países estrangeiros, e International Basic Economy Corporation (IBEC), empresa criada em 1947 que tinha como objetivo específico o investimento nos setores industriais, ambas dirigidas pelo empresário Nelson Rockefeller.[11]

Esta situação se modifica somente a partir dos anos 1960, no governo de Kennedy, com o Programa Aliança para o Progresso, que institucionaliza que o auxílio financeiro aos países em desenvolvimento seria realizado em nível de governo através da United States Agency for International Development (USAID). Nesse contexto, quando o governador Adhemar de Barros assume a presidência da CIBPU em 1963, chega a anunciar a criação de um programa nacional de financiamento, o qual denomina Aliança Brasileira para o Progresso.[12] Nesse programa, o estado de São Paulo se colocava como agente financiador do desenvolvimento nacional, principalmente do Nordeste, através de uma ligação direta com as fontes americanas e com a iniciativa privada. Nas palavras de Adhemar de Barros, "a Aliança Brasileira para o Progresso não é paulista, mas brasileira" e "não se prende à iniciativa pública, porém, acima de tudo,

---

10 CONFERÊNCIA dos Governadores, 1ª, 06 a 08/09/1951, São Paulo SP Ata...São Paulo, 1951.p. 19.

11 BOARDMAN, Margaret Carrol. *The Man, the Girl & the Jeep; AIA – Nelson Rockefeller's Non-Profit Model for Private U.S. Foreign Aid*. Mexico and the World, vol. 6, nº1. Los Angeles: UCLA International Institute, 2001.

12 SILVA, Vicente Gil da. *A aliança para o progresso no Brasil: de propaganda anticomunista à instrumento de intervenção política (1961-1964)*. Dissertação (Mestrado). Porto Alegre: UFRGS. 2008.

à iniciativa privada (...) não é contra a Aliança para o Progresso, mas um aceno brasileiro para que ela possa realizar o seu alto fim".[13] Na verdade, esse programa constituía também uma estratégia de afronta ao governo federal de Goulart, como parte de sua campanha para se eleger presidente da República.[14]

Adhemar de Barros chega até a anunciar um convênio de cooperação entre a Aliança Brasileira para o Progresso e a CIBPU (Figura 9). O 1º vice-presidente da CIBPU e filho do governador de São Paulo, Adhemar de Barros Filho, chegou a realizar uma reunião da CIBPU com a Comissão Técnica da Aliança Brasileira para o Progresso, apresentando as intenções de financiamento relacionadas à industrialização e à energia hidrelétrica.[15] Tais negociações não tiveram continuidade, não localizamos nenhum documento que formalizasse o convênio de cooperação, tendo em vista também o fracasso do programa.[16]

Figura 9 – Anúncio de cooperação entre a CIBPU e a Aliança Brasileira para o Progresso.
Fonte: Diário Oficial do Estado de São Paulo, 1963.

---

13   CANNABRAVA Filho, Paulo. *Adhemar de Barros: trajetória e realizações*. São Paulo: Terceiro Nome, 2004.

14   SÃO PAULO (Estado) Decreto nº 41.768, de 01/04/1963 – Dispõe sobre constituição da comissão preparatória do Programa "Aliança Brasileira para o Progresso".

15   SÃO PAULO (Estado) Diário Oficial de 05 de dezembro de 1963.

16   CANNABRAVA, Paulo. *Op. cit.*

O Esquema do Plano Regional

A elaboração do plano regional para a bacia Paraná-Uruguai foi a principal indicação da 2ª Conferência dos Governadores realizada em Porto Alegre-RS que recomenda que sua elaboração seja feita em duas etapas. Primeiramente, deveria ser realizado um Esquema do Planejamento Geral para a Bacia Paraná-Uruguai, explicitando a política e a concepção de planejamento, os principais problemas a serem considerados e a operacionalização do plano: a equipe, as formas de trabalho e os prazos. Somente depois de aprovada essa etapa pela próxima conferência dos governadores, é que seria realizada a segunda etapa, que compreende o plano regional propriamente dito.

Vale lembrar, como já foi exposto no capítulo 1, que o governo federal de Vargas havia incorporado a elaboração de um plano regional para a bacia do rio Paraná em sua política de desenvolvimento regional, conforme consta em sua mensagem presidencial ao Congresso.[17] A intenção de Vargas era a criação de um órgão vinculado diretamente à presidência da república, nos moldes da Comissão do Vale do São Francisco. Mas o interesse de Vargas conflitava com os interesses dos estados, que queriam a participação do governo federal apenas como colaborador, mas sem poder de decisão sobre a região.

O plano regional, da maneira como foi indicado, nunca foi completamente realizado. Para compreender as possíveis razões pelas quais a CIBPU não possui um "plano", é necessário pensar sobre a diferença entre a elaboração de planos e o processo de planejamento. Para Friedmann,[18]

> Fala-se de planejamento como sendo uma maneira de decidir sobre problemas de modo mais ou menos racional; planos (ou projetos) são então documentos que incorporam estas decisões. O planejamento é um processo dinâmico; os planos (ou projetos) tendem a ser estáticos; eles são impressos, coligidos em livros. Lidos, colocados nas estantes, etc. O planejamento não pode ser lido; é uma atividade que se processo continuadamente.

O debate sobre as concepções de planejamento no âmbito das instituições de urbanismo é tema das reflexões de Feldman.[19] Analisando a atuação do Departamento

---

17 VARGAS, Getúlio. *Mensagem ao Congresso Nacional*. Rio de Janeiro: Imprensa Nacional, 1952.
18 PROCHNIK, Wit-Olaf. "Formação de planejadores". *Leituras de Planejamento e Urbanismo*. IBAM, 1965.
19 FELDMAN, Sarah. *Planejamento e Zoneamento: São Paulo: 1947-1972*. São Paulo: Edusp/Fapesp, 2005.

de Urbanismo de São Paulo, a autora compreende o planejamento em nível municipal como processo e como técnica administrativa, e revela neste contexto que o plano, mesmo sendo compreendido como o fim último do processo de planejamento ou mesmo, nas palavras de Lodi,[20] a "expressão material do planejamento", muitas vezes não chega a se materializar.

A elaboração do Esquema do Planejamento Geral deveria ter sido coordenada pelo o prof. Domício Figueiredo Murta, conforme indicação do presidente Getúlio Vargas na 2ª Conferência. Murta havia participado da equipe de elaboração do Plano de Obras do Vale do São Francisco, coordenado por Lucas Lopes e do Plano de Eletrificação de Minas Gerais no governo mineiro de Kubitschek.[21] Embora a indicação de Murta tenha sido aprovada, sem objeções, na 2ª Conferência, o Esquema do Planejamento Geral foi efetivamente elaborado por um militar, o capitão Carlos Astrogildo Corrêa,[22] dois anos depois.

A substituição de Murta por Corrêa está associada ao contexto de crise pela qual vinha passando o governo federal, tendo em vista os interesses nacionais e estrangeiros na exploração dos recursos nacionais, especialmente da exploração de energia hidrelétrica. Corrêa, representante do estado de Goiás, era assistente do Departamento de Estudos e Planejamento da CIBPU e explícito oponente do governo Vargas. Na ocasião da 8ª Reunião Ordinária do Conselho Deliberativo da CIBPU, em setembro de 1953, Corrêa já havia apresentado um estudo intitulado Elementos Componentes de uma Planificação.[23]

Além dos interesses estrangeiros na oposição ao projeto de Vargas, o conflito se apresentava também entre as escalas de governo federal e estadual. Os projetos para a criação do Plano Nacional de Eletrificação e da Eletrobrás atingiam diretamente os interesses de empresas estaduais de energia elétrica, que temiam a centralização de recursos e comando. A Centrais Elétricas de Minas Gerais (CEMIG) constituída em maio de 1952 em forma de holding, tornou-se um grande braço do governo estadual de

---

20   LODI, Carlos B. "O plano diretor de São Paulo". *Engenharia Municipal*, n.8, São Paulo, dez.,1957. p.17. *apud* FELDMAN, Sarah. *Planejamento e Zoneamento: São Paulo: 1947-1972*. São Paulo: Edusp/Fapesp, 2005.

21   DINIZ, Clélio Campolina. "Lucas Lopes, o visionário do desenvolvimentismo". *Revista do Arquivo Público Mineiro*, Belo Horizonte, ano 44, vol 2, jul./dez, 2008. p. 80-95.

22   Carlos Astrogildo Corrêa era militar e empresário, acionista da Lloyd Aéreo do Brasil S.A e da Construtora Brasil Ltda.

23   Ata da 8ª Reunião Ordinária do Conselho Deliberativo da CIBPU, 15 e 16 de setembro de 1953.

Minas Gerais para expandir e controlar o setor de energia elétrica mineiro.[24] Na CIBPU estavam sendo planejadas as Usinas Elétricas do Paranapanema S.A. (USELPA), para a exploração do potencial hidrelétrico de Salto Grande, e a Companhia Hidroelétrica do Rio Pardo (CHERP), responsável pelo aproveitamento hidrelétrico do rio Pardo e das usinas de Euclides da Cunha e Limoeiro.

A crise política do governo Vargas se refletiu na CIBPU. O atraso e mudanças na elaboração do plano e o veto, em julho de 1953, da proposta de criação da CIBPU como órgão federal no formato de cooperação entre União e estados, provocavam tensões no interior da CIBPU e um clima de pessimismo. As reuniões do conselho deliberativo eram ocupadas por debates fervorosos, que explicitavam o dissenso sobre o perfil do órgão e sobre a própria concepção de planejamento, como foi mostrado no capítulo 1.

Os ânimos estavam exaltados entre os governadores e representantes dos Estados na 3ª Conferência dos Governadores, realizada na cidade Curitiba-PR, em dezembro de 1953 como parte das comemorações do seu 1º Centenário de Emancipação Política. Mesmo enfrentando um momento político conflituoso, Vargas participou da conferência tentando esclarecer e mobilizar os conferencistas em relação ao Plano Nacional de Eletrificação e a criação da Eletrobrás.

Enquanto os governadores pressionavam o presidente para esclarecimentos em relação à produção estatal de energia elétrica, o governador Lucas Garcez tentava acalmar os ânimos comunicando que a CIBPU já havia conseguido um empréstimo de US$ 10 milhões para a construção da Usina de Salto Grande, no rio Paranapanema, e que os trabalhos da CIBPU corriam normalmente, não havendo razão para pessimismo. Garcez também explicitava o apoio ao presidente, em nome dos governadores, que estavam "sinceramente empenhados em auxiliar a obra administrativa de Vargas, levando-lhe sugestões para a solução dos seus grandes problemas".[25]

O Esquema do Plano Regional foi entregue por Corrêa à Divisão de Estudos e Planejamento, em 16 de agosto de 1954, num momento de acirramento dos conflitos em torno da política de Vargas. O documento era composto por 48 páginas e dividido em dez capítulos: os objetivos da planificação, o enquadramento legal, o "staff planejador", as virtualidades econômicas regionais e os transportes, o tema central do planejamento, a

---

24 BARRETO, William de Miranda. *Eletrobrás: o embate por trás de sua criação*. Dissertação (Mestrado). Rio de Janeiro: FGV, 2010.

25 Discurso do governador Lucas Garcez proferido na 3ª Conferência dos Governadores, realizada em 20 de dezembro de 1953, Curitiba-PR.

unidade do plano regional, o fator tempo e o plano regional, serviços básicos e prioridades, a valorização do sertão da bacia, bases teóricas e práticas do planejamento regional.[26]

O documento recomendava que o 1º Plano Regional fosse desenvolvido no interior da CIBPU e sugeria a criação de um Setor de Coordenação do Plano e uma equipe de quarenta técnicos. Essa equipe deveria realizar, sob contrato, estudos completos contendo constatações, conclusões e previsões, compondo 33 sub-planos e 10 planos parciais. Era necessário ainda, segundo o Esquema do Plano Regional, criar a "mentalidade do planejamento regional".[27]

O Esquema também propôs a elaboração de um Plano de Emergência, que fixaria as obras de execução imediata e a ordem de prioridade para esta execução. Ainda recomendou que o planejamento das obras da CIBPU se organizasse por programas quinquenais, que permitiriam a revisão periódica para "orientar a ação e não cristalizá-la". Nas palavras de Corrêa:

> o objetivo do Plano não deve ser "uma reforma social para a Bacia, mas queremos, como Keynes, operar no seu território, certas transformações, rigorosamente liberais, que tendam à conservação dos direitos civis e das liberdades, e à criação de um meio ambiente econômico que permita aos indivíduos desenvolver suas plenas potencialidades, donde resulta a necessidade de uma distribuição mais equitativa e menos arbitrária da riqueza e da renda.[28]

O posicionamento de Corrêa defende o liberalismo econômico e o "free-enterprisement", e critica, de forma explícita, o nacional-desenvolvimentismo de Vargas:

> O nosso intervencionismo deverá então aplicar-se na tarefa libertadora e multiplicadora das energias produtivas das populações regionais, combatendo os mofinos controles estatais que há anos vêm entravando as rodas do nosso progresso.[29]

À luz do referencial da Tennessee Valley Authority e das decisões tomadas na 1ª Conferência dos Governadores, o Esquema do Plano Regional estabelece como tema central do planejamento da CIBPU "o domínio das águas" voltado para a navegação

---

26 *ESQUEMA do Plano Regional da Bacia Paraná-Uruguai*. (documento produzido por Carlos Astrogildo Corrêa e encaminhado ao DEP-CIBPU em 16 de agosto de 1954) São Paulo, 1954.p48.

27 Ibidem.

28 Ibidem, p. 49.

29 Ibidem, p 48.

fluvial e a hidroeletricidade, os dois fins considerados os mais importantes para a solução dos problemas econômicos regionais e nacionais, e para a "valorização do sertão da bacia". Assim, estabelece as seguintes medidas: o aproveitamento do sistema fluvial Paraná-Uruguai para navegação e geração de energia; a construção do "canal do Tietê" para ligar a "zona sertaneja" a "zona industrializada"; a multiplicação de colônias agro-pecuárias, de base cooperativista, ao longo dos cursos d'água e de outras vias de comunicação; a ampliação da rede ferroviária e sua eletrificação para o centro-oeste e em direção ao vale do Tocantins-Araguaia, onde se produz a cultura do babaçu,[30] interligando as bacias do Prata e do Amazonas.

Como medidas emergenciais para "criar motivações" que pudessem manter unidos os estados, o *Esquema*... propõe o aproveitamento hidrelétrico do estreito do rio Uruguai, do rio Iguaçu, dos saltos das Sete Quedas e de Urubupungá.

O documento aponta como uma das dificuldades de gestão regional de uma bacia hidrográfica era sua ausência dos limites administrativos. Para superá-la, propõe um reparcelamento geopolítico através da criação do "estado faixa-fluvial" que ele chama de uma "comunidade de vida na comunidade espacial". Esta proposta tem como base o *Tratado General de Geopolítica*, de Vicens Vivens,[31] e retoma a ideia separatista presente no movimento regionalista dos anos 1930, como já apresentada no capítulo 1.

Um outro aspecto do documento é a mobilização do conceito de *amenagement du territoire* a partir da produção da geografia francesa, utilizando como referência o trabalho de Jean Gottman, publicado em 1952, nos Cahiers de La Fondation Nationale des Sciences Politiques intitulado *L'Amenagement de l'Espace*.[32] Embora a concepção de *amanegement du territoire* já tivesse sido introduzida no planejamento do Brasil desde 1947 pela vertente do Movimento Economia e Humanismo de Pe. Lebret, o documento não faz nenhuma referência a Lebret que, neste período, era contratado pela CIBPU para realizar o estudo *Necessidades e Possibilidades para o Estado de São Paulo*.

---

30 O babaçu era considerado um produto estratégico de grande interesse norte americano.

31 Jaime Vicens Vives, historiador e geopolitico publica o *Tratado General de Geopolitica* em 1950, onde usa o termo geohistoria em substituição a geopolitica, e a partir de Ratzel, analisa as relações entre a sociedade e o seu ambiente. Fonte: PRATES, Arlene M. Maykot "Geohistoria na Concepção de Vicens Vives". *Geosul*, nº 2, 2º sem., 1986.

32 GOTTMANN, J et al. L'Amenagement de l'Espace: Planification régionale et geographie. *Cahiers de La Fondation Nationale des Sciences Politiques*, nº 32. Paris: Librarie Armand Colin, 1952.

Ainda que a concepção de *amanegement du territoire* tenha repercutido no Brasil pela vertente do Movimento Economia e Humanismo, para Chatelan,[33] Gottmann juntamente com Jean Labasse, são os verdadeiros responsáveis pela formação da base teórica dos primeiros estudos de "amanegement du territoire" em Lyon no pós-guerra, e Lebret é responsável apenas pela constituição do seu quadro metodológico. De qualquer modo, tanto Gottman como Lebret, ressaltam a dimensão psicológica (ou imaterial) como elemento primordial para a análise regional, combinando elementos históricos, culturais, econômicos e políticos.[34]

Sob o referencial de Gottman, o *Esquema...* aponta a necessidade de associar, na análise territorial, as condições naturais do território às condições humanas, de forma a se criar efetivamente um *zoning*, de forma a apontar também "as deficiências, as necessidades, as falhas do quadro atual" e "as suas possibilidades, o potencial subutilizado", formando assim a base ou o projeto do "Programa de Desenvolvimento".[35] No artigo *L'Amenagement de l'Espace: Planification régionale et geographie*, Gottman associa, a partir de sua experiência na França e nos Estados Unidos, o *amanegement du territoire* ao *regional planning* que possui uma dimensão territorial, em oposição ao planejamento puramente econômico.

O documento indica ainda que o 1º Plano Regional deve se estruturar a partir da análise dos três componentes identificados por Gottman: o ambiente físico (caracterização do território regional, solo e subsolo, clima, hidrografia, vegetação; o ambiente humano (populações, relações entre o homem e a terra, saúde e assistência social, educação e cultura, imigração e a colonização); o ambiente econômico (agricultura, pecuária, indústria, transportes e comunicações, comércio, sistema de crédito, energia e combustíveis).[36]

---

33 CHATELAN, Olivier. "Expertise catholique et débuts de l'aménagement du territoire à Lyon (1945-1957)". *Chrétiens et sociétés*, nº15, 2008. p. 107-128.

34 SAQUET, Marcos Aurélio. "A renovação da geografia: a construção de uma teoria de território e de territorialidade na obra de Jean Gottman". *Revista da ANPEGE*. v. 5, 2009; MUSCARÀ, Luca. "A heurística de Jean Gottmann: um dispositivo psicossomático". In: SAQUET, M; SPÓSITO, E. S. *Territórios e territorialidades: teorias, processos e conflitos*. São Paulo: Editora Expressão Popular, 2009.

35 GOTTMANN, J et al. "L'Amenagement de l'Espace: Planification régionale et geographie". *Cahiers de La Fondation Nationale des Sciences Politiques*, nº 32. Paris: Librarie Armand Colin, 1952.

36 GOTTMANN, J. et al. "L'Amenagement de l'Espace: Planification régionale et geographie". *Cahiers de La Fondation Nationale des Sciences Politiques*, nº 32. Paris: Librarie Armand Colin, 1952.

Sob esse referencial e a partir dos posicionamentos expostos, o documento foi elaborado sem nenhum debate no interior do Conselho da CIBPU. Após a entrega do documento ao diretor do DEP, Paulo Mendes da Rocha, Corrêa foi substituído nesse departamento por Luiz Carlos Costa, que já era assistente de Mendes da Rocha na Escola Politécnica.

Em 1955, Lucas Garcez não consegue eleger um sucessor para o governo do estado e Jânio Quadros, como governador de São Paulo, assume a presidência da CIBPU e não dá continuidade à elaboração do Plano Regional, iniciando um período de estagnação nas decisões do órgão. A intenção de Lucas Garcez de chegar à presidência da República, em substituição de Vargas, é estancada, e com ela a possível continuidade da concepção de bacia no planejamento regional federal.

Embora se tenha previsto inicialmente a elaboração de um plano geral de desenvolvimento regional abrangendo toda a bacia hidrográfica, em seus diferentes aspectos, ele nunca foi realizado. O que houve, na realidade, foi uma compreensão geral dos problemas comuns da região, a definição dos temas prioritários para o desenvolvimento regional, a elaboração de uma vasta e abrangente documentação de reconhecimento do território, especialmente dos recursos hídricos, e um programa de ações definido coletivamente e revisado periodicamente com a participação dos governos envolvidos. Existiu um processo contínuo de planejamento do desenvolvimento por de eixos estratégicos de atuação que possibilitou, pela de sua flexibilidade e capacidade de adaptação, a permanência do órgão ao longo de vários governos no período democrático e no início do regime militar.

O deslocamento dos limites da região

O processo de delimitação da região de planejamento da CIBPU se inicia com a 1ª Conferência dos Governadores e se desenvolve ao longo de toda sua trajetória. Podemos identificar na CIBPU três concepções distintas de região que definem três tipos de regiões. A primeira concepção, que denominamos de *região político-administrativa*, define a região a partir da divisão política do território em estados. A segunda concepção, que denominamos de *região político-geográfica*, corresponde a uma delimitação física dada pela bacia hidrográfica, associada aos interesses políticos.[37] A terceira

---

37 Aqui nos referimos à forma pela qual foi feita a inclusão da bacia do Uruguai na CIBPU, abordada no capítulo 1.

corresponde ao que chamamos de *região econômico-urbana*, que passa a focar uma rede de cidades, como polos de desenvolvimento, distribuídas ao longo do território unidas por um sistema de comunicação.

Ao longo da trajetória da CIBPU, o deslocamento dos interesses e dos objetivos do órgão mobiliza também diferentes concepções de região. A flexibilidade na delimitação da região é defendida por Friedmann,[38] que a compreende como resultado dos fins que se deseja alcançar pelo planejamento, chamando atenção para a inexistência de uma categoria única de região, nem se pode falar numa região melhor ou numa melhor definição de certa região, mas tipos diferentes de região para a pesquisa, análise, administração e planejamento. Para o autor,

> nada há de sagrado, de intocável, na questão da delimitação regional, e útil será ter sempre em mente que os limites regionais podem ser modificados de tempos em tempos, à medida que se foram definindo finalidades e circunstâncias diversas.[39]

A delimitação precisa da região de atuação não constituiu uma prioridade para a CIBPU, mas foi resultado da identificação dos problemas comuns e da articulação política interestadual. Diante da inexistência de um "plano", inexiste também um documento com a delimitação de sua "região de planejamento". Nos trabalhos desenvolvidos pela CIBPU, realizados através de contratos e convênios com empresas, a delimitação regional muda tendo em vista o escopo e o autor de cada trabalho.

De forma semelhante, mesmo na obra de Patrick Geddes, não há um limite preciso da região, que está localizada, segundo Hall,[40] entre uma determinada região natural e as complexidades resultantes da paisagem cultural. Para Sarmento,[41] a região de Edimburgo em Geddes, por exemplo, variava entre a região ecológica e a totalidade da Escócia.

---

38 FRIEDMANN, John R. P. *Introdução ao planejamento regional – com referência especial à região amazônica*. Rio de Janeiro: FGV, 1960.

39 FRIEDMANN, John R. P. *Introdução ao planejamento regional – com referência especial à região amazônica*. Rio de Janeiro: FGV, 1960. p. 34.

40 HALL, Peter. *Cidades do Amanhã – Uma História Intelectual do Planejamento e do Projeto Urbanos no Século XX*. São Paulo: Editora Perspectiva, 1995.

41 SARMENTO, João. "O Evolucionismo Cultural e o Planejamento Urbano e Regional. Texto em memória dos 150 anos do nascimento de Sir Patrick Geddes (1854-1932)". *Geo-Working papers*, Série Educação, 2004.

Um primeiro aspecto a ser destacado na definição da região da CIBPU é o fato da incorporação do estado do Rio Grande do Sul, como já foi exposto, através de uma solicitação do presidente Vargas. A região político-administrativa, definida a partir da formalização do convênio interestadual, é definida na CIBPU pela somatória dos limites administrativos dos estados-membros, cuja área corresponde a 35% do território nacional. Assim, na 1ª Conferência, a delimitação regional pelos limites administrativos dos sete estados correspondia à região sul e centro-oeste mais o estado de Minas Gerais, da região leste.

Tabela 1 – Área territorial por Estado da Bacia do Paraná-Uruguai (1951)

Unidade da federação	Área (Km²)
Mato Grosso	1.260.482,87
Goiás	345.888,64
Minas Gerais	586.528,29
São Paulo	248.209,43
Paraná	199.314,85
Santa Catarina	95.346,18
Rio Grande do Sul	281.748,54
Total	3.017.518,80
Brasil	8.514.876,60

Fonte: IBGE

Esta delimitação regional apresentada não correspondia à divisão regional oficial elaborada pelo IBGE. Conforme a divisão regional do Brasil de 1940, os estados de Mato Grosso, Goiás e Minas Gerais compunham a região central, e os estados do Rio de Janeiro, São Paulo, Paraná, Santa Catarina e Rio Grande do Sul formavam a região sul. Com a nova regionalização do IBGE de 1950, o estado de Minas Gerais, da região central, e o Rio de Janeiro, do sul, passam a fazer parte da região leste do Brasil, juntamente com Espírito Santo, Bahia e Sergipe (ver Figuras 10 e 11).

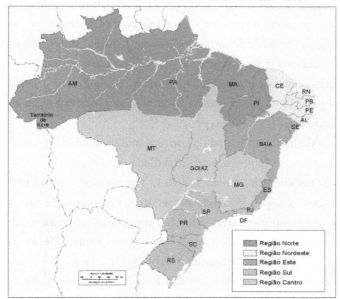

Figura 10 – Regionalização do Brasil (1940). Fonte: IBGE.

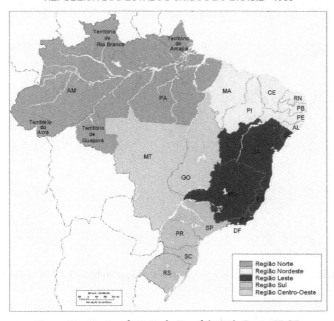

Figura 11 – Regionalização do Brasil (1950). Fonte: IBGE.

Este conflito de delimitação entre uma região natural e uma região político-administrativa está presente na própria denominação da Comissão, que associa o termo "interestadual" ao critério de delimitação através de "bacia", sendo esta uma das dificuldades natas do órgão. Da superfície total dos sete estados membros da CIBPU, 50,4% correspondem especificamente à região natural da bacia Paraná-Uruguai (Figura 12). Em 1950, a população da Bacia – 26.431.000 pessoas – correspondia à metade da população brasileira total (51.944.000 pessoas).[42]

As dificuldades de utilização da concepção de bacia hidrográfica para delimitação regional se expressa também pela dificuldade de sua sobreposição com os limites administrativos nacionais e internacionais. O território administrativo do estado de Minas Gerais, por exemplo, pertence a dois órgãos regionais de bacias hidrográficas diferentes – a sua maior parte pertence à bacia do rio São Francisco, de responsabilidade da CVSF, e a porção sul do estado à bacia do rio Paraná, de domínio da CIBPU. Os estados de Goiás e Mato Grosso eram abrangidos, além da bacia do rio Paraná, pelos limites da bacia Amazônica sob domínio da Comissão Especial do Plano de Valorização Econômica da Amazônia (CPVEA) criada em 1951. As bacias dos rios Paraná e Uruguai, por sua vez, compreendem além do Brasil os territórios internacionais da Argentina, Paraguai e Uruguai, sendo que fica sob responsabilidade da CIBPU a parte brasileira destas bacias e a negociação internacional para a exploração e conservação dos recursos.

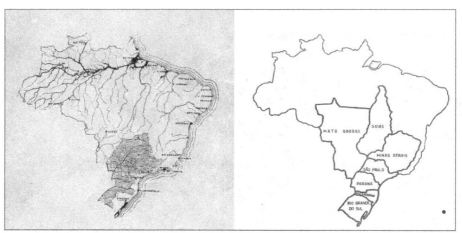

Figura 12 – Limites da bacia Paraná-Uruguai e dos estados-membros da CIBPU. Fonte: CIBPU, 1951, 1954.

---

42 SAGMACS. *Problemas de desenvolvimento. Necessidades e possibilidades do Estado de São Paulo*. São Paulo: CIBPU, 1954, 2v.

Diante da indefinição dos limites regionais dentro da própria CIBPU, em 1954 foi apresentada pela SAGMACS uma proposta de delimitação da região, ainda no período da gestão de Lucas Garcez e dos intensos debates sobre a constituição do órgão. A proposta foi publicada no estudo *Problemas de Desenvolvimento, Necessidades e Possibilidades do Estado de São Paulo* e corresponde ao que chamamos de região político-geográfica. O estudo sugere a delimitação da região da CIBPU a partir da criação das *unidades racionais de organização e aproveitamento*, que são unidades de planejamento e gerenciamento do território constituídas com base nas bacias hidrográficas, associadas aos interesses políticos e econômicos (Figura 13).[43]

Figura 13 – Unidades regionais propostas pela SAGMACS. Fonte: SAGMACS, 1954.

Respeitados os limites já estabelecidos pelos outros órgãos regionais – a CPVEA[44] e a CVSF – de modo a não haver sobreposições, o estudo da SAGMACS

---

43 SAGMACS. *Problemas de desenvolvimento. Necessidades e possibilidades do Estado de São Paulo*. São Paulo: CIBPU, 1954, 2v. p. 3.

44 A Comissão Especial do Plano de Valorização Econômica da Amazônia (CPVEA) foi criada em 1951 – transformada em 1953 na Superintendência do Plano de Valorização Econômica da Amazônia – e propunha para como região a área compreendida pelos estados do Pará, Amazonas,

divide o território brasileiro em três grandes unidades racionais de organização e aproveitamento. A primeira unidade racional se refere à bacia Amazônica. Uma segunda se refere à bacia do rio São Francisco em conjunto com as pequenas bacias do leste e do nordeste. A terceira unidade racional de organização e aproveitamento contempla a bacia Paraná-Uruguai, estendendo-a até os limites litorâneos dos estados de São Paulo, Santa Catarina, Paraná e Rio Grande do Sul, juntamente com a parte brasileira da bacia do Paraguai.

Ao mesmo tempo em que sugere uma delimitação regional para a CIBPU, o estudo elaborado pela SAGMACS em 1954 prefere não se posicionar diante dos conflitos a esse respeito considerando como região, para fins daquele estudo, a totalidade dos territórios dos estados-membros e utiliza a expressão "bacia" para denominar este conjunto.[45]

De forma geral, os estudos sobre temas específicos realizados para a CIBPU não possuem uma unidade na abordagem regional. Isso se deve ao fato que sua grande maioria foi elaborada sob contrato por empresas e instituições externos ao órgão e coordenada por especialistas que divergiam entre si em relação à abordagem sobre a delimitação regional.

O estudo elaborado pela Associação dos Geógrafos Brasileiros, que analisa as condições geográficas e os aspectos geoeconômicos da Bacia Paraná-Uruguai, publicado em 1955, utiliza criteriosamente a delimitação natural da bacia, considerando nas áreas limítrofes o território total dos municípios, mesmo que apenas uma fração dele faça parte da bacia (ver Figura 14). O estudo da AGB realiza uma proposta de regionalização da bacia Paraná-Uruguai considerando as características da geografia física (planaltos, depressões, vertentes e chapadões) associada ao perfil econômico e de ocupação (zona cafeeira, zona pioneira, etc.).

---

pelos territórios federais do Acre, Amapá, Guaporé (Rondônia) e Rio Branco (Roraima), a parte norte do Estado do Mato Grosso (hoje Mato Grosso do Norte), a parte norte do estado de Goiás (hoje estado de Tocantins) e a área oeste do Maranhão. A CPVEA foi presidida por Rômulo Almeida, chefe da Assessoria Econômica da Presidência da República e seus trabalhos resultaram no estudo *Valorização econômica da Amazônia: subsídios para seu planejamento*. Fonte: D'ARAÚJO, Maria Celina D'Araújo. "Amazônia e desenvolvimento à luz das políticas governamentais: a experiência dos anos 50". *Revista Brasileira de Ciências Sociais*. 19.

45   SAGMACS. *Problemas de desenvolvimento. Necessidades e possibilidades do Estado de São Paulo*. São Paulo: CIBPU, 1954, 2v.

Serebrenick concorda com essa definição afirmando que o conceito de região é "um tanto aleatório", e que a delimitação da região "deve comportar uma suficiente coesão entre os seus fatores naturais e econômicos", ou seja, "a unidade regional deve ser delimitada sob o critério de uma homogeneidade geral de características da terra e da ocupação humana".[46]

Figura 14- Regionalização da bacia Paraná-Uruguai proposta pela AGB. Fonte: CIBPU, 1955.

---

46 SEREBRENICK, Salomão. Planejamento regional. *Revista Brasileira de Geografia*. Jan-mar de 1963. Rio de Janeiro: Conselho Nacional de Geografia, 1963.p.97.

Nos anos 1960, a partir da 9ª Conferência dos Governadores realizada em 1963, detectamos um deslocamento na concepção de região da CIBPU, que deixa de ser a bacia hidrográfica Paraná-Uruguai e passa a ser constituída pela "região centro-sul".

Vale destacar que no mesmo ano da realização da 9ª Conferência dos Governadores, o governo federal cria Comitê Coordenador dos Estudos Energéticos da Região Centro-Sul,[47] criado com o financiamento do Banco Mundial, que passa a definir as linhas da política energética nacional. O Comitê tinha por atribuição realizar estudos do potencial hidráulico e do mercado consumidor de energia elétrica para construção de usinas para o período de 1964-1974. A região centro-sul, conforme os documentos da CIBPU abrangia, além dos estados-membros da CIBPU, o Rio de Janeiro.

A CIBPU tinha representação neste Comitê e passa atuar, a partir deste momento, sob suas diretrizes no que se refere à política energética, e sob a orientação dos economistas, especialmente de Delfim Netto, que passa a coordenar o Departamento de Planejamento Econômico e Social, atuando especificamente no desenvolvimento industrial da bacia.[48]

Este deslocamento pode ser compreendido também a partir de um novo ideário em relação ao desenvolvimento que estava sendo construído em âmbito internacional desde os anos 1950 pela geografia e pela economia (ver capítulo 5). Na geografia, essa redefinição conceitual se refere à ampliação dos estudos sobre regionalização nos anos 1950 e à emergência da chamada *nova geografia* no início dos anos 1960 difundida amplamente através dos Congressos da União Geográfica Internacional de 1960 e 1964.[49] Neste momento já se detectavam grandes mudanças na configuração do espaço através de um crescimento explosivo das metrópoles, a intensificação do processo de industrialização, e já haviam sido realizadas obras significativas em relação à infraestrutura regional (expansão rodoviária, ampliação das redes de energia elétrica, implantação de barragens).

A *nova geografia* (conhecida também como Geografia Quantitativa) corresponde a uma vertente influenciada pela economia neoclássica, entendendo a organização do espaço a partir de uma rede de lugares, com o emprego de técnicas estatísticas e fundamentada na lógica positivista. Esse enfoque, amplamente absorvido pelo planejamento regional a partir do final dos anos 1950, entende a região como um subsistema

---

47   Portaria MME Nº98 de 25 de abril de 1963.
48   Relatório de 1963 da CIBPU.
49   LENCIONI, Sandra. *Região e Geografia*. São Paulo: Edusp, 1999.

do sistema nacional, composta por "regiões homogêneas" e "regiões funcionais" que vão dar origem à concepção dos "desequilíbrios espaciais". A região é definida neste novo contexto, segundo Correa,[50] como um conjunto de lugares onde as diferenças internas entre esses lugares são menores do que aquelas existentes entre esses e qualquer elemento de outro conjunto de lugares.

No âmbito da economia, a redefinição da região se vincula à repercussão no Brasil das teorias de localização a partir da compreensão da região como um espaço polarizado (esta abordagem será mais desenvolvida no capítulo 5).

A ideia de cidade como polo de desenvolvimento é aplicada por Milton Santos,[51] nos anos 1960, para a realidade dos países subdesenvolvidos. Para o autor, a aplicação de polos de desenvolvimento no contexto do subdesenvolvimento possibilita: a redução do impacto sobre as metrópoles regionais e a diminuição da macrocefalia, que é fator de desequilíbrio regional, a expansão das atividades econômicas, a atenuação dos desequilíbrios regionais e o melhoramento os serviços urbanos. Para Milton Santos, é o desenvolvimento da função industrial que rompe a barreira do subdesenvolvimento, criando condições pra que a cidade exerça influencia positiva sobre a região em torno.[52] Neste sentido, o autor compreende a cidade como caminho ao mundo desenvolvido:

> é a cidade, neste 'Tiers monde', que cristaliza a vontade do progresso e, a bem dizer, prepara o processo de desenvolvimento. Se ela reflete o mundo industrial, pela importância dos modernos edifícios e pela presença de tantos sinais de conforto hodierno, ela exibe, também, a pobreza e as pragas de sua região de influência, tanto nas funções que realiza quanto na paisagem e, ainda, pela desorganização e insuficiência dos seus serviços públicos.[53]

Estas novas orientações teóricas e conceituais reorientam a política federal de desenvolvimento. Neste período, o IBGE em conjunto com o Ministério do Planejamento participam da elaboração de uma ampla análise do arcabouço urbano do Brasil com o objetivo de determinar as cidades, que poderiam configurar polos de desenvolvi-

---

50 CORRÊA, Roberto. *Região e organização espacial*. 5ª ed. São Paulo : Ática, 1995.p.32
51 SANTOS, M. *A cidade nos países subdesenvolvidos*. São Paulo: Civilização brasileira, 1965.
52 *Ibidem*.
53 *Ibidem*.

mento.[54] Este trabalho interfere não apenas no deslocamento da definição de região da CIBPU, mas na alteração do perfil do órgão (ver capítulo 5).

A flexibilidade na definição da região permitiu que os limites da área de atuação da CIBPU fossem modificados de acordo com o contexto e com os interesses de planejamento regional. Nos últimos trabalhos desenvolvidos pela CIBPU nos anos 1960, a categoria de bacia para definir sua região não é mais utilizada pelos trabalhos, ficando apenas na referência do nome da instituição.

---

54 ANDRADE, Manuel Correia. *Espaço, polarização e desenvolvimento*. 5ª ed. São Paulo: Atlas, 1987.

Capítulo III
A CIBPU e o planejamento de vale: referencial norte americano

> *Planejar a utilização e o controle da água é planejar para a maioria das funções básicas da vida do país. Não podemos fazer planos de aproveitamento da água, antes de considerar também os relevantes problemas da terra. Não podemos fazer planos de utilização da água e da terra, antes de elaborar planos para toda a população. Terra, água e população caminham parelhas. O povo não pode atingir o mais alto padrão de bem-estar, a menos que se aproveite, o mais sabiamente possível, a terra e a água.*
>
> Relatório da Missão Cooke[1]

A repercussão da concepção de planejamento de bacia hidrográfica no Brasil, tanto no meio político como no meio acadêmico e profissional, se deu nos anos 1940 pelo viés norte-americano, a partir da circulação das ideias e experiências promovida pelo intercâmbio técnico, científico e político entre Brasil e Estados Unidos possibilitado pelos acordos de cooperação internacional. É a partir desse referencial teórico que o planejamento regional emerge no Brasil e predomina como concepção até meados dos anos 1950, sendo retomado somente no período mais recente no contexto do liberalismo, sob uma nova formulação a partir da problemática questão ambiental. Neste capítulo, abordaremos as formas de circulação e difusão do ideário

---

[1] A MISSÃO Cooke no Brasil. (Tradução do Centro de Estudos dos Problemas Brasileiros da Fundação Getúlio Vargas.) Rio de Janeiro: FGV, 1949. p.311.

de planejamento de vale no Brasil, assim como as especificidades desta concepção ao repercutir na experiência da CIBPU.

Sobre as formas de circulação desse ideário podemos destacar três aspectos principais. O primeiro se refere às relações políticas e econômicas entre Brasil e Estados Unidos, especialmente no âmbito da Missão Cooke, vinda ao Brasil em 1941 sob liderança do engenheiro Morris Llewellyn Cooke. A missão Cooke foi especialmente importante para a difusão no Brasil de concepções e experiências do planejamento regional americano do New Deal.

Outro aspecto se refere ao movimento de descentralização da política federal de desenvolvimento e a criação de organismos regionais pela Constituição de 1946 e incorporada pelo governo democrático de Vargas (1951-1954). Pode-se compreender a política de Vargas como uma versão nacional-desenvolvimentista do planejamento regional norte-americano do New Deal, e que foi responsável por impulsionar a criação dos organismos de planejamento de vale no Brasil. Soma-se a estes as formas de circulação da concepção de planejamento de bacia hidrográfica entre Brasil e Estados Unidos através dos congressos, publicações e interlocução profissional sobre o desenvolvimento regional.

A concepção norte-americana de planejamento de bacias hidrográficas

A formação do ideário de planejamento regional nos EUA data nos anos 1920 e se localiza no contexto do embate protagonizado por Thomas Adams, coordenador do Regional Plan of New York and its Environs, e os membros da Regional Planning Association of America (RPAA), representados especialmente por Lewis Mumford e Benton Mackaye.[2] Ao contrário da postura defendida por Adams em relação ao processo de metropolização, o ideário regionalista da RPAA propunha enfrentar o crescimento da metrópole e todos os impactos dele decorrentes através de uma relação

---

2   A *Regional Planning Association of America* (RPAA), um grupo multidisciplinar formado em 1923 em Nova Iorque, era composta pelo editor do *Journal of the American Institute of Architect* (JAIA) Charles H. Whitaker, o arquiteto Clarence Stein, o historiador Lewis Mumford, pelo engenheiro florestal Benton MacKaye, o economista Stuart Chase, arquitetos Henry Wright, Russell Van Nest Black, Fred Ackerman, Robert D. Kohn, e Fred Bigger, o cientista social Robert Bruere, e as "housers" Edith Elmer Madeira e Catherine Bauer.

harmoniosa entre homem e natureza, fundada em uma "bio-ética" e uma cultura de conservação dos recursos naturais e das tradições culturais.[3]

Criticando a relação que chamavam de "parasítica" entre metrópole e área rural, com o esgotamento dos recursos do solo, florestas e rios, a RPAA defendia a relação interdependente entre área urbana e rural, a descentralização através da criação de novos núcleos urbanos, a modernização do território através das redes de infraestrutura de transporte (hidroviário, ferroviário e rodoviário), de equipamentos sociais e de lazer, e de geração e distribuição de energia, particularmente a hidrelétrica, e o planejamento regional com abordagem conservacionistas.[4]

Este ideário foi formalmente articulado com a publicação pelos membros da RPAA do número sobre planejamento regional da revista *Survey Graphics*, em 1925, que constituiu num dos marcos do ideário regionalista nos Estados Unidos. Em 1928, Benton MacKaye publicou *The New Exploration*, onde delineou sua filosofia de planejamento regional, enfatizando o equilíbrio e a harmonia entre os três ambientes básicos – o primitivo, rural e urbana. Neste mesmo ano, MacKaye e Lewis Mumford formulam a definição de planejamento regional para a *Enciclopédia Britânica*, explicitando as diferenças entre planejamento metropolitano (que defendiam o crescimento urbano) e de planejamento regional (que pregava o equilíbrio ambiental e social).

Para Mackaye,[5] a ideia de planejamento regional se refere a um novo tipo de exploração, ou seja, uma pesquisa abrangente das possibilidades e das potencialidades do território e seu ordenamento compreensivo a partir dos fluxos (de recursos naturais, econômicos e humanos) com o objetivo último de elevar as condições de vida da população.

O ideário regionalista norte-americano possui vínculos estritos com as ideias de Patrick Geddes. A concepção de região como "secção de vale" de Geddes tenta resolver o conflito entre cidade e campo, entendendo-o de maneira integrada e unitária com base na concepção de cooperação mútua da biologia, como um dos elementos da

---

[3] Sobre a formação e desenvolvimento do planejamento regional nos Estados Unidos ver FRIEDMANN, John; WEAVER, Clyde. *Territory and function: the evolution of regional planning.* Berkeley.:University of California Press, 1979.

[4] FRIEDMANN, John; WEAVER, Clyde. *Territory and function: the evolution of regional planning.* Berkeley: University of California Press, 1979.

[5] MACKAYE, Benton. "Regional Planning and Ecology". *Ecological Monographs*, vol. 10, n. 3, Jul., 1940, p. 349-353.

região, e estrutura-se em torno de três elementos principais: geografia física, ocupações do solo e tipos de povoamento.

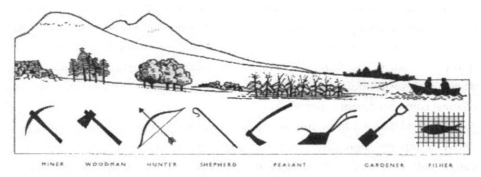

Figura 15 - A "Seção de Vale" de Geddes, de 1909. Fonte: http://www.patrickgeddestrust.co.uk

Neste período de eclosão de ideias, uma das experiências mais marcantes de planejamento regional nos Estados Unidos foi Tenessee Valley Authority (TVA), originada no governo Roosevelt, como parte da política New Deal e que prometia colocar em prática todo o ideário que vinha se constituindo sobre planejamento regional conduzido pela RPAA.[6] A TVA era uma autarquia federal que deveria planejar, em um único órgão, o conjunto das potencialidades de utilização de todo o sistema hidrográfico do rio Tennesse, coordenando os diversos projetos setoriais, de modo a otimizar os recursos, o que identifica a concepção de planejamento unitário e integrado. Segundo Friedmann,[7] diversas experiências norte-americanas seguiram esta concepção nos EUA – *Mississipi Valley Authority, Columbia Valley, the Central Valley of California, the Missouri, the Arkansas and the Red Rivers*, sendo a *Tennesse Valley Authority* o exemplo mais bem acabado deste tipo de planejamento.

Como já aponta Feldman,[8] a experiência da TVA é desdobramento das trocas que vinham ocorrendo, desde os anos 1920, entre o planejamento regional de Patrick

---

6   TVA Act , May 18, 1933

7   FRIEDMANN, John. "The concept of a Planning Region – The Evolution of an Idea in the United States". In: FRIEDMANN, John; ALONSO, Willian. *Regional development and planning - a reader*. Cambridge: The MIT Press, 1964. p. 497-518.

8   FELDMAN, Sarah. "1950: a década de crença no planejamento regional no Brasil". In: XIII Encontro Nacional da ANPUR, *Anais* .... Florianópolis: ANPUR, 2009.

Geddes, o urbanismo inglês vinculado à Garden Cities and Town Planning Association (GCTPA) e os norte-americanos ligados à RPAA. Como governador do estado de Nova Iorque, Rossevelt havia tomado conhecimento das ideias da RPAA sobre planejamento regional, pela participação de Clarence Stein e Henry Wright na elaboração do Plano para o Estado de Nova Iorque. Nesse plano, ampliava-se a ideia de planejamento urbano pensando a cidade em termos de um ordenamento do uso da terra e distribuição da população em nível regional.[9]

Dois membros da RPAA fizeram parte do núcleo inicial da TVA, Tracy Augur e Benton Mackaye, construindo diretamente uma ligação entre o ideário das duas instituições. Ambos foram contratados na ocasião em que Earle Draper, chefe da Divisão de Planejamento Territorial e Habitação da TVA montou uma equipe especializada para colaborar nos trabalhos de planejamento regional da instituição. Augur foi contratado como chefe da Seção de Planejamento Regional e Mackaye como técnico em planejamento regional.[10] Augur seria o responsável pelo planejamento da cidade de Norris e Benton Mackaye tinha como atribuição a elaboração do plano regional da instituição.

Além da visão da RPAA, está presente também na TVA, sobretudo a partir de meados dos anos 1930, a ideia de *Multiple_purpose river valley development* ou desenvolvimento multifinalitário de vales de Morris Cooke. Esta concepção significava o aproveitamento dos recursos naturais, sobretudo os recursos hídricos e do solo, para utilização para a navegação, o lazer, o combate às enchentes e à erosão do solo, o reflorestamento e a utilização controlada dos terrenos marginais, a racionalização da agricultura, geração de energia, industrialização, valorização da terra e a criação de núcleos urbanos (Figura 16).

---

[9] GRAY, A. J.; JONHSON, D. A. *The TVA regional planning and development program: the transformation of an institution and its mission*. Gateshead: Athenaeum Press, 2005.

[10] GRAY, A. J.; JONHSON, D. A., *op. cit.*

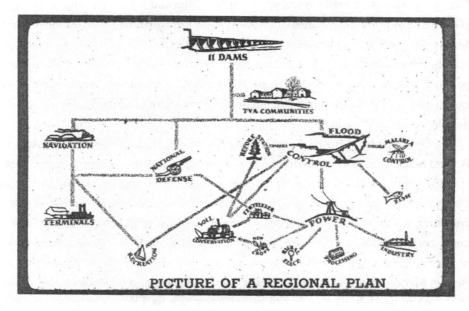

Figura 16 – Esquema do planejamento da TVA. Fonte: Gray & Johnson, 2005

Em consonância à ideia da RPAA sobre planejamento regional, esta era uma visão de ordenamento territorial, fundamentada e concreta. Mas, ao contrário da RPAA, esta era também uma visão que pretendia integrar o Vale do Tennessee, uma região pré-industrial localizada ao sul dos Estados Unidos, ao desenvolvimento do capitalismo monopolista, sob os auspícios do Estado.[11] A área da bacia do rio Tennesse (Figura 17) compreendia 105 mil km2 e contemplava 7 estados – Kentucky, Tennessee, Mississipi, Alabama, Georgia, Carolina do Sul e Carolina do Norte – com uma população, em 1950, de 3 milhões de habitantes, que se dedicavam fundamentalmente à agricultura. Este total equivale a um terço da população do estado de São Paulo em 1950 e a 11% da população da bacia Paraná-Uruguai.[12]

---

11 SHAPLEY, 1976 *apud* FRIEDMANN & WEAVER, 1979.

12 CIBPU, 1954.

Figura 17 - O Vale do Tennesse. Fonte: TVA Collection.

A ideia do governo federal de Roosevelt era que a TVA constituísse num modelo de planejamento a ser repetido em outras instâncias regionais de vale, ou seja, como parte de um planejamento nacional. Como demonstra a Figura 18, foi pensada para o território americano 11 autarquias de vale.[13]

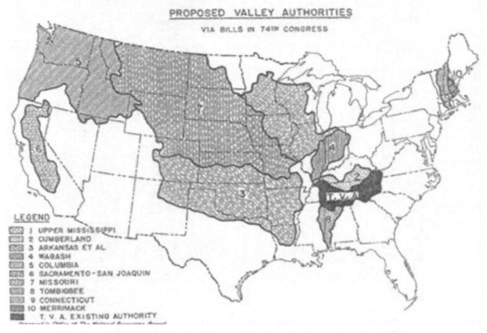

Figura 18- Proposta de Valley Authorities nos Estados Unidos. Fonte: Gray & Johnson, 2005

Ao final dos anos 1950, a região do vale do Tennessee tornou-se a maior produtora de energia doa EUA, aumentando em 900% (em 1933 produzia 350kwh/pessoa; em 1951, passou para 3560kwh/pessoa). Esta energia, no período da Segunda Guerra estava direcionada à industria bélica: "a força elétrica é fluido vital da guerra moderna", segundo Lilienthal. Promoveu o desenvolvimento de pesquisas e produtos voltados para a guerra (alumínio, explosivos, borracha sintética, etc.) e possibilitou a instalação da indústria secreta de energia atômica em Oak Ridge, pelo projeto Manhattan, responsável pela fabricação das bombas nucleares lançadas contra o Japão através do fornecimento de grandes quantidades de energia elétrica a preços baixos.[14]

---

13   GRAY, Aelred J. and JONHSON, David A. *The TVA regional planning and development program: the transformation of an institution and its mission.* Gateshead: Athenaeum Press, 2005.

14   LILIENTHAL, David. *TVA. A democracia em marcha.* (Tradução de Octavio A. Velho). Rio de Janeiro: Civilização Brasileira, 1956. p.19-20

No que se refere à agricultura e à conservação dos solos, promoveu um estudo detalhado do solo da região. Em conjunto com as escolas estaduais de agricultura, promoveu uma campanha educativa e difusão de técnicas sobre conservação e recuperação de solos erodidos através de sistemas de estabilização com culturas de cobertura, terraceamento em curvas de nível, canais de drenagem de águas pluviais, etc, além de fornecer para experimentação – no início gratuitos, depois pagos – fertilizantes, máquinas e energia elétrica. Os fertilizantes produzidos pela TVA foram "empregados estrategicamente para fomentar os objetivos educacionais essenciais à conservação do solo e ampliar a procura de fertilizantes fabricados por firmas particulares".[15]

Em relação aos empreendimentos privados, as indústrias se multiplicaram em número e diversidade. Após 1933, surgiram na região 4200 novas fábricas, de alimentos congelados, fabricação de aviões, máquinas de costura, fogões, farinha, marchetaria, tampas de barril, aquecedores para água, máquinas de calcular, móveis, calçados, lápis, têxteis, rédeas, acetileno. Entre as empresas estavam a Alunimun Company of América, as indústrias químicas de explosivos e fertilizantes Monsanto Chemical e Victor Chemical, as indústrias de tecidos sintéticos American viscose, American Enka e Du Pont, além da alimentícia Quaker Oats.[16]

Entre 1933 e 1950, a renda per capita aumentou em quase 500% e o numero de empregados na industria passou de 447.800 para 919.400, um incremento de quase meio milhão de trabalhadores. Como consequência do intenso processo de industrialização, a população se deslocou para as áreas metropolitanas do vale. Entre 1933 e 1950, as metrópoles do Vale do Tennessee aumentaram sua população mais que duas vezes em relação ao aumento da região como um todo. Dois terços do acrescimento populacional da região se deu em áreas metropolitanas e as industrias agregaram 160.000 trabalhadores nestas décadas. Neste sentido, a ideia de descentralização da metrópole através de uma nova civilização biotécnica defendida pela RPAA e presente nos primeiros anos da TVA cederam espaço para o desenvolvimento de bacias hidrográficas que fortaleceu a expansão industrial urbana através da canalização de recursos e de população para a metrópole.[17]

---

15 LILIENTHAL, David. *TVA. A democracia em marcha*. (Tradução de Octavio A. Velho). Rio de Janeiro: Civilização Brasileira, 1956. p.37

16 *Ibidem*.

17 FRIEDMANN, John; WEAVER, Clyde. *Territory and function: the evolution of regional planning*. Berkeley: University of California Press, 1979.

A Missão Cooke e a difusão da concepção de bacias hidrográficas no Brasil

Em 1942, o engenheiro Morris Llewellyn Cooke é indicado pelo presidente Roosevelt para a coordenação de uma missão de cooperação técnica no Brasil. Cooke era um dos chamados "engenheiros humanos" e havia trabalhado com o conservacionista Giffort Pinchot no governo do estado da Pensilvânia, sendo responsável por um grande projeto de eletrificação rural desenvolvido em 1927, o *Giant Power Survey*. Nos anos 1930, Cooke atuava como consultor em Scientific Management e foi indicado por Roosevelt para ser o primeiro presidente da Mississipi Valley Committee e para elaboração do seu primeiro plano regional.[18]

O objetivo da Missão Cooke era realizar um amplo diagnóstico da situação brasileira quanto às possibilidades de desenvolvimento econômico através da "cooperação internacional", visando oferecer ao Brasil os progressos técnicos do mundo desenvolvido e, em contrapartida, ampliar a presença do capital estrangeiro no Brasil. A equipe americana era constituída por 12 técnicos norte-americanos – engenheiros, geólogos, advogados e economistas.[19]

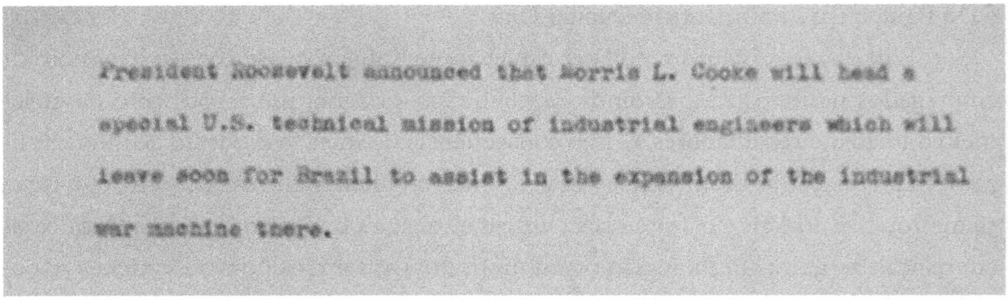

> President Roosevelt announced that Morris L. Cooke will head a special U.S. technical mission of industrial engineers which will leave soon for Brazil to assist in the expansion of the industrial war machine there.

Figura 19 - Trecho de correspondência entre o Corpo de Diretores da TVA, de 9 de setembro de 1942.
Fonte: TVA Collection.

---

18 CHRISTIE, Jean "New Deal Resources Planning: The Proposals of Morris L. Cooke". *Agricultural History*, vol. 53, n. 3, Jul., 1979, p. 597-606.

19 A equipe foi constituída por Charles F. Bonilla (engenheiro quimico), Corwin D. Edwards (economista), James M. Boyle (engenheiro e consultor e finanças e serviços de utilidade publica) Alex A. Tennant (especialista em transportes), Judson C. Dickerman (engenheiro, economista e técnico em energia), Donald K. Woodard (engenheiro consultor de indústrias têxteis), William C. Lichtner (engenheiro de produção industrial e mecânica) Frank Hodson (técnico em metalurgia), Joseph W. Rothmeyer (técnico de produção e desenvolvimento de maquinas para desidratação de produtos alimentícios).

A equipe norte-americana foi constituída por Charles F. Bonilla (engenheiro quimico), Corwin D. Edwards (economista), James M. Boyle (engenheiro e consultor e finanças e serviços de utilidade publica), Alex A. Tennant (especialista em transportes), Judson C. Dickerman (engenheiro, economista e técnico em energia), Donald K. Woodard (engenheiro consultor de indústrias têxteis), William C. Lichtner (engenheiro de produção industrial e mecânica), Frank Hodson (técnico em metalurgia), Joseph W. Rothmeyer (técnico de produção e desenvolvimento de maquinas para desidratação de produtos alimentícios).

A equipe brasileira denominada Coordenação de Mobilização Econômica era dirigida pelo ministro João Alberto Lins de Barros e orientada pelo engº Ary Torres,[20] e organizada por sub-comissões técnicas que agrupavam mais de "cem técnicos" que elaboraram relatórios de áreas de interesse do Brasil e orientaram a equipe norte-americana. Essa mobilização resultou em sessenta e quatro propostas integralmente elaboradas pelos técnicos paulistas.[21]

A vinda da Missão Cooke foi agenciada pelo Office of the Coordinator of Inter-American Affairs (OCIAA), escritório criado em 1940 vinculado ao Conselho de Defesa Nacional dos Estados Unidos e chefiado pelo empresário Nelson Rockefeller. O OCIAA era responsável pela conquista ideológica e cultural do Brasil e da América Latina, pela campanha de difusão dos valores pan-americanos e dos produtos norte-americanos no Brasil, acelerando o comércio e a importação principalmente de automóveis e eletrodomésticos, e o consumo da indústria cultural norte-americana.[22]

A Missão Cooke foi uma das importantes fontes de difusão no Brasil de concepções e experiências do planejamento regional americano do New Deal. Entre os

---

20 O engenheiro Ary Torres, juntamente com Guilherme Guinle e Macedo Soares, foi responsável pela negociação dos empréstimos do *Export and Import Bank*, para a construção da Usina Siderúrgica Nacional. Ary Torres foi professor da Escola Politécnica da Universidade de São Paulo. Fundou o Instituto de Pesquisas Tecnológicas de São Paulo (IPT) em 1926, foi Secretário de Viação e Obras Públicas do Estado de São Paulo (1937-38) e integrou a Comissão Executiva do Plano Siderúrgico (1940). Em 1942, fundou a Associação Brasileira de Normas Técnicas (ABNT), em colaboração com Paulo Sá. Como integrante da Comissão de Mobilização Econômica, atuou até 1944. Fonte: OLIVEIRA, Irene Rodrigues de *Sobressaltos e Heranças do Estado Novo*: A missão Cooke e a implantação da CSN (1942/1946). (dissertação de mestrado) Vassouras, USS, 2001

21 A MISSÃO Cooke no Brasil. (Tradução do Centro de Estudos dos Problemas Brasileiros da Fundação Getúlio Vargas.) Rio de Janeiro: FGV, 1949. p.17.

22 CHRISTIE, Jean. "New Deal Resources Planning: the proposals of Morris L. Cooke". *Agricultural History*, Vol. 53, No. 3, Jul., 1979, p. 597-606. Obtido em: http://www.jstor.org.

estudos produzidos pela Missão Cooke, destacamos o estudo *Aproveitamento do Vale do São Francisco*, elaborado em conjunto com o engenheiro brasileiro Haroldo Cecil Poland, por indicação dos técnicos americanos.

Os acertos iniciais entre o governo brasileiro e norte-americano eram de que a Missão Cooke realizaria um estudo sobre todo o Vale do Amazonas, compreendendo além da área brasileira, partes da Bolívia, Peru, Equador, Colômbia e Venezuela. O objetivo do Brasil era construir um complexo de transporte formado por canais, ferrovias e rodovias que possibilitariam a integração do mercado sul-americano. Quanto à navegação, o objetivo era a ligação entre as bacias do rio Orenoco, do rio Amazonas e a dos rios Paraná, Uruguai e Paraguai (que formavam a bacia do Prata), criando uma via navegável no interior do território como alternativa à região costeira, que naquela ocasião estava ocupada por submarinos alemães, impedindo a circulação de mercadorias.[23]

No entanto, ao chegar ao Brasil, a Missão Cooke substituiu a região do vale do Amazonas pelo vale do São Francisco, embora aquele fosse "eloquentemente preconizado pelo presidente Vargas".[24] A justificativa dada foi que a área marítima da costa brasileira já havia sido liberada pelos alemães e que uma investigação em escala internacional da região amazônica exigiria um prazo maior para sua realização em função das dificuldades políticas e da dificuldade de acesso à floresta, associado à exiguidade da população amazônica e à extensa área ocupada.[25]

Focando, portanto, o aproveitamento do vale do São Francisco, a Missão indicava a necessidade urgente da elaboração de um "planejamento regional", que deveria ser realizado utilizando como referencial as experiências de planejamento de bacia hidrográfica que já vinham se realizando nos EUA nos vales do Mississipi (*Mississippi Valley Committee)* e do Tennessee *(Tennessee Valley Autorithy).* Citando as experiências americanas e uma declaração do Mississippi Valley Committee, a Missão Cooke defende o planejamento regional de bacias hidrográficas como concepção integradora do planejamento da terra, da água e da sociedade. Esta integração, para a Missão, somente

---

23 MCCANN, Frank D. "Brazil and World War II: The Forgotten Ally. What did you do in the war, Zé Carioca?". *Estudios Interdisciplinarios de America Latina y el Caribe*, vol. 6, n. 2 ,jul-dez, 1995.

24 A MISSÃO Cooke no Brasil. (Tradução do Centro de Estudos dos Problemas Brasileiros da Fundação Getúlio Vargas.). Rio de Janeiro: FGV, 1949.p.61

25 A MISSÃO Cooke no Brasil. (Tradução do Centro de Estudos dos Problemas Brasileiros da Fundação Getúlio Vargas.) Rio de Janeiro: FGV, 1949.

poderia ser conseguida através "do mais sábio uso das riquezas naturais e através do desenvolvimento científico da produtividade".[26]

Nesse sentido, propõe um programa de recuperação e conservação de solos, atenuação do efeito das secas através de reservatórios, controle de inundações e melhoria das vias fluviais, política de controle de preços de energia elétrica, pesquisas técnicas para o desenvolvimento de iniciativas privadas no campo da mineração, da indústria e da agricultura. O estudo foi estruturado a partir dos seguintes temas: cursos d'água, população, navegação, recursos minerais, solo e produção de energia hidrelétrica.[27]

O relatório da Missão Cooke, apresentado ao governo americano permaneceu sob sigilo nos Estados Unidos até 1948, quando foi divulgado ao Brasil e, posteriormente, traduzido e publicado pela Fundação Getúlio Vargas. Conforme consta nos documentos, foram excluídos do relatório da Missão Cooke as recomendações que pudessem envolver interesses da "alta política nacional", por exemplo, "assuntos que afetem a propriedade e funcionamento futuros da indústria elétrica" e o "caráter das relações futuras do estado com as indústrias petrolíferas particulares".[28] O relatório apresentava propostas para o fortalecimento econômico "em tempos de guerra" e se fundamentava basicamente na "trilogia transporte aéreo de carga – eletricidade – metais leves", contemplando também industrialização (metalurgia, indústria química, têxteis, polpa e papel, desidratação de alimentos) fontes de crédito e planejamento regional. [29]

---

26 Vale ressaltar que, quatro anos mais tarde, o livro *Geografia da Fome*, de Josué de Castro, colocaria a questão nordestina como uma questão politica, e não apenas de tecnologia.

27 A MISSÃO Cooke no Brasil, *op. cit.*, p.312.

28 A Missão Cooke indica também como prioridade para a administração pública a difusão dos princípios da *Scientific Management* através do envio de livros norte-americanos às principais bibliotecas do país, a tradução dos livros de *Scientific Management* para o português e a criação de uma "comissão de estudiosos" para aplicação destes princípios no país. Vale ressaltar que tais princípios já estavam sendo difundidas no estado de São Paulo através do *Instituto de Organização Racional do Trabalho* (IDORT) criado em 1931 e da *Escola Livre de Sociologia e Política* (ELSP), fundada em 1933 e, no âmbito do governo federal, a modernização e racionalização administrativa vinha sendo implantada através do *Departamento Administrativo do Serviço Público* (DASP) criado em 1938.

29 A MISSÃO Cooke no Brasil. (Tradução do Centro de Estudos dos Problemas Brasileiros da Fundação Getúlio Vargas.) Rio de Janeiro: FGV, 1949.

A Tennesse Valley Authority como referencial no Brasil

Além da missão americana como instrumento de difusão da concepção do planejamento de bacias hidrográficas entre os profissionais brasileiros, podemos destacar também as visitas técnicas às experiências práticas que estavam em desenvolvimento nos Estados Unidos nos anos 1940. Entre os visitantes da TVA estavam o professor da Escola Politécnica de São Paulo Roberto Mange (pai do arquiteto Ernest Robert de Carvalho Mange), Carlos Alberto Lucio Bittencourt, José de Nazaré Teixeira, o físico Paulo Cesar de Azevedo Antunes, o geógrafo Josué de Castro, Kleber Augusto de Moraes, o engenheiro e empresário Henrique Mindlin, o engenheiro Catullo Branco, da Secretaria de Viação e Obras Públicas do Estado de São Paulo.[30]

Catullo Branco[31] esteve nos Estados Unidos em 1941 e, segundo depoimento de sua filha, ficou impressionado com o múltiplo aproveitamento dos rios que possibilitava desde a produção de energia até a navegação fluvial, a irrigação e o lazer, modelo que utilizaria mais tarde em projetos por ele realizados. Dentre estes, se destaca o projeto para a Usina Hidrelétrica de Barra Bonita, no estado de São Paulo, elaborado em 1942 e, apesar da repulsa da Light que considerava um projeto "socializante", foi colocado em prática no governo de Lucas Garcez, pelo DAEE.[32]

Em 1944 a TVA recebeu uma Missão Técnica Brasileira para estudar os projetos de engenharia. A Missão era formada por professores da Escola Nacional de Engenharia do Rio de Janeiro e da Escola Politécnica de São Paulo. Neste mesmo ano, o ministro da Agricultura Apolônio Sales, visita a Tennessee Valley Autorithy para estudar as represas e suas possibilidades de aplicação no Brasil.[33]

---

30 General Correspondences, BRAZIL. TVA Collection, box 344.

31 Catullo Branco, formado pela Escola Politécnica de São Paulo em 1924, ingressou em 1928 como engenheiro na administração pública estadual. Foi responsável por desenvolver diversos estudos para o aproveitamento múltiplo do Rio Tietê. Catullo possuía uma visão integrada da sociedade, e além da experiência da TVA também tinha como referência os projetos do engenheiro sanitarista Saturnino de Brito para o Estado de São Paulo e a obra do professor Anhaia Melo sobre serviços de utilidade pública. Fonte: BRANCO, Zillah Murgel (2000) "Catulo Branco: Um Pioneiro". *Memória e Energia*. São Paulo: Fundação Patrimônio Histórico da Energia de São Paulo, n. 27. 2000.

32 BRANCO, Zillah Murgel. "Catulo Branco: Um Pioneiro". *Memória e Energia*. São Paulo: Fundação Patrimônio Histórico da Energia de São Paulo, n. 27, 2000, p. 96.

33 "General Correspondences", *op. cit.*

Além das visitas técnicas, a solicitação pelo Brasil de especialistas da TVA para cooperação era recorrente. Luis Simões Lopes, então presidente do Departamento Adminsitrativo de Serviços Públicos do governo federal (DASP) solicita à TVA um especialista para auxiliar na reorganização da administração pública, cujos trabalhos seriam financiados pelo governo brasileiro.

Também a pedido do governo brasileiro, o engenheiro Oren Reed, do Departamento de Construção da Tennessee Valley Autorithy fez uma consultoria técnica a estudando os planos e relatórios já elaborados para a região do rio São Francisco e realizando também uma visita de inspeção.[34] As conclusões desse trabalho foram favoráveis ao estabelecimento de uma política de desenvolvimento do Vale do São Francisco, afirmando que o plano regional poderia ser organizado de maneira a se autossustentar.

Segundo Lilienthal,[35] entre os anos de 1933 e 1953, 39 milhões de pessoas visitaram a TVA. Em 1943, Huxley já identifica a difusão mundial da experiência da TVA:

> (...) a ideia da TVA, de desenvolvimento planejado de regiões naturais como vales fluviais, já conquistou seu lugar no modo de pensar mundial. As ideias e métodos da TVA estão ajudando a criação de novos órgãos de planejamento (...)[36]

O 1º Congresso Panamericano de Engenharia e a difusão da ideia de Multiple-purpose river valley development

Outra via importante para a difusão do planejamento de bacias hidrográficas no Brasil foi o 1º Congresso Panamericano de Engenharia, realizado de 15 a 24 de julho de 1949 no Rio de Janeiro, patrocinado pela União Sulamericana da Associação de Engenheiros (USAI) - nesta ocasião sob a presidência do engenheiro Francisco Saturnino de Brito Filho -, e pelo Governo do Estado de São Paulo.[37] Este Congresso foi um marco para a criação da União Panamericana de Associações de Engenheiros

---

34 BRASIL. Diário Oficial da União. 25/03/1946, Seção I, p.4324.

35 LILIENTHAL, David E. *TVA: a democracia em marcha*. (Trad. Otávio Alves Velho). Rio de Janeiro: Civilização Brasileira, 1956.

36 HUXLEY, Julian. "TVA: an achievement of democratic planning". *Architectural Review*, n. 93, jun, 1943, p. 66-138.

37 SÃO PAULO (estado) Lei N. 487, de 13 de outubro de 1949.

(UPADI)[38] e para o intercâmbio profissional e de ideias e experiências dos países do continente (Figura 20).

Figura 20 - Detalhe da capa da Revista Engenharia (julho/1949) Fonte: acervo da autora.

Os temas abordados pelo congresso abrangeram os principais setores da engenharia relacionado ao continente americano e se referiu aos seguintes eixos: transportes e comunicações; construção; energia; engenharia urbana e rural; engenharia sanitária; engenharia industrial; engenharia de minas e geologia; ensino de engenharia;

---

38 Na ocasião deste congresso a União Sulamericana da Associação de Engenheiros se vincula às associações de engenheiros dos países da América do Norte e da América Central criando a União Panamericana de Associações de Engenheiros (UPADI)

o fator humano no trabalho e seus problemas; engenharia como fator de bem-estar; normalização técnica e administrativa.[39]

Um dos trabalhos apresentados neste Congresso foi o artigo *Multiple-purpose river valley development* por Morris Cooke, que teve grande repercussão entre os profissionais brasileiros. Cooke apresentou no congresso os resultados do estudo desenvolvido no Brasil por meio da missão norte-americana, defendendo a concepção de planejamento de vales dos rios com múltiplas finalidades em âmbito mundial.[40] Segundo o engenheiro Lucas Lopes, as publicações de Cooke e especialmente sua participação no Congresso o tornaram "um dos maiores responsáveis intelectuais pelo desenvolvimento da ideia de planejamento regional de bacias hidrográfica no Brasil".[41]

A experiência da Missão Cooke no Brasil se desdobrou também em publicações de difusão internacional. Em 1944 Morris Cooke publica o livro *Brazil on the March, a Study in International Cooperation*,[42] através do qual divulga os trabalhos realizados no âmbito da missão americana e dá continuidade aos estudos sobre o desenvolvimento do "good neighbor Brazil". Neste livro, Cooke dedica um capítulo específico ao planejamento do vale do São Francisco sob o título *San Francisco, a multiple-purpose river*.[43]

Sobre as publicações dos anos 1940 que tratam da experiência da TVA, destacamos o livro de Julian Huxley – *TVA, adventure in planning* – publicado em 1945 nos Estados Unidos – e de David Lilienthal – *TVA: Democracy on the March* – publicado em 1944 nos Estados Unidos e traduzido para o português pelo prof. Otávio Alves Velho em 1956.[44] O livro de Huxley foi adquirido por Anhaia Mello logo no ano seguinte ao de sua publicação, a partir do qual a TVA passa a constituir, segundo

---

39 Conclusões do I Congresso Panamericano de Engenharia. Revista Engenharia, n° 95, vol. VIII, julho, 1950. p.499-509.

40 O 1° Congresso Pan-americano de Engenharia ocorreu de 15 a 24 de julho de 1949, no Rio de Janeiro, sob o patrocínio da União Sulamericana de Associações de Engenheiros. O artigo apresentado por Cooke neste evento brasileiro também foi publicado nos Estados Unidos - Cooke, Morris L. "Multiple-purpose river valley development – Brazil." *Mechanical Engineering*, 71:130, fev, 1949.

41 LOPES, Lucas *O Vale do São Francisco*. Rio de Janeiro: Ministério da Viação e Obras Públicas, 1955.

42 COOKE, Morris Llwellyn. *Brazil on the march. A study in international cooperation. Reflections on the report of the american technical mission.* Nova York:Mcgraw-Hill Book Company, 1944.

43 *Ibidem*.

44 LILIENTHAL, David E. *TVA: a democracia em marcha*. (Tradução de Otávio Alves Velho). Rio de Janeiro: Civilização Brasileira, 1956.

Lamparelli,[45] exemplo sempre apresentado pelo Prof. Anhaia Mello nos argumentos a favor do Planejamento Regional.[46] No texto *Urbanismo...êsse desconhecido* Anhaia Melo apresenta a experiência da TVA como a principal "experiência de planejamento democrático" e "a realização de maior importância para a sociedade humana".[47]

Getúlio Vargas e Lucas Garcez e a concepção de desenvolvimento de vale

A repercussão da concepção de planejamento de bacia na CIBPU pode ser compreendida, além do aspecto que já mostramos referente às relações internacionais entre Brasil e Estados Unidos, pelas relações políticas entre Getúlio Vargas (PTB) e Lucas Nogueira Garcez (aliança PRP-PSP e ala do PTB)[48] construídas para as eleições de 3 de outubro de 1950.

A partir desse ideário construído no Brasil ao longo dos anos 1940, Getúlio Vargas, ao retornar ao governo via eleitoral, incorpora a concepção de planejamento regional como um dos eixos de sua política. Vargas apresentou, em sua mensagem ao congresso em 1952, a indicação de 5 planos regionais que cobririam o território nacional a serem elaborados em seu governo, assim como a constituição de órgãos para administração regional. Além dos planos para o vale do São Francisco, o polígono das secas, a Bacia Amazônica, que já estavam inclusive previstos pela Constituição de 1946, Vargas acrescentou o plano regional para a Bacia do rio Paraná e o plano para o Vale do Paraíba,[49] região compreendida pelos estados de

---

45 LAMPARELLI, Celso Monteiro. "Louis-Joseph Lebret e a pesquisa urbano-regional no Brasil: crônicas tardias ou história prematura". *Cadernos de Pesquisa LAP*, São Paulo, n. 5, mar./abr. 1995.

46 LAMPARELLI, Celso Monteiro. "O Ideário o do urbanismo: São Paulo em meados do século XX. O Pe. Lebret:continuidades, rupturas e sobreposições". Conferência proferida no 30 Seminário de História da Cidade e do Urbanismo, realizado em São Carlos-SP, de 7 a 10 de setembro de 1994. *Cadernos de Pesquisa do LAP*. São Paulo: FAUUSP, março/abril, 1995.

47 ANHAIA MELLO, Luiz. "Urbanismo... esse desconhecido". *Revista Brasileira dos Municípios*, ano V, n. 18, abril-junho de 1952. p. 177-190.

48 Lucas Garcez é eleito governador de São Paulo derrotando Prestes Maia (UDN-PSD-PR-PSB) e Hugo Borghi (PTN-PST-PRT).

49 O Vale do Paraíba compreende parte dos estados do Rio de Janeiro e São Paulo e constituiu historicamente uma região de conflitos, por um lado um grande interesse industrial, especificamente a partir da instalação da Companhia Siderurgica Nacional em 1942, e por outro constitui também uma região

Rio de Janeiro e São Paulo.[50] Verificamos, no programa de planejamento regional de Vargas nítidas referências ao planejamento regional americano de Roosevelt que propunha a criação de diversos organismos de planejamento de vale nas "regiões--problema" dos Estados Unidos.

A concepção de desenvolvimento de vale com base nos recursos naturais aparece pela primeira vez no discurso pronunciado por Vargas em 1938, na ocasião do anúncio do programa *Marcha para o Oeste*, já quando prevê uma política de ocupação econômica e de colonização que buscasse nos "vales férteis e vastos, os recursos necessários à industrialização brasileira".[51]

Com a nítida vinculação à experiência norte-americana de planejamento de bacias hidrográficas, Vargas profere o seguinte discurso ao participar da 2ª Conferência dos Governadores da CIBPU:

> Nas épocas recuadas da História, a penetração através do País para o intercâmbio e o desenvolvimento econômico se fez através dos grandes cursos d'água. Por aí é que ela começou. Mas hoje, com o progresso atual, com o desenvolvimento da engenharia, com os milagres da técnica, já não será apenas o aproveitamento dos cursos d'água para a navegação. Será a correção desses cursos d'água, a fim de contê-los nas enchentes e corrigi-los nas vazantes. Será o aproveitamento de suas águas para a irrigação dos terrenos circunvizinhos e o desenvolvimento agrícola do País. Mas será, sobretudo, o aproveitamento de suas quedas d'água, para a produção de energia barata, com que iremos industrializar toda esta vasta região. (...) E é por isso que nós precisamos, principalmente, aproveitar as águas do Rio Paraná, para desenvolvermos essas fontes de energia que representarão um extraordinário progresso para o Brasil e o fornecimento de trabalho para todos os brasileiros.[52]

Neste mesmo ano, em sua mensagem presidencial ao Congresso, identificamos seu interesse no planejamento para o desenvolvimento regional com bases conservacionistas:

---

de grandes reservas florestais de Mata Atlântica, foco dos interesses conservacionistas. Atualmente, é cortada pela rodovia Presidente Dutra e com grande ação do mercado imobiliário elitizado.

50 VARGAS, Getúlio. *Mensagem ao Congresso Nacional*. Rio de Janeiro: Imprensa Nacional, 1952.
51 Os discursos de Getúlio Vargas no Estado Novo foram publicados em VARGAS, Getúlio. *A nova política do Brasil*. vol 1 a 10. Rio de Janeiro : José Olympio, 1938-1941.
52 Ata da 2ª Conferência dos Governadores de 20 de setembro de 1952.

(...) no quadro especial de um imenso território como o do Brasil, as relações entre o homem e o meio ambiente assumem aspectos variados, exigem métodos diversos de adaptação, de conquista e de conservação em cada unidade geográfica, em cada província climática, em cada setor regional.[53]

As relações entre homem e seu meio ambiente eram pauta das preocupações da Ecologia Humana da Escola de Chicago, com a qual o governador Garcez também teve contato. Paralelamente ao desempenho do cargo de secretário de Viação e Obras Públicas, no governo de Adhemar de Barros, Garcez havia participado também da equipe coordenada por Donald Pierson, então professor da Escola Livre de Sociologia e Política, para a elaboração de um estudo de "caráter ecológico e sociológico" encomendado pela Comissão do Vale do São Francisco.[54] Esse trabalho foi publicado mais tarde, em 1972, sob o título *O homem no Vale do São Francisco*, com 1500 páginas divididas em três tomos (Figura 21).

---

53 VARGAS, Getúlio. *Mensagem ao Congresso Nacional*. Rio de Janeiro: Imprensa Nacional, 1952.

54 Além de Garcez, eram colaboradores no projeto Levy Cruz, Aparecida Joly Gouveia, Frederico Barros Brotero, Zilda Cruz (esposa de Levy Cruz), Fernando Altenfelder Silva, Maria Galvao Cardoso, Lídia Altenfelder Silva (esposa de Fernando), Cándido Procópio Camargo, Octavio Costa Eduardo, Plínio Figueiredo, Arthur de Moraes Cezar, Natália Rodrigues Bittencourt, Alceu Maynard Araújo, Maria Wagner Vieira da Cunha, Joao Vicente Cardenuto, Noémia Pereira Toledo, Geraldo Semenjato, Alfonso Trujillo Ferrari, Esdras Borges Costa, Maria Isabel dos Santos, Gastao Thomas Almeida, Neide Carvalho, Padre Aldemar Moreira. Fonte: BOMFIM, Elizabeth de Melo. O homem no Vale do São Francisco: um legado de Donald Pierson às ciências humanas e sociais no Brasil. *Psicologia Social*, Porto Alegre, v. 18, n. 1, Apr. 2006.

Figura 21 – Capa da publicação O homem no Vale do São Francisco.

Associado à política federal, e seguindo os princípios que desde a década de 1930 vinham sendo implementados no governo estadual[55] de racionalização dos serviços públicos, de institucionalização do planejamento como função de governo e como responsabilidade do Estado e de estruturação da administração a partir de autarquias e comissões, Garcez cria o Departamento de Águas e Energia Elétrica (DAEE).[56] O DAEE se organiza como uma autarquia estadual, onde são criados os serviços regionais de vale, que eram comissões técnico-administrativas subordinadas diretamente à diretoria geral – o Serviço do Vale do Tietê, o Serviço do vale do Paraíba e o Serviço do Vale do Ribeira.[57]

Garcez estabelece, ainda, a Política de Aproveitamento de Recursos Hídricos no Estado de São Paulo e elabora o Plano de Aproveitamento Hidroenergético do Estado, deflagrando um processo de realização de obras de infraestrutura relacionadas à geração de energia hidrelétrica e ao aproveitamento múltiplo dos recursos hídricos.

---

55 Ver a respeito desse processo no governo estadual de São Paulo: FELDMAN, Sarah. *Instituições de Urbanismo no Brasil na década de 1930: olhar técnico e dimensão urbano-industrial*. Tese (Livre Docência). São Carlos: EESC USP, 2008.

56 A criação do Departamento de Águas e Energia Elétrica (DAEE) incorpora a Inspetoria de Serviços Públicos da Secretaria da Viação e Obras Públicas e o Serviço de Hidrografia do Instituto Geográfico e Geológico da Secretaria da Agricultura.

57 Lei estadual nº1350 de 12 de dezembro de 1951

Ainda como secretário de Viação e Obras Públicas no governo antecessor de Adhemar de Barros, Lucas Garcez havia montado toda uma estrutura no que se refere à questão energética do estado. Foi criada a Comissão de Energia Hidrelétrica[58] para elaborar uma política energética que aproveitasse o potencial hídrico do Estado. Dos estudos desta Comissão nasceram os primeiros traços para o Plano de Eletrificação do Estado de São Paulo, que seria desenvolvido mais tarde, entre 1953 e 1956, pela Companhia Brasileira de Engenharia (CBE) chefiada por Lucas Lopes.[59]

Do mesmo modo que no governo federal de Vargas, a questão do aproveitamento das águas sai do domínio da agricultura e se associa à questão energética. Vale apontar que, até os anos 1940, as atribuições e competências sobre recursos hídricos no governo federal eram afetas ao Ministério da Agricultura, refletindo assim articulação entre a questão dos recursos hídricos e a política agrícola ainda predominante. É no segundo governo Vargas que a competência sobre o planejamento de recursos hídricos encontra nicho específico no setor elétrico com a criação do Ministério das Minas e Energia (MME) através do seu Departamento Nacional de Águas e Energia Elétrica (DNAEE), órgão de administração direta responsável pela estratégia governamental voltada a infraestrutura dos parques industriais.

O planejamento do vale do Paraná-Uruguai: integração latino-americana, foco no urbano e nas condições de vida da população

Um aspecto particular que o planejamento de vale adquire quando repercute na experiência da CIBPU é a integração latino-americana. Ou seja, extrapola os limites nacionais e adquire conotação internacional. Inserido no contexto de disputa regional no Brasil, este aspecto é identificado no conteúdo do ofício encaminhado pela CIBPU ao presidente Getúlio Vargas visando sua formalização como autarquia federal:

> Como o rio São Francisco é, sem dúvida, o rio da unidade nacional, o Paraná, que se junta com o Uruguai no estuário do Prata, está destinado a ser o traço de união da solidariedade sul americana. De ambos

---

58 Os integrantes da *Comissão de Energia Hidrelétrica* eram os professores da Escola Politécnica da USP Machado de Campos, Caio Dias Batista e o próprio Lucas Garcez.

59 *Revista Politécnica*, 1956.

poderemos dizer que o primeiro está para o Brasil, como o segundo estará para o continente.[60]

No contexto da disputa regional entre Nordeste e Sul-Sudeste a partir dos anos 1940, o vale do Paraná, juntamente com o vale do rio Uruguai, apresentava vantagem em relação à região do vale do São Francisco, quanto à possibilidade de integração latino--americana. O plano de aproveitamento para essa região com vistas à integração já estava no rol de recomendações da Comissão Mista Brasil - Estados Unidos (CMBEU)[61] desde os anos 1940, como revela o texto de seu relatório:

> Essa região, potencialmente, é das mais ricas do Brasil, mas conta com meios de transporte totalmente inadequados para atender ao acelerado ritmo de crescimento. O transporte fluvial constitui o maio mais fácil e econômico para aumentar-lhe as facilidades de intercâmbio.[62]

O desenvolvimento desta região e a integração latino-americana possibilitavam a ampliação das fronteiras agrícolas que estavam se esgotando em São Paulo, o acesso ao triângulo do petróleo na Bolívia, e também a ligação da bacia Amazônica ao eixo São Paulo e Rio de Janeiro, através da "estrada da borracha".[63]

O desenvolvimento da região da bacia dos rios Paraná e Uruguai como fator de integração latino-americana estava presente também na pauta das conferências da ONU, através da participação de Rômulo Almeida como consultor dessa organização e membro da CMBEU.[64] Almeida coloca a importância dessa região no desenvolvimento latino-americano, destacando como ponto fundamental para a integração regional a

---

60 Ofício ao presidente Getúlio Vargas. Processo M.V. 35686/52, p.5

61 A Comissão Mista Brasil-Estados Unidos retomou o sistema de cooperação econômica iniciada pela Missão Cooke e atuou até 1953. A comissão era liderada por John Abbink, pelo lado americano, e Otávio Gouveia de Bulhões, pelo brasileiro, tendo participado dela entre 1948-49 o economista Rômulo de Almeida. Essa Comissão foi resultado das negociações iniciadas entre Brasil e Estados Unidos, durante o governo Dutra, com o objetivo de financiamento de projetos do Plano de Reaparelhamento Econômico, elaborado pelo governo, em relação aos setores de infraestrutura considerados prioritários para o desenvolvimento do Brasil: energia e transportes. Este financiamento inseria-se no programa de assistência técnica para a América Latina (Point Four Program) de 1949.

62 Comissão Mista Brasil-EUA, Projeto Nº35: 2 apud Corrêa, 1954

63 Ver MONIZ, L. A. Brasil, Argentina e Estados Unidos: Conflito e Integração na América do Sul. Da Tríplice Aliança ao Mercosul. Rio de Janeiro: Editora Revan, 2003.

64 ALMEIDA, Rômulo. "Experiência Brasileira de Planejamento, Orientação e Controle da Economia". Estudos Econômicos, ano 1, n.2, jun.1950.

inclusão da bacia Paraná-Uruguai nos programas de cooperação internacional e da formalização de um convênio entre os países envolvidos – Brasil, Bolívia, Paraguai, Uruguai e Argentina, destacando o planejamento da Nova Capital do Brasil, a montante da bacia Paraná-Uruguai:

> Trata-se de um programa cujo desenvolvimento lógico, talvez o de maior alcance para o continente sul-americano, só é possível na base de um largo esquema de cooperação internacional. Quanto ao [rio] Paraná, propriamente, vem da região onde se projetam a localização da Nova Capital (...).[65]

Segundo o relatório elaborado por Rômulo Almeida para a ONU, a integração propiciada pela bacia dos rios Paraná e Uruguai teria a dupla finalidade de intensificar a atividade econômica no oeste do país, tornando mais viáveis e econômicas as vias de transporte e a ocupação do território, e de aproximar países limítrofes no sentido da criação de grandes vias continentais e, assim, da integração de um "grande mercado sul-americano".[66]

A ideia de criar um mercado comum latino-americano estava presente nos estudos da CEPAL desde sua criação em 1949. Na perspectiva de desenvolvimento da CEPAL, a ideia do mercado comum fazia parte de um processo de reestruturação das economias, que passava da categoria primário-exportadora para abastecedoras do mercado interno, complementada por um processo de substituição de importações.[67] No entanto a CIBPU jamais se referiu às ideias da CEPAL em seus estudos.

Analisando os documentos da CIBPU que se referem aos relatórios anuais e na pasta de contratos efetuados, podemos verificar que, até o ano de 1958, a instituição atuou sob a concepção de planejamento integrado de bacia, dentro de suas possibilidades em função da limitada estrutura administrativa e da dificuldade de gestão de um órgão interestadual. Os estudos, planos e projetos – desenvolvidos, em sua grande maioria, sob contrato e através de convênios com outros organismos públicos – eram solicitados e compatibilizados no Escritório Central, pela Diretoria de Estudos e

---

65   Ibidem.

66   Ibidem, p.108.

67   BAUMANN, Renato. *Integração regional e desenvolvimento econômico* – com referência a Celso Furtado. Texto elaborado para apresentação no Seminário Celso Furtado e o Século XXI, realizado pelo Instituto de Economia da UFRJ. Rio de Janeiro: CEPAL.

Planejamento.[68] A partir de 1959, há um redirecionamento desta concepção nos estudos e planos desenvolvidos pela CIBPU (ver capítulo 5).

Esse redirecionamento é fruto das decisões da 7ª Conferência dos Governadores, realizada nos dias 9 e 10 de outubro de 1959 em São Paulo, ocasião em que governador Carvalho Pinto assume a presidência da CIBPU.[69] Nesta Conferência são decididos novos caminhos para a atuação do órgão que já se via enfraquecido ante as novas direções tomadas pela política federal de Juscelino Kubistchek. A partir da conferência, a atuação da CIBPU se redireciona a partir de dois eixos.

O primeiro eixo se refere à execução das obras das usinas hidrelétricas e à constituição de uma empresa estatal para o aproveitamento hidrelétrico, alterando o dispositivo de constituição da CIBPU que consistia especificamente num órgão de planejamento, estudos e projetos. Neste sentido, foi decidido partir para a etapa de construção de barragens e aproveitamento hidrelétrico dos rios Tietê e Paraná, iniciando com a construção da barragem de Jupiá, no rio Paraná, parte do complexo hidrelétrico de Urubupungá.[70] A empresa Camargo Corrêa S.A., foi responsável pela execução das obras da Usina de Jupiá que se iniciaram no mesmo ano. O segundo eixo se refere aos estudos sobre industrialização e polarização do desenvolvimento regional. Com os avanços na produção de energia, partiu-se para a análise dos polos industriais.[71]

Este momento marca a passagem na CIBPU de um foco que integrava o rural e o urbano para focar apenas o urbano. Esta é outra particularidade que o planejamento de vale adquire quando repercute na experiência da CIBPU. No período posterior a 1959, o tema de integração regional sai progressivamente da pauta da CIBPU e passa a ser tratado pelo governo federal, especialmente no período militar, a partir de uma grande obra que possibilitaria esta integração – o aproveitamento dos saltos de Sete Quedas, que viria a ser o maior empreendimento hidrelétrico do mundo no período em que foi construído com uma capacidade geradora instalada de 14.000 MW.

Sob a concepção de planejamento do desenvolvimento multifinalitário de bacias hidrográficas, no período de 1951 a 1958, a atuação da CIBPU tratou dos se-

---

68 Relatórios da CIBPU do período de 1954 a 1964. Fundo CIBPU. Caixas 01 a 07.
69 CONFERÊNCIA dos Governadores, 7ª, 9 e 10/10/1959, São Paulo-SP. *Ata...São Paulo*, 1959.
70 *Idem*.
71 *Ibidem*.

guintes temas: condições sociais, conservação de solos, reflorestamento, agricultura, industrialização, aspectos geoeconômicos e recursos minerais, energia e navegação.[72]

O estudo mais abrangente desenvolvido pela CIBPU foi o estudo de *Problemas de Desenvolvimento*, elaborado pela SAGMACS para os estados de São Paulo, Paraná, Santa Catarina e Rio Grande do Sul, que além de seu valor no contexto do debate sobre a questão do desenvolvimento, o qual iremos abordar no próximo capítulo, reúne informações substanciais da bacia do Paraná-Uruguai, como um todo, e de cada um estados, especificamente.

Os levantamentos realizados envolvem uma análise que compreende uma escala conjuntural, extraída de uma ampla pesquisa bibliográfica e documental, com os dados de todos os setores econômicos, demográficos, sociais, de recursos naturais, como uma escala que provém de uma análise concreta, a partir a metodologia de Economia e Humanismo, de coleta de informações através de questionários, sistematização e interpretação dos dados. O estudo analisa as possibilidades de desenvolvimento e os pontos de estrangulamento e propõe objetivos para a melhoria do nível de vida da população que envolvem os aspectos econômicos, sociais e administrativos.[73]

O estudo da SAGMACS, se comparado às experiências de planejamento regional da Tennesse Valley Autority ou da Comissão de Valorização do Vale do São Francisco, incorpora à CIBPU a dimensão do Movimento Economia e Humanismo e o associa à concepção de planejamento de vale, o que nas outras experiências não se detecta.

A CIBPU e as condições urbanísticas das cidades do interior

Outro eixo de atuação da CIBPU se refere ao apoio à melhoria das condições urbanísticas das cidades do interior. Vinculadas aos objetivos de caráter estratégico de modernização e ocupação do território nacional, expandindo as fronteiras agrícolas e levando a industrialização ao interior do país, as cidades surgiam e se proliferavam como materialização da nova política governamental, ligadas ao fortalecimento do Estado nacional e à integração do território. Os novos núcleos urbanos surgiam do

---

72   Relatórios da CIBPU do período de 1954 a 1964. Fundo CIBPU. Caixas 01 a 07.

73   SAGMACS. *Problemas de desenvolvimento. Necessidades e possibilidades dos Estados de Rio Grande do Sul, Santa Catarina e Paraná*. São Paulo: CIBPU, 1958.

desmembramento de pequenos núcleos já existentes, de caráter basicamente rural, ou através de planos urbanísticos.[74]

Diferentemente da experiência americana da TVA, que possuía em sua estrutura um setor de urbanismo e responsável pelo planejamento das cidades novas, a CIBPU se limitava a uma atuação de assessoria aos municípios. Isso se deve ao fato de que o parcelamento do solo e a criação de cidades novas eram um setor de interesse da atuação privada, realizada desde os anos 1930 através das companhias de colonização e de urbanização ou mesmo de proprietários de terras.

O setor imobiliário foi considerado pela Missão Cooke (1942) como o setor que inspirava maior confiança entre os investidores estrangeiros do que os lucros industriais. [75] Entre as empresas promotoras de novas cidades podemos citar: a Companhia de Terras do Norte do Paraná, de capital inglês, a Companhia Matte Larangeira, a Companhia Colonizadora Brasileira, a Companhia Paulista de Estradas de Ferro e a Companhia de Viação de Jan Bata, que possuía terras localizadas no lado mato-grossense do vale do rio Paraná.[76]

Num momento em que se retomava a política de navegação, cidades novas foram criadas ao longo de algumas vias hidrográficas. A cidade de Panorama-SP, por exemplo, foi projetada pelo engenheiro Prestes Maia em 1952, no governo de Lucas Garcez, e se localiza a margem do rio Paraná, à jusante da usina de Jupiá, local que consistia na ponta de linha da ferrovia da Cia. Paulista de Estradas de Ferro. Segundo Leme[77] o plano foi encomendado pelos proprietários das terras no intuito de se construir um porto fluvial, o Porto das Marrecas. Na visão dos proprietários, era a "criação do maior centro industrial e comercial da Alta Paulista, Alta Sorocabana e Alta Noroeste", que consistia na ponta de linha da ferrovia da Cia. Paulista de Estradas de Ferro.

Somente no Noroeste do Estado de São Paulo foram implantadas, entre 1930 e 1964, 43 cidades planejadas.[78] Conforme a Tabela 2, os estados com incremento mais significativo de municípios são Minas Gerais e São Paulo, ocupando o mesmo patamar

---

74 MONBEIG, Pierre. *Pioneiros e Fazendeiros de São Paulo.* São Paulo: Hucitec/Pólis, 1984

75 A MISSÃO Cooke no Brasil. (Tradução do Centro de Estudos dos Problemas Brasileiros da Fundação Getúlio Vargas). Rio de Janeiro: FGV, 1949. p.252

76 MONBEIG, Pierre. *Pioneiros e Fazendeiros de São Paulo.* São Paulo: Hucitec/Pólis, 1984; COSTA, Geórgia C. C. da. "Batatuba, uma cidade serial". Docomomo, 2010.

77 LEME, Maria C. da S. Francisco Prestes Maia. *Arquitetura e Urbanismo*, n. 64, fev/mar, 1996.

78 CHIQUITO, Elisângela de A. *Legislação urbanística e cidades planejadas no Brasil.* (relatório de pesquisa) São Paulo: USP, 1998.

com um aumento de cerca 100 municípios, seguidos por Mato Grosso com 36 e Paraná com 31 municípios criados.[79]

Tabela 2 - Número de municípios por estado
(1940-1970)

Estado	1940	1950	1960
São Paulo	270	369	503
Santa Catarina	44	52	102
Paraná	49	80	162
Rio Grande do Sul	88	92	150
Mato Grosso	28	64	63
Minas Gerais	288	386	483
Goiás	52	63	146
Total Bacia	819	1106	1609

Fonte: IBGE

Além disso, à medida que iam se constituindo as empresas de energia hidrelétrica, o estado de São Paulo passa a atuar na implantação de núcleos urbanos no âmbito do próprio estado. A construção das vilas residenciais como suporte às obras das usinas era o primeiro passo para as grandes obras de engenharia que ficaram a cargo dos escritórios dos arquitetos Hélio Pasta, nas Usinas Elétricas do Paranapanema S.A (USELPA), e Ernest Robert de Carvalho Mange na Companhia Hidrelétrica do Rio Pardo (CHERP).[80]

Nesse contexto, a CIBPU atuou nos estudos urbanísticos tendo como foco as normas para orientação de construção e urbanismo e projetos saneamento urbano, a partir da entrada de Álvaro de Sousa Lima para a 1ª vice-presidência da CIBPU em 1953. No que se refere ao saneamento urbano, a CIBPU atuou no desenvolvimento de projetos de abastecimento de água. Este eixo se vincula a um momento de constituição dos serviços autônomos de água e esgotos e de elaboração, pelo governo Vargas, de uma política nacional de financiamento.

Em 1953 é lançado pelo governo federal o Plano de Financiamento de Serviços Municipais de Abastecimento de Água, que consistiu numa linha de financiamento para as obras de abastecimento nos municípios brasileiros, gerido pelo Banco Nacional de Desenvolvimento Econômico.[81] Esse plano definia como prioritários na obtenção

---

79   IBGE. Dados históricos dos Censos.
80   Sobre as vilas operárias da CESP ver o trabalho de VIANNA, 2009.
81   BRASIL. Diário Oficial da União. 05/09/1953, p. 15, Seção 1.

de recursos os municípios que não possuíam sistemas de abastecimento de água e que possuíam população inferior a 50.000 habitantes e a elaboração dos projetos ficaria a cargo dos municípios ou dos órgãos estaduais de saneamento.

Nessa linha, a CIBPU passa a cooperar com estados para a elaboração dos projetos de abastecimento de água de municípios da bacia Paraná-Uruguai. Foram escolhidas pelos próprios governos estaduais uma ou duas cidades de cada estado, entre aquelas que já se encontravam no Plano para Financiamento de Serviços Municipais de Abastecimento de Água. Do Rio Grande do Sul foi selecionada a cidade de Santiago; as cidades de Canoinhas e Mafra de Santa Catarina; Apucarana e Rolândia do estado do Paraná; Três Lagoas e Ponta Porã de Mato Grosso; Paracatu e Guanhães do estado de Minas Gerais; e Itumbiara e Jataí, de Goiás. Do estado de São Paulo não foi indicada cidade por nenhuma constar, no Plano Federal, no grupo das que ainda não possuíam projeto de abastecimento de água.[82] Excluídas Santiago (RS), Paracatu (MG), Rolândia (PR), que já possuíam o respectivo projeto, todos os outros foram realizados.

Foram contratadas para a elaboração dos projetos as empresas York Engenharia LTDA; para os projetos de Três Lagoas e Ponta Porã (MT), a TECHINT Companhia Técnica Internacional para as cidades de Apucarana (PR) e Guanhães (MG), o Escritório Técnico Saturnino de Brito que elaborou o projeto para Canoinhas e Mafra (SC), e por fim a Construtora Carneiro Vianna S.A. que atendeu os projetos para Itumbiara e Jataí (GO).

No que se refere à orientação do processo de ocupação e de expansão das cidades do interior, a CIBPU elaborou um único trabalho normativo. Em 1953, o engº Álvaro de Sousa Lima, superintendente da CIBPU, solicitou ao prof. Anhaia Mello a revisão das *Normas Gerais de Construção e Urbanismo para as Cidades do Interior* que haviam sido elaboradas, sob sua coordenação em 1939, pelo Departamento das Municipalidades do Estado de São Paulo. As normas foram reeditadas em 1954 pela CIBPU e distribuídas aos municípios da bacia Paraná-Uruguai. Percebe-se aqui, portanto, uma preocupação com a qualidade urbanística das cidades do interior que passavam a acelerar seu crescimento e em que, através da CIBPU, as diretrizes e normas elaboradas por Anhaia Mello adquiriam repercussão regional.

Destacamos também que, na ocasião em que Anhaia Mello elaborou o trabalho para o Departamento das Municipalidades, este era dirigido pelo engº Álvaro de

---

82   RELATÓRIO da CIBPU de 1954, p 4. Fundo CIBPU, caixa 03.

Sousa Lima,[83] que veio a ocupar o cargo de 1º vice-presidente da CIBPU em 1953. Naquela ocasião, Sousa Lima tinha como engenheiro auxiliar em seu departamento o recém-formado Lucas Nogueira Garcez que iniciava sua carreira profissional e onde seu pai, o engenheiro Issac Pereira Garcez, era também diretor do setor de engenharia. Possivelmente as correlações entre as ideias de Anhaia Mello, Lucas Garcez e Sousa Lima, no que se refere à assessoria aos municípios, à orientação do processo de crescimento das cidades considerando a descentralização da metrópole, as quais vão se confluir na CIBPU neste momento, se iniciaram ali.

Aproveitamento dos Saltos de Itapura e Urubupungá para navegação e energia

Em conjunto com todo o material produzido pela CIBPU, conforme já expusemos, são elaborados também os estudos para o aproveitamento múltiplo dos rios para energia, navegação e irrigação. Foram desenvolvidos diversos estudos para o reconhecimento das condições da região. A Associação dos Geógrafos Brasileiros (AGB) elaborou um estudo para se obter um panorama das condições geográficas na região da bacia Paraná-Uruguai no que se refere às condições naturais, população e economia.[84] Os estudos sobre os solos, como foco para o aproveitamento agrícola, ficaram a cargo do Instituto Agronômico de Campinas (IAC) que também elaborou um mapa climatológico da bacia Paraná-Uruguai.[85]

Sobre a questão do reflorestamento e ecologia, foi elaborado pela CIBPU, através do prof. Eudoro Lins de Barros, um levantamento aprofundado sobre as condições florestais da bacia Paraná-Uruguai e as indicações de algumas soluções para o problema do reflorestamento e do melhor aproveitamento de áreas florestadas. Além deste, o Departamento de Botânica da USP elaborou um estudo sobre a ecologia dos cerrados.[86]

---

83 Álvaro de Sousa Lima, filho do engenheiro Vitor Manuel de Souza Lima, formado pela Escola Politécnica de São Paulo. Entre as suas principais atuações na administração pública podemos destacar a diretoria do Departamento das Municipalidades do Estado de São Paulo no final dos anos 1930; no governo do Estado foi Secretario de Viação e Obras Públicas no governo Adhemar de Barros; e no governo federal, foi Ministro dos Transportes de Vargas (1951-1953).

84 ASSOCIAÇÃO DOS GEÓGRAFOS BRASILEIROS-AGB. *Condições geográficas e aspectos geoeconômicos da Bacia Paraná-Uruguai.* São Paulo: CIBPU, 1955.

85 Convênio de 22/09/1955. Fundo CIBPU, caixa 2.

86 RELATÓRIO da CIBPU de 1954. Fundo CIBPU, caixa 03.

Os estudos da CIBPU sobre os recursos energéticos e de navegação tiveram como ponto de partida os relatórios produzidos pela Comissão Geográfica e Geológica do Estado de São Paulo (CGGSP),[87] vinculada à Secretaria da Agricultura do Estado de São Paulo, cujos relatórios se encontram o acervo da CIBPU e são citados em suas primeiras reuniões.[88] A CGGSP realizou um minucioso levantamento dos rios e de seus arredores, de grande interesse para os cafeicultores, e a descrição das cachoeiras, das formações geológicas e botânicas, da ocupação das terras, fotografando as principais cachoeiras e quedas d'água, as quais correspondiam às grandes fontes de energia. A expedição do rio Tietê, em 1905, percorreu desde a nascente até sua foz no rio Paraná. Em 1911, foi realizada uma nova expedição pela CGGSS, que visava o reconhecimento do Rio Paraná, desde a foz do Tietê até o Paraíba, a montante, e ao Paranapanema, a jusante.

Os relatórios da CGGSP, baseados, segundo Figueirôa,[89] no modelo norte-americano das *geological surveys*,[90] analisam a região sob o ponto de vista da conservação dos recursos. O relatório da expedição da CGGSP, intitulado *Exploração do Rio Paraná*, aponta o salto do Urubupungá como "a mais importante queda d'água" do estado "representando uma das maiores riquezas naturaes". O relatório assim descrevia a bacia do Paraná:

> Da barra do Tietê até a do Paranapanema [o rio Paraná] recebe afluentes importantes (...), dando a elles navegação bem regular em grande extensão; abaixo do Paranapanema até o Salto das Sete Quedas recebe também (...) rios de considerável importância e que vêm auxiliar a rêde fluvial que forma a bacia do Paraná, a qual virá a prestar um

---

87 Para se aprofundar sobre as CGGSP ver FIGUERÔA, Sílvia Fernanda de Mendonça. *Modernos Bandeirantes*: a Comissão Geográfica e Geológica de São Paulo e a exploração científica do território paulista (1886-1931). Dissertação (Mestrado) São Paulo, 1987. 162p.

88 Livro de Atas das reuniões do Conselho Deliberativo. Fundo CIBPU, doc 6.

89 FIGUERÔA, Sílvia Fernanda de Mendonça. *Modernos Bandeirantes*: a Comissão Geográfica e Geológica de São Paulo e a exploração científica do território paulista (1886-1931). São Paulo, 1987. Dissertação (Mestrado) - Faculdade de Filosofia, Letras e Ciências Humanas, Universidade de São Paulo. 162p.

90 As *geological surveys* foram comissões de pesquisa criadas após a Guerra da Secessão (1861 a 1865) com o objetivo de estudar os recursos naturais disponíveis nas Grandes Planícies americanas, uma região árida e praticamente desabitada dos Estados Unidos, a oeste do Mississipi, investigando, "a natureza e os recursos desta terra sem água, deixadas para trás durante a marcha para oeste". Fonte: DAL CO, Francesco. "De los parques a la región. Ideologia progressista y reforma de la ciudad americana". In: CIUCCI, Giorgio; DAL CO, Francesco; MANIERI-ELIA, Mário; TAFURI, Manfredo. *La ciudad americana. De La guerra civil al New Deal*. Barcelona: Gustavo Gili, 1975. p. 139-293.

poderoso auxílio para o desenvolvimento d'essa grande zona central logo que seja estabelecida a navegação d'esse rio-mar (...).[91]

Os estudos para a criação de vias fluviais se iniciaram pela CIBPU com o convênio estabelecido com o Serviço de Navegação da Bacia do Prata (SNBP), em 1954, através do qual iniciaram os trabalhos de levantamento do trecho compreendido entre os saltos de Urubupungá e Sete Quedas, compreendendo um trecho de 600km.[92] Um dos problemas detectados para a navegação do rio Paraná neste trecho foi a pouca profundidade nos períodos de estiagem num trecho relativamente pequeno – 3km – se comparado à extensão estudada. Para isso, foram propostos a escavação do leito do rio e o sistema de balisamento para navegação no próprio leito do rio.

O mapa da Figura 22 apresenta as diretrizes estabelecidas pelo Departamento de Estudos e Projetos da CIBPU para a navegação e transposição das bacias. Era prevista a transposição das bacias Paraná e Paraguai, Paraná e Amazonas e Uruguai e Guaíba. A transposição das bacias Paraná e Paraguai seriam feitas em dois locais, ligando os rios Brilhante e Miranda e Taquari e Araguaia. Outros estudos foram realizados pela CIBPU em convênio com o estado de Rio Grande do Sul, para a transposição das bacias do rio Ibicuí e Jacuí e a ligação da cidade de Porto Alegre ao mar através da abertura de um canal.

---

91   Carta de encaminhamento do relatório *Exploração do Rio Paraná* do eng°. João Pedro Cardoso, chefe da CGGSP, ao Secretario da Agricultura Dr. Carlos Botelho. Fonte: SÃO PAULO. Comissão Geográfica e Geológica. *Exploração do rio Paraná*: I. Barra do rio Tietê ao rio Parnahyba; II. Barra do rio Tietê ao rio Paranapanema. 2.ed. São Paulo: Comissão Geográfica e Geológica. 1911. p. 11.

92   Convênio de 19/04/1954 entre a CIBPU e o Serviço de Navegação Bacia do Prata. Fundo CIBPU, caixa 1.

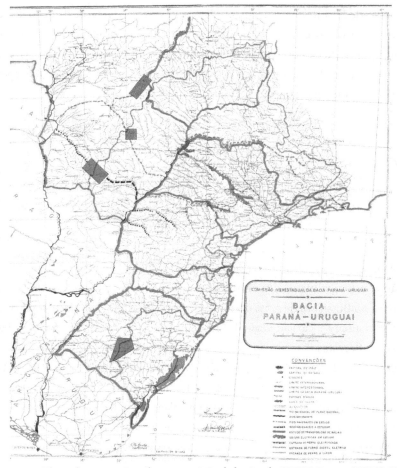

Figura 22 - Plano de navegação e de transposição de bacias da CIBPU. Fonte: CIBPU, 1956.

A orientação da CIBPU para o desenvolvimento dos trabalhos era "projetar sua regularização e seu aproveitamento para a navegação e para a produção de energia elétrica" evitando, assim, a "duplicidade de esforços e dispêndios nos setores rodo-ferroviários", que já haviam sido "exaustivamente estudados e planejadas pela Comisão Brasil-Estados Unidos para o Desenvolvimento Econômico e vinham sendo "executadas satisfatoriamente dentro das normas estabelecidas pela legislação em vigor, com recursos pela mesma assegurados".[93]

---

93   RELATÓRIO da CIBPU de 1954, p 3. Fundo CIBPU, caixa 3.

Outro contrato foi firmado com a empresa holandesa constituída no Brasil com o nome de DEERNS Planejamento Engenharia S.A. para a realização dos estudos e projetos para obras e melhoramentos dos rios Paranapanema, Tibagi, Ivinhema e Brilhante, com vistas ao desenvolvimento integral e também à interligação das bacias Paraná e Paraguai.[94] Entre os resultados desta estudo estão um plano de barragens para os rios Paranapanema e Tibagi.

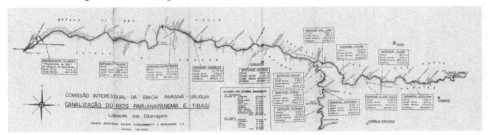

Figura 23 - Plano de Barragens nos rios Tibagi e Paranapanema. Fonte: Fundo CIBPU.

A questão energética nos anos 1950 era o principal entrave ao desenvolvimento da região e, principalmente, do estado de São Paulo. Em 1952, o consumo de energia hidrelétrica no Brasil era de 2,7% do total consumido, sendo 67% deste total produzido a partir de madeira e carvão vegetal. Em 1947, apenas 26% do território da bacia era coberto com florestas.[95]

O potencial energético das cachoeiras e quedas d'água da bacia Paraná-Uruguai havia sido levantado para a CIBPU pelo trabalho da SAGMACS. (Figura 24) No rio Paraná, o mapa apontava para o grande potencial energético dos saltos das Sete Quedas, em primeiro lugar, seguido pelo salto do Iguaçu e após pelo salto de Urubupungá.[96] As quedas d'água se mostravam como principal recurso energético para o desenvolvimento da região.

---

94   Contrato de 28/06/1954. DEERNS Planejamento Engenharia S.A. Fundo CIBPU, caixa 1.

95   SAGMACS, 1954.

96   SAGMACS, 1954.

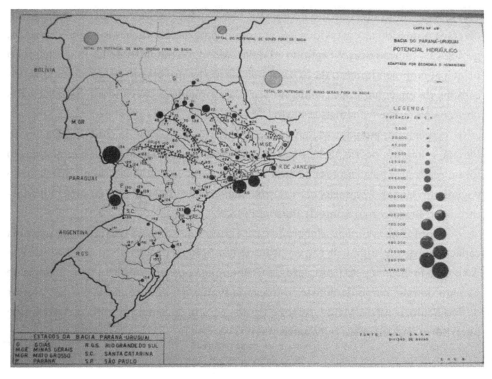

Figura 24 – Potencial hidrelétrico da bacia Paraná-Uruguai. Fonte: SAGMACS, 1954.

Em 1957, a CIBPU foi autorizada a realizar estudos para o aproveitamento hidrelétrico dos Saltos das Sete Quedas.[97] O relatório da CIBPU de 1956 indicava a necessidade de elaboração de estudos aprofundados a este respeito tendo em vista seu grande potencial energético e as dificuldades de seu aproveitamento em função da grande variação do nível em época de seca e de chuva que chagava a atingir 42m. Segundo esse relatório, na época das cheias chegavam a se nivelar completamente a parte baixa e a parte alta do rio, mascarando as imponentes cataratas. Em função dessa dificuldade e do interesse tanto nacional como continental da exploração das Sete Quedas, a CIBPU procurou conduzir as pesquisas e projetos voltados mais à área superior do rio Paraná, mas também iniciou os estudos sobre as Sete Quedas e também aos Saltos de Iguassu.[98]

Os estudos empreendidos para o aproveitamento de energia hidrelétrica pela CIBPU focaram os saltos de Urubupungá e Itapura, num primeiro momento, e das

---

97 REUNIÃO do Conselho Deliberativo, 64ª, 30/09/1961, Ata...São Paulo, 1961.

98 RELATÓRIO de 1956. Fundo CIBPU, cx 03.

Sete Quedas, num segundo momento. Diversos estudos foram feitos nesse sentido com diversos profissionais envolvidos nos levantamentos das condições topográficas, solos, geológicas, hidrológicas.[99] Segundo Abdalla Added, o complexo de Urubupungá foi o principal empreendimento da CIBPU, pois envolveu um estudo sistemático de vários campos da engenharia, iniciando no seu planejamento e chegando à conclusão das obras na gestão de Adhemar de Barros.[100]

Os estudos para aproveitamento hidroelétrico dos Saltos de Urubupungá, no rio Paraná, e Itapura, no rio Tietê, e para interligação dos rios tendo em vista navegação foram realizados pela empresa italiana Società Edison,[101] de Milão, de propriedade do engenheiro Claudio Marcelo, com a assistência técnica do DAEE. A empresa foi constituída no Brasil com o nome de Edisonbras S.A.

Conforme o projeto elaborado pela Edisonbras, a usina de Jupiá possuía uma capacidade de 1,4 milhão de Kw, e a usina de Ilha Solteira produziria 3,2 milhões de Kw. A energia fornecida pelo Complexo de Urubupungá possuía uma área de influência de 300 km de raio, como demonstra o mapa da Figura 25, que atenderia todo o interior de São Paulo, o sul do Mato Grosso, o Paraná e parte de Santa Catarina, extrapolando o território nacional para o Paraguai.[102]

---

99 Relatórios anuais da CIBPU de 1956, 1958.

100 Entrevista de Abdalla Added concedida a autora em março de 2008.

101 A Societá Edison foi uma empresa inicialmente criada em 1883 (na época denominada Società Generale Italiana di Elettricità Sistema Edison) como subsidiária da General Eletric (empresa fundada inicialmente por Thomas Edison, nos Estados Unidos) e atuava na Itália na produção, fornecimento e venda de electricidade, sendo a mais antiga do setor na Europa. Outras subsidiárias da General Eletric na Europa eram a Edison Swan, na Inglaterra e a Algemeine Edison Gesellschaft, na Alemanha. Em 1963 a empresa encerra as atividades no setor de energia após as medidas de nacionalização do setor pela Itália. Às vésperas da nacionalização, a produção de energia da Societá Edison foi de aproximadamente 12,4 bilhões de quilowatts, dos quais cerca de 9 bilhões de fonte hidrelétrica. Fonte: www.edison.it; www.ge.com.

102 Relatórios anuais da CIBPU de 1956, 1958.

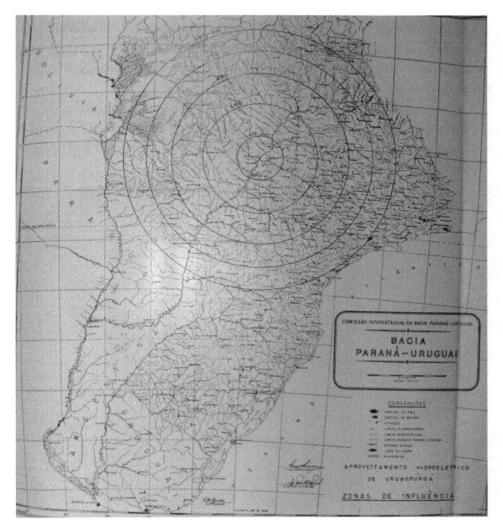

Figura 25 - Área de Influencia do Potencial Hidráulico de Urubupungá. Fonte: RELATÓRIO da CIBPU, 1957.

Em 1961, foram criadas as Centrais Elétricas do Urubupunga (CELUSA),[103] tendo como maior acionista o governo de São Paulo, para construir e operar as usinas Jupiá (Souza Dias) e Ilha Solteira previstas pela CIBPU. A primeira usina construída foi Jupiá (atual Usina Engenheiro Souza Dias), que entrou em operação em 1969, com

---

103 A Centrais Elétricas de Urubupungá (Celusa) foi sucedida cinco anos depois pela Centrais Elétricas de São Paulo (Cesp), que assumiu a responsabilidade sobre as duas obras. Posteriormente, a razão social da Cesp foi alterada para Companhia Energética de São Paulo.

1.551 MW de capacidade instalada. As obras de Ilha Solteira começaram enquanto os serviços em Jupiá ainda não tinham sido concluídos, e a usina, com 2.816 MW de potência, iniciou a geração de energia em 1973, embora tenha sido inaugurada oficialmente no ano seguinte.

O anteprojeto apresentado pela Società Edison para aproveitamento do salto de Urubupungá foi desenvolvido pela THEMAG, empresa nacional que foi constituída para a elaboração do projeto. O projeto arquitetônico foi elaborado pelo escritório Mange & Kato, já contratado pela CELUSA.

Capítulo IV
Economia Humana na CIBPU: imbricações entre Lebret e a ONU

> O observador de fatos sociais, viajando através do mundo, fica mais impressionado pelas desigualdades de condições de vida, que pela própria diferença das paisagens. (...) O desejo humano de possuir não mais corresponde às possibilidades de alcançar o fim almejado. Os povos ávidos de uma melhor e legítima situação (...) não se dão conta das dificuldades em seu caminho para realizar essas aspirações.
>
> Louis-Joseph Lebret[1]

A repercussão das concepções e das práticas vinculadas ao Movimento Economia e Humanismo de Lebret no planejamento urbano e regional no Brasil tem sido objeto de inúmeras pesquisas no Brasil entre as quais podemos destacar Lamparelli, Leme, Valladares, Ribeiro e Cardoso, Angelo e Cestaro.[2] Todos estes trabalhos têm buscado

---

1   LEBRET, Louis-Joseph. *Suicídio ou sobrevivência do ocidente?*. São Paulo: Duas Cidades, 1958.

2   LAMPARELLI, Celso Monteiro. "Louis-Joseph Lebret e a pesquisa urbano-regional no Brasil: crônicas tardias ou história prematura". *Cadernos de Pesquisa LAP*, São Paulo, n. 5, mar./abr. 1995, p. 2-33; LEME, Maria Cristina da Silva. "A formação do pensamento urbanístico no Brasil, 1895-1965". In: LEME, Maria Cristina da Silva (Org.) *Urbanismo no Brasil: 1895-1965*. São Paulo: Studio Nobel/FAU-USP/FUPAM, 1999b, p. 20-38;
RIBEIRO, Luiz César de Queiroz; CARDOSO, Adauto Lúcio. Planejamento urbano no Brasil: paradigmas e experiências. *Espaço & Debates*, São Paulo, ano XIV, n. 37, 1994, p. 77-89; VALLADARES, Licia do Prado. *A invenção da favela: do mito de origem a favela.com*. Rio de Janeiro: Editora FGV, 2005. CESTARO, Lucas. *Urbanismo e Humanismo*: a SAGMACS e o estudo da "Estrutura Urbana da Aglomeração Paulistana". Dissertação (Mestrado). São Carlos: EESC-USP, 2009; ANGELO,

desvendar a formação de uma nova vertente dentro do pensamento urbanístico nos anos 1950, que influenciaria sobremaneira profissionais da área de planejamento.

No que se refere ao planejamento regional, as ideias de Lebret repercutem, no Brasil, através de sua participação na Comissão Interestadual da Bacia Paraná-Uruguai (CIBPU). A participação de Lebret na CIBPU ocorreu através de uma consultoria para a formulação da instituição e para a elaboração de um estudo sobre os problemas da região, no contexto do subdesenvolvimento, utilizando os princípios e métodos de Economia e Humanismo. Durante o período em que coordenou estes estudos, Lebret atuou como *expert* nos trabalhos da Organização das Nações Unidas (ONU), participando de estudos sobre a precisão da concepção de desenvolvimento e da definição dos métodos e instrumentos para avaliar a situação social do mundo.

Neste capítulo, buscamos compreender a repercussão do ideário do Movimento Economia e Humanismo na CIBPU através da atuação de Lebret e da SAGMACS. Para isso buscamos analisar a atuação internacional de Lebret na ONU e como responsável pelas pesquisas e análises realizadas por Lebret e pela SAGMACS para a CIBPU.

As ideias de Louis-Joseph Lebret na CIBPU: o papel do governador Lucas Garcez

Para compreender os vínculos da CIBPU com a SAGMACS, é necessário compreender as relações entre o governador Lucas Nogueira Garcez e Lebret, representante do Movimento Economia e Humanismo[3] na França, iniciadas em 1947, com a vinda do padre dominicano ao Brasil, para ministrar o Curso de Economia Humana[4] na Escola Livre de Sociologia e Política de São Paulo (ELSP).[5] Foi a partir deste curso

---

Michelly. *Les développeurs*: Louis-Joseph Lebret e a SAGMACS na formação de um grupo de ação para o planejamento urbano no Brasil. Tese (doutorado) São Carlos: EESC-USP, 2010.

3   O Movimento Economia e Humanismo foi fundado na França entre 1941 e 1942 como uma associação de intelectuais, políticos, lideres patronais e sindicais que constituíam personalidades importantes no panorama da resistência francesa. Entre os fundadores deste movimento na França estão o padre Louis-Joseph Lebret, René Moreux, os economistas Jean-Marius Gatheron e François Perroux, o filósofo Gustave Thibon, Edmond Laulhère e Alexander Dubois.

4   LEBRET, Louis-Joseph. *Curso de Economia Humana*. São Paulo: Escola Livre de Sociologia e Política de São Paulo, 1947.

5   Os trabalhos de Valladares (2005) e Angelo (2010) se debruçam a esclarecer a rede de articulações para a vinda de Lebret em 1947.

que, e as ideias de Lebret repercutiram nas instituições paulistas acadêmicas – como a Escola Politécnica (POLI) e, posteriormente, na Faculdade de Arquitetura e Urbanismo Universidade de São Paulo – no governo do Estado de São Paulo e, por conseqüência deste último, no desenvolvimento regional da CIBPU.[6] Aqui, quando nos referimos ao Movimento Economia e Humanismo, estamos nos referindo especialmente às ideias de Lebret, tendo em vista que é a partir de sua presença efetiva no Brasil que as ideias deste movimento se introduzem na CIBPU e que este movimento na França possuía dissonâncias entre seus membros.[7]

Ao longo dos anos 1940, o movimento Economia e Humanismo adquire relevância internacional e se difunde através de cursos, palestras e trabalhos realizados por Louis-Joseph Lebret.[8] O curso Curso de Economia Humana foi ministrado entre abril e junho de 1947, durante a gestão de Cristiano Stockler como prefeito de São Paulo. Entre os participantes do curso de Lebret na ELSP, destacamos além do próprio prof. Lucas Garcez e do prof. Luiz Cintra do Prado, representantes da Escola Politécnica da Universidade de São Paulo, Wladimir Toledo Piza e Carlos Alberto Alves Carvalho Pinto que se tornariam prefeito da cidade e governador do Estado de São Paulo.[9]

A criação da Escola Livre de Sociologia e Política de São Paulo (ELSP) em 1933 tinha como proposta a formação de elites administrativas responsáveis por implantar no Estado um novo perfil baseado no fortalecimento do setor industrial, na racionalização administrativa e na organização do trabalho no Brasil, promovido pelo governo Vargas. Um dos membros fundadores da ELSP foi Amador Cintra do

---

6   Destacamos estas instituições por serem de especial interesse para este trabalho, mas evidentemente, como já foi demonstrado por diversos autores, não se restringe a elas.

7   A respeito das dissonâncias no interior do Movimento Economia e Humanismo na França ver PELLETIER, Denis. *Économie et humanisme: de l'utopie communautaire au combat pour le Tiers Monde 1941-1966*. Paris: Ed du CERF, 1996; LE TOURNEUR, Mathilde. "Le père Lebret et le Brésil." In: Colloque de Rennes, 6–7 octobre de 2005, Actes... ,Organisé par le CRHISCO (Rennes 2–CNRS) et le Centre d'histoire du XIXe siècle (Paris I–Paris IV). Rennes: Presses Universitaires de Rennes. 2006. 309 p.

8   LE TOURNEUR, Mathilde. "Le père Lebret et le Brésil." In: Colloque de Rennes, 6–7 octobre de 2005, Actes... (organisé par le CRHISCO (Rennes 2–CNRS) et le Centre d'histoire du XIXe siècle (Paris I–Paris IV). Rennes: Presses Universitaires de Rennes. 2006. 309 p.

9   CESTARO, Lucas. *Urbanismo e Humanismo: a SAGMACS e o estudo da "Estrutura Urbana da Aglomeração Paulistana"*. Dissertação (Mestrado). São Carlos: EESC-USP, 2009.

Prado, arquiteto da Cúria Metropolitana de São Paulo, membro-fundador do Partido Democrata Cristão (PDC) em São Paulo.[10]

Um ano depois o governador Armando de Salles Oliveira funda a Universidade de São Paulo que incorpora a já existente Escola Politécnica (POLI). Entre 1941 a 1943 a POLI teve como diretor o professor Luiz Cintra do Prado, irmão de Amador Cintra do Prado, em cuja gestão ingressa para a cadeira de Hidráulica e Saneamento o professor Lucas Nogueira Garcez. Conforme o depoimento do prof. Kokei Uehara, que foi assistente de Garcez e que o substituiu após sua aposentadoria, o ingresso de Garcez na POLI como docente foi dificultoso em função de ser praticamente recém-formado, mas teve o apoio do prof. Paulo Mendes da Rocha.

> O professor Garcez era um homem brilhante, prestou concurso ainda mocinho para a cátedra de Hidráulica. Muitos professores não queriam aceitá-lo por julgá-lo muito novo. Aí surge a figura do professor Mendes da Rocha defendendo o professor Garcez na congregação, exigindo que as regras do jogo fossem respeitadas.[11]

O prof. Luiz Cintra do Prado, assim como o prof, Lucas Garcez, era um grande ativista social vinculado aos preceitos da ação católica. No contexto de pós-guerra, Prado difundia a ideia de construção de um "Mundo Novo, reconstruído sobre as mais seguras bases nas relações entre os homens" através do desenvolvimento econômico, industrial e tecnológico do país.[12]

Cintra do Prado foi um dos principais difusores dos princípios de Economia e Humanismo tanto no meio social como na universidade, sendo um de seus companheiros e seguidores o prof. Lucas Garcez.[13] Segundo o professor José Augusto Martins da Escola Politécnica da USP, o prof. Luiz Cintra do Prado foi uma figura de grande importância na difusão do Movimento Economia e Humanismo na universidade e no meio social:

> O líder desse movimento era um antigo sacerdote dominicano, Padre L.J. Lebret, que veio ao Brasil e fundou uma organização ligada a esse

---

10 FICHER, Sylvia. *Os arquitetos da Poli: ensino e profissão em São Paulo*. São Paulo: Edusp, 2005. p.208; SÃO PAULO (Estado) Diário Oficial, 28/12/1945, p.25.

11 Entrevista do prof. Kokei Uehara. Disponível em www.daee.sp.gov.br.

12 Discurso de paraninfo de Luiz Cintra do Prado. Revista Politécnica, 1943.

13 NAKATA, Vera Lucia M.; TORRE, Silvia Regina S. Della; LIMA, Igor Renato M. de. *Entrevista com o professor José Augusto Martins*, 2003.

movimento francês e cujo líder no Brasil, enquanto ele esteve à testa, foi exatamente o Prof. Luiz Cintra do Prado. Ele arregimentou nesse movimento, não só professores da Universidade, de fora outras pessoas e muitos alunos.[14]

Em seu discurso de paraninfo aos formandos de 1949 da Escola Politécnica da Universidade de São Paulo, intitulado *O engenheiro e o bem-comum*, chama atenção para a necessidade de se estabelecer um novo equilíbrio de valores, sendo que o objetivo principal da existência do homem é o de um "espiritualismo altruísta, capaz de imaginar, de planejar, e, sobretudo de realizar na vida os ideais do bem comum". No entender de Cintra do Prado, a Escola Politécnica deveria contemplar a dupla formação: a formação do engenheiro, técnica e acadêmica, e a formação política.[15]

Embora não declarados explicitamente, os princípios da Ação Católica "ver, julgar, agir", mobilizados por Lebret também estavam presentes no discurso do prof. Garcez como paraninfo aos formandos de 1951 da Escola Politécnica da Universidade de São Paulo. Na primeira parte de seu discurso, o prof. Garcez fala sobre a "tarefa da engenharia" no melhoramento econômico e social da população e na obrigação dos engenheiros no engajamento da luta pela obtenção das melhores e mais humanas condições de vida e que, para isso, "é preciso viver ao lado do povo, sentindo suas aspirações, necessidades e problemas".[16]

Pode-se dizer que o prof. Luiz Cintra do Prado, grande amigo de Garcez tanto no meio católico como na Escola Politécnica, constituiu na via de aproximação entre esse e o Pe. Lebret. Segundo o depoimento do prof. José Augusto Martins, Prado arregimentou professores e alunos em torno das ideias de Economia e Humanismo, e Garcez certamente foi um deles. Prado e Garcez possuíam forte participação no meio católico. Garcez vinha de uma família extremamente católica e dos seus nove irmãos, três se dedicaram à vida religiosa.[17] No entanto sua inclinação católica não determinou

---

14 NAKATA, Vera Lucia M.; TORRE, Silvia Regina S. Della; LIMA, Igor Renato M. de. *Entrevista com o professor José Augusto Martins*, 2003.

15 Discurso de Luiz Cintra do Prado como paraninfo da turma de 1949. *Revista Politécnica*, n° 156, fev, 1950.

16 Discurso do prof. Lucas Nogueira Garcez como paraninfo da turma de 1951. *Revista Politecnica*, n° 164, nov-fev, 1952.

17 Suas irmãs Maria do Carmo Nogueira Garcez (Irmã Teresa do Menino Jesus) e Maria Teresa Nogueira Garcez (Irmã Teresa Cristina de São José) foram freiras carmelitas, a primeira fundadora da Ordem das Carmelitas de Piracicaba e a segunda o Carmelo de Santa Teresa em São Paulo. Seu

sua posição político-partidária, nunca houve qualquer vínculo entre Garcez e o Partido Democrata Cristão, fundado em 1945.

Do Curso de Economia Humana, e a partir das relações construídas com Lebret nesta sua primeira vinda ao Brasil em 1947, se desdobrou a participação de Garcez e Prado na formação da Sociedade para Análise Gráfica e Mecanográfica Aplicada aos Complexos Sociais (SAGMACS), fundada em São Paulo, compondo a primeira diretoria desta associação – sendo Prado o primeiro presidente – e formulando seu estatuto. O fato de Garcez e Prado serem dois dos cinco diretores da SAGMACS é significativo, coloca a Escola Politécnica em posição de destaque em relação à difusão inicial das ideias de Lebret e da Economia Humana na América Latina, evidenciando também a importância atribuída a Lebret por estes politécnicos.[18]

Nos anos 1940, Garcez estava ampliando seu campo de atuação profissional, exercendo funções no meio acadêmico, na administração pública e nas entidades de representação de classe. Paralelamente ao seu início de carreira docente, dirigiu a construção de grandes obras de engenharia do governo federal, como superintendente da construção da Usina Hidrelétrica de Avanhadava, no rio Tietê (1940-41) e da construção da Fábrica Nacional de Motores (FNM), em Duque de Caxias-RJ (1943-44).

Após terminar seu doutoramento em 1946, se tornou professor catedrático da POLI, função que desempenhou até 1966. Foi ainda professor da Faculdade de Higiene e Saúde Pública da USP de 1947 a 1949 e, em 1948, representou o Brasil no Congresso Pan-Americano de Engenharia Sanitária, reunido em Santiago do Chile. Em 1949, quando desempenhava a função de vice-diretor da Escola Politécnica da USP e diretor do Instituto de Engenharia de São Paulo, foi nomeado secretário de Viação e Obras Públicas do governo Ademar de Barros (1947-1951), onde permaneceu até sua eleição para o governo paulista nas eleições de outubro de 1950.[19]

A importância de Lebret, engenheiro naval de formação, se consolida na Escola Politécnica com a atribuição do título de doutor *honoris causa* por proposta da Congregação desta Escola.

---

irmão Padre Matheus Nogueira Garcez foi também professor da Pontifícia Universidade Católica de São Paulo.

18 Além de Lucas Nogueira Garcez e Luiz Cintra do Prado, compunham a diretoria Olga Soares Pinheiro, o professor da Faculdade de Direito e secretário geral da ação católica paulista André Franco Montoro, o médico José Maria de Freitas. Fonte: PELLETIER, Denis. *Économie et humanisme: de l'utopie communautaire au combat pour le Tiers Monde 1941-1966*. Paris: Ed. du CERF, 1996.

19 DICIONÁRIO Histórico-Biográfico Brasileiro pós 1930. 2ª ed. Rio de Janeiro: Ed. FGV, 2001.

Universidade de São Paulo

ASSEMBLÉIA UNIVERSITÁRIA

De ordem do Reitor da Universidade de São Paulo, Professor Doutor Antonio Barros de Ulhôa Cintra, ficam convocados todos os professôres universitários para a Assembléia Universitária que se realizará no dia 29 de julho corrente, 6.a feira, às 11 horas, na Escola Politécnica, para a solene entrega do título de Doutor "Honoris Causa" ao Padre Louis Joseph Lebret O.P., título êsse concedido pelo Conselho Universitário em sessão de 14 de dezembro de 1959, por proposta da Congregação da Escola Politécnica.

São Paulo, 19 de julho de 1960. — Julio Mario Stamato — Secretário Geral.

(21-27-28-29)

Figura 26 - Edital de entrega do título de Doutor Honoris Causa ao Pe. Lebret.
Fonte: DOESP de 29/07/1960

A atuação da SAGMACS no período anterior à sua contratação pela CIBPU é de grande fragilidade e dificuldade, tanto financeira, como em relação à relutância na aceitação das suas pesquisas pelas instituições envolvidas que levava à luz questões até então invisíveis à sociedade. Isto significou, para Pelletier,[20] a suspensão dos financiamentos pelo Joquei Clube, que a sustentava nos anos iniciais.

Pode-se dizer que Lucas Garcez foi o elo necessário – mas talvez não o único – à volta de Lebret ao Brasil após um período de proibição pela Igreja.[21] Vale ressaltar que, no contexto de mudança política em âmbito nacional, colaboraram para este retorno,

---

20 PELLETIER, Denis. Économie et humanisme: de l'utopie communautaire au combat pour le Tiers Monde 1941-1966. Paris: Ed. du CERF, 1996.

21 O posicionamento politico de Lebret na ocasião do curso da ELSP gerava indisposição num momento em que o Brasil aproximava-se, com o governo Dutra, dos interesses americanos.

além de Lucas Garcez, os esforços empreendidos por outras figuras de grande reconhecimento no meio católico e político, como D. Helder Câmara e Josué de Castro e que direta ou indiretamente estavam todos associados ao governo Vargas.[22]

A entrada de Lebret e, consequentemente da SAGMACS, nos estudos regionais no Brasil se relacionam a três missões específicas solicitadas entre 1951 e 1952 pelo governo federal e do estado de São Paulo – a *Missão Vargas* de âmbito nacional, a *Missão CIBPU* de âmbito regional (ou interestadual) e a *Missão Confidencial*, de âmbito estadual.[23] A *Missão Vargas* se refere ao convite pelo governo Vargas, através de Josué de Castro e da Comissão do Bem Estar Social a fazer uma consultoria em relação aos métodos de levantamento.[24]

A *Missão Confidencial* e a *Missão CIBPU* estão imbricadas e nos ateremos a desvendá-la. A *Missão Confidencial* se refere à colaboração de Lebret para a formulação do Plano Quadrienal de Governo do Estado de São Paulo, na qualidade de conselheiro, feita por Garcez em sua ida à França logo após assumir o governo do Estado, no início do ano de 1951.[25] Iniciava-se a prática do planejamento estadual, até então ausente nos governos anteriores e ainda vista sob suspeita por diversos setores políticos que associavam a prática ao regime comunista. O governo posterior de Janio Quadros não adota o plano governamental, que seria retomado por Carvalho Pinto.

O Plano Quadrienal foi elaborado no interior da própria administração estadual, coordenado pelo frei Benevenuto de Santa Cruz, na qualidade de assessor de Garcez e contou com a consultoria confidencial de Lebret e a mobilização de "mais de cem técnicos" das diversas secretarias.[26] O então deputado estadual do PTB, Wladimir de Toledo Piza[27] foi um dos defensores na Câmara da participação de Benevenuto para a elaboração do Plano Quadrienal.[28] Apoiando o governo de Garcez, Piza evidenciava na Câmara as qualidades de Benevenuto, "uma das maiores autoridades no assunto" e um

---

22 PELLETIER, Denis, *Op. cit.*

23 *Ibidem.*

24 *Ibidem.*

25 PELLETIER, Denis. *Économie et humanisme: de l'utopie communautaire au combat pour le Tiers Monde 1941-1966*. Paris: Ed. du CERF, 1996.

26 SÃO PAULO (estado) Diário Oficial de 07/06/1951.

27 Toledo Piza foi deputado estadual pelo PTB entre 1951 a 1954 e candidatou-se ao governo do estado em 1954 mas foi derrotado por Jânio Quadros.

28 Piza é eleito em 1956 prefeito de São Paulo quando contrata a SAGMACS para a elaboração do estudo *Estrutura urbana da aglomeração paulistana: estruturas atuais e estruturas racionais*, publicado em 1958.

homem de "espírito culto, esclarecido e que poderá, dado (...) a sua grande compreensão dos problemas humanos", encaminhar este assunto.[29] Analisando as atas da Câmara durante o governo de Garcez, as referências a Lebret pelo deputado Toledo Piza são constantes em seus discursos.[30]

Mesmo não criando uma comissão ou um departamento de planejamento, Garcez incorpora o planejamento como técnica administrativa e como "função de governo". O Plano Quadrienal constituiu não somente no primeiro plano de ação governamental do estado de São Paulo, mas também revela seu avanço na mobilização de pessoas e conceitos vinculados ao movimento Economia e Humanismo ou que tiveram ao mínimo participação nas atividades de formação de Pe. Lebret.

Foi no governo Garcez que a primeira geração de pessoas formadas por Lebret ocupam a administração estadual e participam também de seu maior empreendimento, a CIBPU.[31] Isso voltaria a ocorrer no governo Carvalho Pinto que, além do próprio governador – que como Garcez foi presidente da CIBPU durante sua gestão no governo paulista –, outros membros da SAGMACS participaram do governo do estado para compor o Grupo de Planejamento, como Celso Lamparelli, Plínio de Arruda Sampaio, Mário Laranjeira, entre outros.[32] Alguns membros da equipe do Grupo de Planejamento que foram contratados pela CIBPU para a elaboração de alguns trabalhos voltados para o estado de São Paulo.[33]

---

29 SÃO PAULO, op. cit., p.27.

30 Atas das Sessões da Câmara dos Deputados publicadas nos Diários Oficiais do Estado de São Paulo entre 1951 e 1954.

31 Sobre o ideário de Lebret no Governo Lucas Garcez ver também CHIQUITO, E. A. Planejamento e desenvolvimento do estado de São Paulo: ideias e agentes no governo Lucas Garcez (1951-1955). In: II Encontro da Associação Nacional de Pesquisa e Pós-graduação em Arquitetura e Urbanismo, anais...setembro, 2012.

32 Entrevista de Francisco Whitaker Ferreira. Publicada em CESTARO (2009).

33 Entendemos a contratação dos trabalhos pela CIBPU no governo Carvalho Pinto mais como uma forma autônoma e ágil para possibilitar as pesquisas estaduais do que efetivamente de trabalhos de interesse da bacia Paraná-Uruguai. O governo Carvalho Pinto acaba utilizando a CIBPU como meio de atuação para seu plano estadual. Ver capítulo 1.

O Plano Quadrienal de Governo

Em 24 de abril de 1951 Garcez solicita a Louis-Joseph Lebret uma consultoria confidencial para a elaboração de seu Plano Quadrienal de Governo.[34] Avisado sobre a impossibilidade de vir ao Brasil neste momento,[35] Lebret envia por carta ao governador a orientação para a elaboração do plano de governo.[36] Uma das principais orientações do documento de 12 páginas redigido por Lebret, segundo Lamparelli, é que "o plano de governo deveria extrapolar o estado, deveria ser regional", orientação que foi incorporada imediatamente por Garcez.[37] As intenções do governo de "extrapolar o território do estado" são explicitadas na mensagem do governador para o encaminhamento do Plano Quadrienal de Governo à Assembléia Legislativa em 09 de julho de 1951. Neste documento, Garcez lamenta que, "em virtude das limitações constitucionais, não pode, obviamente, o referido plano abranger senão atividades compreendidas no âmbito da competência do poder estadual".[38]

O princípio "conhecer para transformar" do movimento Economia e Humanismo de Lebret, desdobramento da máxima de Geddes "o diagnóstico precede o plano" foi incorporado e aplicado no planejamento através realização de um amplo diagnóstico da realidade do estado de São Paulo realizado pelos técnicos da administração e pela SAGMACS no estudo *Problemas de Desenvolvimento. Necessidades e Possibilidades do Estado de São Paulo*. Na mensagem de encaminhamento do *Plano Quadrienal* à Assembleia Legislativa do Estado de São Paulo, Garcez relata seu esforço na mobilização de técnicos e nas inúmeras reuniões realizadas no intuito de se "proce-

---

34 Entrevista de *Celso Monteiro Lamparelli* disponível em www.urbanismobr.org; PELLETIER, Denis. Économie *et humanisme:* de l'utopie communautaire au combat pour le Tiers Monde 1941-1966. Paris: Ed du CERF, 1996. RAMOS, Michelly *Les développeurs:* Louis-Joseph Lebret e a SAGMACS na formação de um grupo de ação para o planejamento urbano no Brasil. São Carlos: EESC-USP, 2010.

35 SAGMACS. *Problemas de desenvolvimento. Necessidades e possibilidades do Estado de São Paulo*. São Paulo: CIBPU, 1954, 2v. p.20.

36 Segundo Arthur Rios, a proibição da vinda de Lebret ao Brasil, existente desde 1947, está relacionada à exposição dos conteúdos no curso, considerado pelo alto clero e pela direita paulista "marxista e subversivo". RIOS, José Arthur. "Lebret: profeta ou visionário?" In: *Carta Mensal* Rio de Janeiro, v. 55, n. 659, p. 46-77, fev. 2010.

37 Conforme depoimento de Lamparelli em 23/09/2010 na USP São Carlos.

38 Mensagem 203, de 9 de julho de 1951.

der a um levantamento das reais necessidades" do Estado visando "o bem estar moral e material do povo paulista".

> O primeiro passo é, evidentemente, o levantamento das necessidades e (...) estas necessidades têm que ser consideradas em relação à finalidade do Estado, que é dar aos seus cidadãos segurança, saúde, educação, bem estar, o que tudo só pode atingir com o desenvolvimento material e o progresso econômico, com a criação e distribuição equitativa da riqueza.[39]

Consideramos o Plano Quadrienal uma experiência pioneira no planejamento compreensivo em nível estadual. O material produzido no governo de Garcez foi amplamente utilizado pelo Grupo de Planejamento[40] do governo Carvalho Pinto, composto por ex-membros da equipe da SAGMACS. Analisando as políticas públicas paulistas no período 1946/1957, Kugelmas[41] revela que no governo Garcez gestam-se planos e diagnósticos fundamentais que orientarão ação futura e que significariam uma mudança de estilo de atuação no governo que se consolida no governo Carvalho Pinto, com destaque para os estudos e diagnósticos realizados pela Comissão Interestadual da Bacia Paraná-Uruguai.

O Plano Quadrienal articulou tanto ideias desenvolvimentistas e como aquelas vinculadas à concepção da economia e humanismo. O frei Benevenuto de Santa Cruz, assessor de Garcez no governo estadual, participou também como um dos representantes paulistas na CIBPU e foi responsável por acompanhar Lebret nos trabalhos para a bacia Paraná-Uruguai, figurando como um de seus autores.

Já estavam sendo tomadas as providências para a criação de um órgão regional de planejamento para o desenvolvimento através de articulações e mobilização dos governos dos estados da bacia do Paraná, com o objetivo de levantar recursos para o desenvolvimento econômico e implantação de infra-estrutura de interesse de mais de uma unidade administrativa, retomando a proposta já efetuada anteriormente pelo Estado do Mato Grosso.[42]

---

39 Mensagem 203, de 9 de julho de 1951.

40 O grupo de trabalho para o Plano de Ação do governo Carvalho Pinto era coordenado por Plínio de Arruda Sampaio e teve como membros da equipe Francisco Whitaker e Delfim Netto.

41 KUGELMAS, Eduardo. "Políticas públicas na Administração paulista:1946/77". *Cadernos Fundap*. São Paulo: ano 5, n. 9, maio de 1985, p. 30-45. .

42 Ver capítulo 1.

A estrutura administrativa da CIBPU foi proposta por Lebret e parcialmente absorvida pelo órgão. A proposta elaborada pela SAGMACS previa uma distribuição equitativa entre os estados na composição, assim como quadro de chefia para cada um dos setores específicos, que foi absorvida parcialmente pela Comissão. O órgão superior foi mantido, mas a estrutura técnica foi reduzida para duas divisões, como já apresentamos no capítulo 1. A CIBPU que atuava com seus quadros reduzidos e priorizava a terceirização dos técnicos para a elaboração dos serviços. Para o órgão executivo a proposta da SAGMACS era a criação de um departamento de pesquisas, um departamento administrativo e cinco setores relativos aos serviços de comunicações e portos, sanitário e cultural, energia, indústria e comércio, agricultura e pesca.

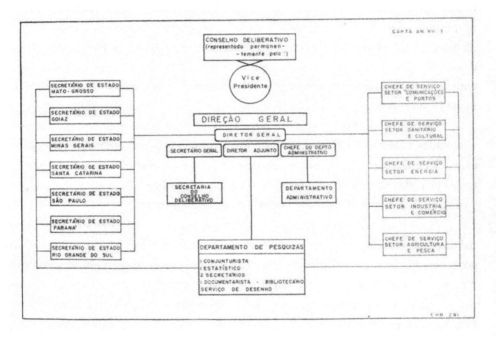

Figura 27 - Organograma da CIBPU proposto pela SAGMACS. Fonte: SAGMACS, 1954.

Desta consultoria não foi feito nenhum contrato, mas os trabalhos confidenciais que orientaram o planejamento do governo foram incorporados na publicação da próxima consultoria Lebret, a *missão CIBPU*.

A Missão CIBPU: o estudo Necessidades e Possibilidades do Estado de São Paulo

Três meses após a criação da CIBPU na 1ª Conferência dos Governadores, o governador Lucas Garcez novamente se dirige a Lebret para convidá-lo para realizar o primeiro estudo da CIBPU.[43] O convite, formalizado em 4 de janeiro de 1952, era para que Lebret dirigisse uma pesquisa, utilizando os métodos de Economia e Humanismo, sobre os problemas econômicos e sociais da região da Bacia Paraná-Uruguai. O estudo seria desenvolvido por etapas, iniciando com o "estudo do nível de vida e das necessidades das populações do Estado de São Paulo, bem como de suas possibilidades de melhoria, desenvolvimento e progresso".[44] Esta pesquisa foi publicada pela CIBPU em 1954, sob o título *Problemas de desenvolvimento. Necessidades e possibilidades do Estado de São Paulo*.

A realização do estudo *Problemas de Desenvolvimento: Necessidades e Possibilidades do Estado de São Paulo* agrega à CIBPU posicionamentos, conceitos e métodos vinculados ao Movimento Economia e Humanismo que não haviam sido empregados no planejamento regional no Brasil até o momento. Simultaneamente, é através deste estudo que Lebret formula suas concepções e métodos relacionados ao desenvolvimento dos países "subdesenvolvidos" e realiza a ponte com os métodos e concepções de desenvolvimento que estavam sendo ao mesmo tempo discutidos e formulados, inclusive com sua participação, pela Organização das Nações Unidas. Este estudo configura-se como o primeiro estudo de Lebret abarcando uma vasta região de um país "subdesenvolvido".

Mais do que isso, os estudos realizados por Lebret sobre a avaliação dos "níveis de vida" e dos "problemas de desenvolvimento" se vinculam a uma demanda internacional da ONU, como parte de sua missão institucional prevista no documento de constituição do órgão – a Carta das Nações Unidas – que tinha como objetivo conhecer a realidade mundial, especialmente dos países subdesenvolvidos, e mensurar, compara-

---

43 Como já foi tratado no capítulo 2, Garcez já havia solicitado a colaboração de Lebret para a elaboração de seu plano de governo. Fonte: SAGMACS. *Problemas de desenvolvimento. Necessidades e possibilidades do Estado de São Paulo*. São Paulo: CIBPU, 1954, 2v.

44 SAGMACS. *Problemas de desenvolvimento. Necessidades e possibilidades do Estado de São Paulo*. São Paulo: CIBPU, 1954, 2v.

tivamente, os seus níveis de desenvolvimento. Desta forma, corroborando a afirmação de Pelletier,[45] entendemos o papel de Lebret como um especialista da ONU.

As concepções e os métodos presentes na pesquisa elaborada para o estado de São Paulo, mobilizados pela SAGMACS e por Lebret, tem vínculos com as concepções de desenvolvimento que estavam sendo formuladas pela ONU. Durante o período em que coordenou a equipe brasileira na realização do estudo *Problemas de Desenvolvimento: Necessidades e Possibilidades do Estado de São Paulo* na CIBPU, Louis-Joseph Lebret publicou seus métodos em *Guide pratique de l'enquete sociale* (1952), participou como especialista da Conferência da ONU em 1953, e elaborou sua *Contribuição à Teoria do Desenvolvimento* (1954). A atuação simultânea de Lebret na CIBPU e na ONU coloca a Bacia Paraná-Uruguai como um laboratório de experimentação do subdesenvolvimento latino-americano e colabora como "estudo de caso concreto" para que Lebret delineie a formulação de sua Teoria do Desenvolvimento.

O estudo *Necessidades e possibilidades do Estado de São Paulo* foi realizado em duas fases. A primeira fase correspondeu ao *Contato Global* com a região da bacia Paraná-Uruguai, que consistiu numa viagem realizada por Lebret e Benevento de Santa Cruz no período de 1 de junho a 31 de setembro de 1952, a qual iremos nos deter logo adiante. A segunda fase compreendeu especificamente o estado de São Paulo, quando foram montadas as equipes de pesquisa da SAGMACS para o levantamento, sistematização e interpretação de dados.

A segunda fase da pesquisa de São Paulo foi iniciada em 31 de maio de 1953, após a formalização do contrato entre a SAGMACS e a CIBPU, assinado em 26 de maio de 1953. Houve um esforço de Garcez para a formalização deste contrato, que foi decidido *ad referendum* na sua condição de presidente da CIBPU. Na reunião do Conselho Deliberativo de 29 de junho de 1953 Garcez apresenta o contrato já formalizado e expõe os motivos de urgência tendo em vista que a primeira fase dos trabalhos já havia se completado e necessitava-se dos produtos para a ocasião do IV Centenário da cidade de São Paulo em 1954.[46] Além disso, o estado de São Paulo já havia concedido um crédito especial à CIBPU (através da Lei 2018 de 23 de dezembro de 1952 que ratifica o convênio no Estado de São Paulo), pois as dotações orçamentárias dos estados membros só iniciaram em 1954.

---

45 PELLETIER, Denis. *Économie et humanisme: de l'utopie communautaire au combat pour le Tiers Monde 1941-1966*. Paris: Ed du CERF, 1996.

46 Ata da reunião de 29 de junho de 1953 do Conselho Deliberativo da Comissão Interestadual da Bacia Paraná-Uruguai.

Depois da realização da pesquisa Necessidades e Possibilidades para São Paulo, houve uma segunda etapa da pesquisa elaborada pela SAGMACS, contratada em 1955, com a extensão da pesquisa aos estados do Rio Grande do Sul, Santa Catarina e Paraná.[47] Seus resultados foram publicados em 1958[48] pela CIBPU e, no ano seguinte, foi aprovada a terceira etapa da pesquisa que envolveria os estados de Goiás, Minas Gerais e Mato Grosso,[49] abarcando todo o território da bacia, mas ela nunca foi realizada pela SAGMACS.[50]

Com a formalização do contrato, o trabalho da SAGMACS foi iniciado com a formação das equipes de pesquisa que envolvia a seleção dos pesquisadores e o treinamento dos métodos. Para cada pesquisa era composta uma equipe diferente, em função do escopo do trabalho.[51] Além dos autores das pesquisas as equipes eram formadas por colaboradores, pesquisadores e desenhistas. No estudo para o Estado de São Paulo assinam como autores Antonio Bezerra Baltar, o frei Benevenuto de Santa Cruz, Darcy Passos, Eduardo Bastos, Raymond Delprat e Louis Joseph Lebret. Para o estudo *Necessidades e Possibilidades para os estados do Paraná, Santa Catarina e Rio Grande do Sul*, contratado em 1955, Darcy Passos e Baltar deixam a equipe de autores e entram Luiz Carlos M. Goelzer e Alain Birou.[52] Ao todo, a equipe para o estudo de São Paulo era de 25 pessoas e a pesquisa do Paraná, Santa Catarina e Rio Grande do Sul era formada por 44 membros.

Segundo entrevista realizada com Luiz Carlos Goelzer, um dos membros da equipe dos estudos regionais responsável pela coordenação da pesquisa de Paraná, Santa Catarina e Rio Grande do Sul, a seleção de pesquisadores para a montagem das equipes era feita primeiramente por Lebret e posteriormente pelos membros que possuíam uma certa autoridade dentro do grupo. Goelzer[53] tinha uma atuação importante

---

47 Contrato n° 22 de 09 de setembro de 1955. Fundo CIBPU, cx 1.

48 SAGMACS. *Problemas de desenvolvimento. Necessidades e possibilidades dos Estados de Rio Grande do Sul, Santa Catarina e Paraná*. São Paulo: CIBPU, 1958.

49 A terceira etapa foi indicada pela 7ª *Conferência dos Governadores* da CIBPU e a contratação da Sagamcs foi aprovada pelo Conselho Deliberativo.

50 As possíveis causas desta não contratação veremos adiante, ainda neste capítulo.

51 Depoimento de Celso Monteiro Lamparelli na EESC-USP em 23/09/2010.

52 SAGMACS. *Problemas de desenvolvimento. Necessidades e possibilidades do Estado de São Paulo*. São Paulo: CIBPU, 1954, 2v; SAGMACS. *Problemas de desenvolvimento. Necessidades e possibilidades dos Estados de Rio Grande do Sul, Santa Catarina e Paraná*. São Paulo: CIBPU, 1958.

53 Goelzer foi presidente da União Nacional dos Estudantes na gestão 1952-53 e coordenou, nesta ocasião, a Campanha *O Petróleo é nosso!* Foi chamado por Lebret para participar da equipe da

no movimento estudantil e estava iniciando sua carreira profissional, perfil este que, segundo ele, era buscado por Lebret para a montagem das equipes. Sobre a seleção feita pela equipe da SAGMACS para a formação das equipes de pesquisa - os "multiplicadores" segundo Goelzer –, ele conta que

> era um grupo de ponta, uma liderança, tinha uma demanda muito grande [de interessados a participar] e nós tínhamos opção de escolha, para selecionar os melhores, era surpreendente neste aspecto. (...) Quase todo mundo que nos pegávamos eram universitários ou recém formados que queriam ter uma experiência com nosso grupo, principalmente o pessoal da arquitetura e urbanismo, da engenharia, todo mundo com nível superior ou concluindo o curso.

Em fevereiro de 1954, Lebret apresenta no Palácio dos Campos Elíseos os resultados preliminares do estudo Necessidades de Possibilidades do Estado de São Paulo com uma longa e minuciosa exposição a respeito dos métodos e princípios de pesquisa de Economia e Humanismo. O vice-presidente da CIBPU, Álvaro de Souza Lima destaca "a importância do trabalho apresentado pela instituição, a objetividade das conclusões alcançadas, o cabedal precioso de dados e informações coligidas e, principalmente, os fecundos métodos de análise desenvolvidos por Economia e Humanismo" ressaltando ainda que tais métodos foram "pela primeira vez empregados no extenso e complexo campo dos problemas econômicos de uma área superior a de vários países da Europa".[54]

No quadro dos estudos técnicos produzidos no Brasil para fins de "planejamento do desenvolvimento", o estudo *Necessidades e Possibilidades do Estado de São Paulo* pode ser considerado um marco, em primeiro lugar por ser inédito e, em segundo lugar, por ser abrangente, representando um esforço de compreensão e interpretação da realidade brasileira até então praticamente desconhecida pelo Estado e da possibilidade de comparação desta com outras regiões do mundo. O estudo reúne um volumoso conjunto de informações sobre as condições econômicas e sociais do Estado de São Paulo, no contexto da Bacia do Paraná-Uruguai, que orientou as políticas públicas do

---

SAGMACS no Rio de Janeiro em 1954. Entrevista concedida à autora em 27/09/2011.

54 Texto de apresentação do estudo da SAGMACS. *Problemas de desenvolvimento. Necessidades e possibilidades do Estado de São Paulo*. São Paulo: CIBPU, 1954.

governo do Estado até os anos 1960, sendo amplamente utilizados no governo paulista de Carvalho Pinto, segundo depoimento de Lamparelli.[55]

O trabalho para a CIBPU também abriu as portas para novos estudos regionais, brasileiros e latino-americanos, onde Louis-Joseph Lebret aplica e difunde seus métodos de análise, como o *Estudio sobre las condiciones del desarrollo de Colombia* e o estudo *Problemas de Desenvolvimento: Necessidades e Possibilidades dos estados do Rio Grande do Sul, Santa Catarina e Paraná*, em continuidade aos trabalhos na CIBPU, ambos publicados em 1958.[56]

Outro desdobramento do estudo da CIBPU para a SAGMACS foi a pesquisa regional voltada para o Nordeste, liderada por José Arthur Rios, da equipe carioca, contratada pelo Serviço Social Rural do governo federal.[57] A pesquisa teve início em 29 de janeiro de 1959 e durou dois anos, envolvendo a participação, além de Rios, de Luiz Carlos Medina, Hans Alfred Rappel e José Maria Lopes e de alunos da Escola Livre de Sociologia e Politica de São Paulo, da Escola Livre de Sociologia e Política da Pontifícia Universidade Católica do Rio de Janeiro e da Faculdade de Filosofia, Ciências e Letras do Rio de Janeiro.[58] Esta pesquisa realizou um estudo dos níveis de vida da população do meio rural de 70 municípios selecionados nos estados do Maranhão, Piauí, Rio Grande do Norte, Paraíba e Rio de Janeiro compreendendo os aspectos sanitário, econômico, técnico, doméstico, residencial, escolar, familiar, cultural, social, político e municipal, com o objetivo de fornecer um quadro geral da situação dos municípios, os serviços necessários e a localização mais apropriada para a atuação do Serviço Social Rural.

Para analisar a importância da CIBPU no processo de construção do planejamento regional do Brasil e na mobilização das ideias, assim como analisar a instituição como lugar de desenvolvimento e experimentação dos métodos e das concepções internacionais de desenvolvimento, é necessário compreender, em primeiro lugar, a atuação de Louis-Joseph Lebret na ONU e a sua interlocução com outros especialistas mundiais na formulação de concepções e métodos relacionados ao problema do desenvolvimento.

---

55 Depoimento de Celso Monteiro Lamparelli na EESC-USP em 23/09/2010.

56 LEBRET, Louis-Joseph. *Suicídio ou sobrevivência do ocidente?* São Paulo: Duas Cidades, 1958.

57 *Resolução nº 85 de 20 de dezembro de 1958* – aprova o contrato que fazem, de um lado, o Srviço Social Rural e, de outro, a Sociedade de Análise Gráfica e Mecanográfica Aplicada aos Complesxos Sociais – SAGMACS – para execução de pesquisas sociológicas e econômicas.

58 Serviço de Intercâmbio Científico – Instituto Interamericano de Ciencias Agrícolas (IICA) *Comunicaciones científicas agrícolas.* (relatório das pesquisas) Volume 4. Matérias 30-120. s/d.

No estudo *Problemas de Desenvolvimento: Necessidades e Possibilidades do Estado de São Paulo* pode-se identificar as concepções de desenvolvimento presentes e a aplicação dos métodos na avaliação dos níveis de vida da região e sua importância para a formulação da *Contribuição à Teoria do Desenvolvimento* por Lebret. O estudo se baseava na construção de elementos para a valorização, o desenvolvimento, a organização e o aproveitamento do território. A análise foi realizada através da identificação das "necessidades" e "possibilidades". As "necessidades" foram divididas em essenciais (bens imprescindíveis, bens primários), de facilidade (relacionadas ao grau de conforto a à tecnologia desenvolvida, setor secundário), e de superação (permitiam um alto grau de civilização cultural e espiritual).[59]

A inserção internacional de Louis-Joseph Lebret se dá por seu vínculo com as duas instituições mundiais, a ONU e a Igreja. Nos relatórios produzidos pela ONU – o primeiro em 1951, elaborado por um grupo de especialistas com um enfoque mais econômico, e o segundo em 1954, do qual Lebret participou – podemos identificar as transformações na concepção e nos métodos de análise de desenvolvimento e o papel de Lebret nesta mudança. As concepções de "desenvolvimento" de Lebret e sua aplicação nos estudos realizados para a CIBPU e de que maneira "estudo de caso concreto" da bacia Paraná-Uruguai contribui para a formulação da Teoria de Desenvolvimento de Lebret.

Lebret como *expert* da ONU : a análise dos níveis de vida e o desenvolvimento como processo

Louis-Joseph Lebret, sacerdote dominicano e engenheiro naval que conheceu o mundo como oficial da Marinha Francesa, conheceu também as consequências devastadoras da guerra, suas misérias e possibilidades. O desenvolvimento, para ele, era um problema mundial e deveria ser tratado internacionalmente através de um intercâmbio internacional. Para Lamparelli (1995), o ingresso de Lebret para a ordem dos dominicanos na França, constituía uma possibilidade desta atuação. Vale lembrar que este período coincide com a emergência dos métodos da Ação Católica na formação de quadros e difusão de um conjunto de princípios de base e da metodologia de intervenção na socieda-

---

[59] SAGMACS. *Problemas de desenvolvimento. Necessidades e possibilidades do Estado de São Paulo.* São Paulo: CIBPU, 1954, 2v. p.109.

de, o "ver, julgar e agir".[60] Além da Igreja, a Organização das Nações Unidas (ONU), um órgão mundial substituto da Liga das Nações e voltado às questões do desenvolvimento, era, para Lebret, outra instituição internacional que prometia um campo de atuação profissional em nível mundial para combater miséria do mundo e os efeitos da guerra e constituía lugar estratégico onde os líderes mundiais poderiam ser influenciados para perceber as verdadeiras necessidades e os problemas reais da humanidade.[61]

A ONU permite a Lebret interlocução com outros especialistas sobre os métodos de avaliação da situação econômica e social mundial e a difusão de seus métodos internacionalmente. Lebret, em nota prévia à 1ª edição do livro *Suicide ou survie de l'occident?* de 1956, expõe a importância de sua participação na ONU, na qualidade de especialista, e a reconhece como uma oportunidade para que ele compreendesse que "a generalização de seus métodos de análise permitiria a percepção das necessidades das comunidades de base, em função do estabelecimento de planos nacionais ou de territórios dependentes, e de um plano geral de intervenção" entendidos como instrumentos capazes de revelar as situações e necessidades de populações em diferentes "fases do desenvolvimento".[62]

Os estudos internacionais sobre os métodos e critérios para definição dos *padrões de vida*,[63] e sobre os aspectos a serem considerados para o levantamento da situação social e econômica do mundo estavam sendo desenvolvidos, em âmbito mundial, desde os anos 1930. Os primeiros estudos a este respeito, segundo, foram realizados no âmbito da Liga das Nações.[64] Em 1937, é realizado o *Estudo de padrões de vida dos trabalhadores*, contratado pela Liga das Nações, e elaborado por uma comissão de *experts* da Organização Internacional do Trabalho (OIT).[65] O estudo analisa, segundo

---

60 PELLETIER, Denis. *Économie et Humanisme. De l'utopie communautaire au combat pour le Tiers Monde (1941-1966)*. Paris: Éditions du Cerf, 1996.

61 LEBRET, Louis-Joseph. *Manifesto por uma civilização solidária*. São Paulo: Duas Cidades, 1962.

62 *Idem. Suicídio ou sobrevivência do ocidente?*. São Paulo: Duas Cidades, 1958. p. 8.

63 Aqui utilizamos o termo "padrões de vida" que é utilizado pelo relatório. No entanto os debates para a precisão do termo é apenas realizado em 1952 que mostraremos mais adiante neste capítulo.

64 A Liga das Nações foi criada em 1919 durante a Conferência de Paz de Paris e foi se enfraquecendo por volta de 1942, tendo em vista que sua atuação não foi suficiente para evitar a Segunda Guerra, e extinta formalmente em 1946. É neste organismo que se encontra as bases para a criação da Organização das Nações Unidas em 1946, que foi criada a partir de seu fundo documental.

65 BONNECASE, Vincent; PAUVRETÉ AU SAHEL. *La construction des savoirs sur les niveaux de vie au Burkina Faso, au Mali et au Niger (1945-1974)*. Tese (Doutorado). Paris: Université de Paris 1,

Bonnnecase[66], as medidas de ordem nacional e internacional sobre os "padrões de vida" da população abrangendo os Estados Unidos, Polônia, Japão e Índia e é considerado pelo auto o primeiro estudo internacional realizado especificamente sobre os padrões de vida por uma instituição internacional.[67]

As conclusões deste estudo apontaram para a dificuldade de construção de uma medida internacional tendo em vista a heterogeneidade dos resultados de um país para outro, o que impossibilita, segundo o relatório, qualquer avaliação transversal dos "padrões de vida" nos quatro países analisados.[68] Estes trabalhos não tiveram continuidade devido ao enfraquecimento da Liga das Nações nos anos 1940 mas foram retomados pela ONU logo no início de suas atividades.

No período após a Segunda Guerra, estes estudos adquirem maior força não apenas pela quantidade dos estudos elaborados e pela incorporação de um número significativo de profissionais, mas pelo conteúdo do debate e precisão nas noções e métodos de análise mundial. Em 1947 a Assembleia Geral da ONU recomenda a elaboração de uma pesquisa sobre a "situação e as tendências econômicas mundiais" a ser elaborada por "membros das Nações Unidas e agências especializadas interessadas" com o objetivo de construir conceitos e sistematizar dados voltados à "elevação do padrão de vida internacional" detectando os "principais desequilíbrios das necessidades e dos recursos na economia mundial".[69]

Um grupo de especialistas foi formado, por escolha do Primeiro Secretário-Geral da ONU Trygve Lie, para a elaboração desta pesquisa e do relatório de recomendações. O grupo era formado exclusivamente por economistas representantes das principais instituições de pesquisa do Chile, Índia, Estados Unidos e Inglaterra.[70] Os

---

2008.

66   Ibidem.

67   Para se aprofundar sobre a emergência da noção e dos métodos sobre a avaliação dos níveis de vida internacionais ver BONNECASE, 2008.

68   OEF/OIT. "O padrão de vida do trabalhador". *Estudos e Documentos*, série B, n° 30, Genebra, 1938. *Apud*: BONNECASE, Vincent. PAUVRETÉ AU SAHEL. *La construction des savoirs sur les niveaux de vie au Burkina Faso, au Mali et au Niger (1945-1974)*. Tese (Doutorado). Paris: Université de Paris, 2008.

69   UN General Assembly UN Resolution No 118-III of October 31, 1947 – REPORT ON WORLD ECONOMIC CONDITIONS AND TRENDS

70   O grupo era composto por Alberto Baltra Cortez, professor de Economia da Universidade Nacional do Chile, D. R. Gadgil, diretor do Instituto de Política e Economia de Gokhale da Índia, George

trabalhos foram desenvolvidos ao longo de vários anos e o relatório foi publicado em 1951 sob o título *Measures for the Economic Development of Underdeveloped Countries*.

Sob o enfoque puramente econômico, o relatório identifica, entre os principais entraves do subdesenvolvimento, a precariedade e a instabilidade nas estruturas administrativas e de governo e a estrutura territorial baseada na grande propriedade fundiária, ressaltando o papel do Estado na promoção da transformação deste quadro. Além destes, coloca os problemas da instabilidade política; estrutura produtiva atrasada e em certos casos arcaica; dependência do capital norte-americano; acentuado crescimento demográfico.

Neste relatório, era utilizado o termo "subdesenvolvimento" para definir a categoria de países nestas condições. Ao envolver entre seus membros representantes dos países "subdesenvolvidos", dava visibilidade mundial aos problemas desses países. A medida da condição de "subdesenvolvimento" dos países era dada pelos indicadores como taxa de mortalidade infantil, taxa de analfabetismo, taxa de natalidade, renda per capita, padrões de consumo, método que iria ser questionado pelos próximos relatórios.

O relatório *Measures...* considerava como um dos gargalos para o planejamento do desenvolvimento dos países "subdesenvolvidos" a insuficiência de pesquisas sobre seus recursos, e como consequência o desconhecimento de suas próprias "possibilidades de desenvolvimento". Recomendava, portanto, a organização rápida de equipes de pesquisa em nível internacional, as chamadas *survey organizations*, abrindo um campo profissional mundial para as instituições de pesquisa ligadas à universidade e outras instituições. Neste sentido, entendemos a criação de instituições de pesquisa ligadas ao Movimento Economia e Humanismo, como parte deste movimento, ou seja, a SAGMACS, foi uma *survey organization*, criada no Brasil antes mesmo da publicação do relatório *Measures...*[71]

Para avaliar a disponibilidade de recursos e as "possibilidades de desenvolvimento econômico", formulou-se um método que incluía pesquisas sobre os recursos naturais disponíveis (fontes da água, petróleo, minerais); levantamento dos solos e experimentos para reconhecer as possibilidades agrícolas; pesquisas sobre comunicações

---

Hakim, conselheiro da legação do Líbano em Washington, Theodore W. Schultz, presidente, Departamento de Economia da Universidade de Chicago, EUA e W. Arthur Lewis, professor de Economia Política da Universidade de Manchester, Inglaterra.

71 UNITED NATIONS. *Measures For The Economic Development Of Underdeveloped Countries.* (Report by a Group of Experts appointed by the Secretary-General of the United Nations). New York: May, 1951, p.61.

e estradas; possibilidades de utilização da água (geração de energia hidrelétrica, irrigação); e pesquisas de mercado interno e externo para indicação de novas possibilidades de produção industrial.

Este método se apoiava nas experiências americanas de planejamento de bacia hidrográfica dos anos 1930/40, onde a questão agrícola e industrial aparecem com a mesma força, com destaque para o aproveitamento integrado dos recursos naturais. O relatório apontou que os resultados dessa pesquisa traduziriam as "possibilidades de desenvolvimento" do país, e que os problemas das condições de emprego e subemprego seriam resolvidos pela aceleração do desenvolvimento econômico.[72]

Neste mesmo período na França, Lebret[73] vinha desenvolvendo pesquisas sobre as condições de vida dos trabalhadores marítimos franceses após a crise mundial de 1929. Os primeiros estudos foram elaborados para o Secrétariat Social Maritime de Bretagne no período de 1929 a 1944, sendo que a primeira publicação dos resultados foi em 1933 sob o título *Aspects maritimes de la crise mondiale*[74] que versava sobre as "condições de vida" dos marinheiros e os "os problemas marítimos".[75] Além das pesquisas sobre as condições de vida sobre os trabalhadores marítimos, Lebret se coloca como principal articulador na mobilização social destes trabalhadores – o *Mouvement de Saint Malo* – defendendo a necessidade de se criarem condições para a organização dos trabalhadores, tendo como um meio de mobilização o jornal *La voix du marin*.[76]

Em 1942, é fundado o grupo Economie et Humanisme cujos princípios são publicados através de um Manifesto[77] no primeiro número da revista *Economie et*

---

72 Ibidem.

73 Lebret havia ingressado na Marinha Francesa aos 15 anos como aprendiz de marinheiro, participou como oficial da Primeira guerra mundial (1914-18), graduou-se engenheiro naval, e foi convidado a desempenhar atividade docente na Escola Naval de Brest, o que fez até 1923. Foi através de Marinha Francesa e sua participação na guerra sua primeira inserção mundial, quando se descortinou a grave situação mundial marcada pela miséria dos povos e pelos horrores da guerra. Fonte: VALLADARES, Lícia do Prado. *A invenção da favela: do mito de origem à favela.com*. Rio de Janeiro: Editora FGV, 2005

74 SECRÉTARIAT Social Maritime de Bretagne. Aspects maritimes de la crise mondiale. Paris: Ed. du Cerf, 1933.

75 *Guide pratique de l'enquête sociale*. Tomo I: Manuel de l'enquêteur. Paris: Presses Universitaires de France, 1952.

76 LAMPARELLI, 1998.

77 O signatários do Manifesto são, além de Lebret: o empresário Alexandre Dubois, o inspector-geral da Agricultura Jean-Marius Gatheron; o Chefe de Gabinete do Ministro da Agricultura Laulhere Edmond; René Moreux, professor, jornalista e membro do Conselho do transporte; Gustave Thibon,

Humanisme. O Manifesto era o meio para a divulgação mundial das ideias do grupo, fundamentadas: na concepção de "solidariedade" e de "bem comum" (em contraposição da ideia de *bem estar* difundida pela política externa dos Estados Unidos); na associação do componente "humano" relacionados ao grau de satisfação humana à economia em contraposição às análises puramente econômicas fundamentada em dados estruturais; no método da "observação direta" em contraponto aos modelos teóricos abstratos; assim como os métodos do *aménagement du territoire* como instrumento de planejamento.

Em 1949, após a realização dos estudos econômicos em nível mundial, a ONU solicita ao Conselho Econômico e Social uma análise "abrangente sobre a situação social no mundo".[78] Para este estudo seria necessário construir indicadores que pudessem avaliar globalmente esta situação, ou seja, a maior urgência era definir quais seriam estes indicadores.

Em janeiro de 1952, a Assembléia Geral da ONU convocou o Conselho Econômico e Social para "elaborar métodos e técnicas estatísticas apropriadas a fim de facilitar a reunião de um máximo de dados, (...) indicando em termos absolutos, as mudanças em todos os países no que diz respeito às condições de vida".[79] Para esse trabalho foi designado um comitê de profissionais que reuniu, além dos próprios funcionários da ONU, uma comissão de *experts* convidados. Desta comissão fez parte Louis-Joseph Lebret, designado como representante do movimento Economia e Humanismo da França, cujos métodos já estavam sendo difundidos mundialmente a partir dos cursos, palestras e trabalhos desenvolvidos, e através da publicação da revista Économie et Humanisme.

Além de Louis-Joseph Lebret, apresentado no relatório como "diretor da revista Economia e Humanismo" da França, participava da comissão de *experts* o professor Raymond Firth, antropólogo da London School of Economics and Political Science da Universidade de Londres, Erland Hofsten, chefe da seção de estatística do Ministério da Previdência Social da Suécia, Otávio Alexander de Moraes, brasileiro e representante do Instituto Interamericano de Estatística (IASI), V. Rao, diretor do Instituto de

---

agricultor e filósofo; François Perroux, economista e professor na Faculdade de Direito de Paris e do Collège de France e mais dois dominicanos – Pe. Moos e Pe. Loew. Fonte: GILBUÉS, Krystel. *Fonds de l'association Economie et Humanisme (1927-2007)*. Archives Municipales de Lyon, 2009.

78 UN General Assembly UN Resolution No. 280-III of May 13, 1949 – World Social and Cultural Situation.

79 ONU. Assembleia Geral das Nações Unidas Resolução n° 527-VI de 26 jan 1952.

Economia Política da Universidade de Delhi, Índia e Philip M. Hauser, professor de sociologia da Universidade de Chicago.[80]

Entre os colaboradores de diversos países que foram consultados pela equipe de *experts* para este trabalho, está o brasileiro Josué de Castro, profissional de renome internacional, que havia sido membro do comitê consultivo permanente de nutrição da FAO, em 1947, presidente do Conselho da Organização para Alimentação e Agricultura das Nações Unidas em 1952 e vencedor, nesse mesmo ano, do "Prêmio Roosevelt" da Academia de Ciências Políticas dos EUA.[81]

Os resultados preliminares foram publicados em 1952 no primeiro relatório sobre a situação social no mundo intitulado *Rapport préliminaire sur la situation sociale dans le monde: et les niveaux de vie en particulier* sobre a necessidade de reconhecer os níveis de vida da população mundial.[82] Este trabalho deu origem aos primeiros indicadores para o estudo comparativo padrões de vida.

A comissão de *experts* reuniu-se novamente para a continuidade dos debates sobre os níveis de vida mundial na sede da ONU[83] em Manhanttan, Nova Iorque, entre 8 e 26 de junho de 1953.[84] A nova conferência foi convocada pelo Secretário-Geral das Nações Unidas, em conjunto com a Organização Internacional do Trabalho (OIT) e a Organização das Nações Unidas para a Educação, a Ciência e Cultura (UNESCO). O objetivo principal era avaliar quais as informações disponíveis, no plano internacional, que poderiam ser utilizadas como indicadores do nível de vida. Além disso, deveriam ser feitas recomendações das ações a serem realizadas a partir dos dados disponíveis e de melhorias a serem feitas no método de avaliação e coleta de informações e, especial-

---

80 UNITED NATIONS. DEPT. OF SOCIAL AFFAIRS. *Rapport préliminaire sur la situation sociale dans le monde: et les niveaux de vie en particulier.* New York,: Nations Unies, 1952.

81 Informações obtidas em http://www.josuedecastro.com.br, acesso em maio de 2011.

82 UNITED NATIONS. DEPT. OF SOCIAL AFFAIRS. *Rapport préliminaire sur la situation sociale dans le monde: et les niveaux de vie en particulier.* New York, NY: Nations Unies, 1952.

83 A sede da ONU foi projetada pelo arquiteto brasileiro Oscar Niemeyer em conjunto com Le Corbusier, a partir dos trabalhos da equipe internacional composta para esse fim, em terreno doado por Nelson Rockefeller. Fonte: SEGRE, Roberto. O sonho americano de Oscar Niemeyer. Niemeyer, Le Corbusier e as Américas. In: *Revista Arquitetura e Urbanismo*, edição 165, dezembro de 2007, p. 42-49.

84 NATIONS UNIES. *Rapport Sur la definition et l'évaluation des niveaux de vie du point de vue international.* New York, 1954. (Documento E/CN.3/179 E/CN.5/299. Mars 1954.)

mente, precisar os termos e conceitos que vinham sendo utilizados pela ONU, como a própria noção de "nível de vida" e o conceito de "subdesenvolvimento".[85]

O resultado final dos trabalhos, publicado no *Rapport sur la définition et l'évolution du niveau de vie du point de vue international*, apontava logo em seu prefácio a insuficiência de dados disponíveis para o conhecimento dos níveis de vida, o que dificultava a programação das ações da ONU nos países subdesenvolvidos, e colocava a necessidade de obter essas informações urgentemente através de um método que possibilitasse a comparação do ponto de vista internacional e tivesse em vista os programas de financiamento internacional e assistência ao desenvolvimento. O relatório colocava a necessidade imediata de se rever os métodos de avaliação internacional dos níveis de vida.[86] Na medida em que se comparam as concepções e métodos apresentados nesse relatório com aquelas desenvolvidas no estudo da SAGMACS para a CIBPU, pode-se identificar uma forte participação das ideias de Lebret na ONU.

Sobre a definição da noção de "subdesenvolvimento", o relatório recomendava a sua substituição pelos termos "menos desenvolvido" ou "insuficientemente desenvolvido", considerando a situação desses países como um estágio de um processo e não como uma categoria estática. Essa ideia se vinculava à Contribuição à Teoria do Desenvolvimento de Lebret, que será apresentada mais adiante, mas que dá indício de que a sua participação nessa formulação era decisiva. Observando que as avaliações dos níveis de vida tinham sido construídas, até o momento, em função da realidade dos países desenvolvidos, o relatório defendia que esta construção deveria ser feita a partir da realidade dos "países insuficientemente desenvolvidos".

---

85 NATIONS UNIES. *Rapport Sur la definition et l'évaluation des niveaux de vie du point de vue international*. New York, 1954. (Documento E/CN.3/179 E/CN.5/299. Mars 1954).

86 *Ibidem*.

Figura 28 – Carta de encaminhamento do relatório assinada pela Comissão de *experts*.
Fonte: NATIONS UNIES, 1954.

Analisando os trabalhos em relação a uma melhor avaliação dos níveis de vida produzidos, desde 1949, pela várias comissões da ONU,[87] a comissão de *experts* propõe

---

87 São elas a Comissão das Questões Sociais do Conselho Economico e Social (CES), a 7ª Conferência Internacional de Estatística do Trabalho (da Organização Internacional do Trabalho- OIT) e o

doze indicadores para medir o "nível de vida" dos "países insuficientemente desenvolvidos", em nível internacional.

Estes indicadores, aplicados no estudo *Necessidades e Possibilidades* pela SAGMACS como já expusemos anteriormente, incluem: condições sanitárias e condições demográficas; alimentação e nutrição; educação elementar e técnica; condições de trabalho; situação de emprego; níveis de consumo e economia globais; acesso aos transportes; habitação e instalações domésticas; vestuário; atividades de lazer e recreação; segurança social; liberdades humanas. O relatório reconhece que, para a definição dos níveis de vida, deverão ser incluídos os "fatores materiais" e os "fatores imateriais", para podemos avaliar e comparar um número significativo de elementos que estão associados com diferentes valores culturais.

A comissão de experts apontava para o risco de se considerar o rendimento nacional per capita sem a avaliação dos outros níveis de vida, não podendo ser considerado como um "resumo" do desenvolvimento de um país na medida em que ele poderia "às vezes andar de mãos dadas com a deterioração da qualidade de vida". A comissão da ONU acreditava que não havia um único índice de padrão de vida global que pudesse ser aplicado em nível internacional, como estava sendo pretendido pelos relatórios econômicos com a renda per capita.

Foi recomendada pela comissão a substituição da noção de "padrão de vida" pela noção de "nível de vida". O relatório recomendava que, em estudos futuros, a expressão "nível de vida" fosse usada para designar as condições reais de existência, em oposição ao termo "padrão de vida" que designava uma condição desejada, a ideia daquilo que deveria ser. Em lugar de "padrão de vida" o relatório passou a utilizar e recomendar o uso de "nível de vida desejável".

O melhoramento e a formulação de novos indicadores dos níveis de vida dependiam de três grandes fatores, segundo o relatório: o desenvolvimento dos sistemas estatísticos, sobretudo nas regiões "insuficientemente desenvolvidas", a tabulação analítica especial dos resultados dos recenseamentos efetuados em 1950 ou por volta dessa época e, por último, a medida que poderia no futuro ser a mais importante, e que se referia à utilização de *survey* por amostragem com sua utilização para um fim específico ou para vários fins.

Grupo de Serviço Social Rural da Conferência Geral da Organização para Alimentação e Agricultura (Food and Agriculture Organization – FAO)

O conceito "nível de vida" já havia sido utilizado por Jean Rénard e G. Tincelin, membros de Economie et Humanisme, no trabalho *Enquête sur lês niveaux de vie dês mineurs de Saint Etiènne, Loire*, elaborado para o governo francês em 1949 e por Louis-Joseph Lebret no trabalho *Enquête sur l'habitat et le niveau de vie em Suisse Romande*, publicado no periódico *Le Diagnostic économique et social*.[88] Antes destes trabalhos, os termos utilizados pelo grupo Economie et humanisme era "conditions de vie" Ainda sobre a noção de nível de vida e da concepção de desenvolvimento, Lebret publica na revista *Economie & Humanisme*, em 1952, dirigida por ele próprio, o artigo *Phases e rythmes de civilisation; orientations et méthodes de solution*, onde apresenta sua concepção de desenvolvimento por fases, em função do nível material, cultural e espiritual, e ainda aponta a necessidade de se elaborar uma "teoria da civilização" para os países subdesenvolvidos em lugar das teorias econômicas.[89]

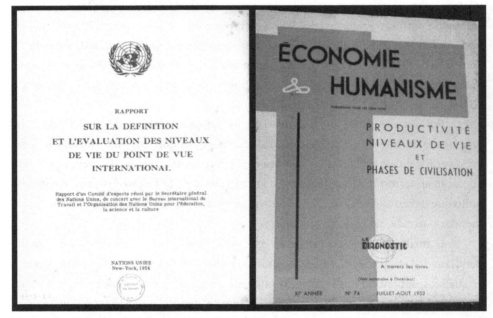

Figura 29 – Capa do relatório da ONU e Capa da Revista Economie & Humanisme que tratam da concepção de "nível de vida".

A ONU reconhece que, após uma década da Carta das Nações Unidas, deve ser precisado, do ponto de vista internacional, a noção de "nível de vida" assim como os

---

88 LEBRET, Louis-Joseph *Manuel de l'enquêteur*. Presses Universitaires de France, 1952.

89 *Idem*. "Phases e rythmes de civilisation; orientations et méthodes de solution". *Economie & Humanisme*, n. 74, jul-aou, 1952.

métodos que devem permitir medir a elevação dos níveis de vida. Como previa a Carta das Nações Unidas, documento que cria o órgão internacional da ONU buscando, entre outros objetivos, incentivar a cooperação entre os países-membros toda atividade econômica e social internacional devera ter como objetivo "promover o progresso social e melhores condições de vida".[90]

A viagem de Lebret à Bacia Paraná-Uruguai: o primeiro "contato global"

> É preciso alimentar-se com a paisagem natural e humana,
> é necessário impregnar-se profundamente
>
> Louis-Joseph Lebret[91]

Em 19 de maio de 1952 Lebret chega ao Brasil, onde permanece por quatro meses, para a realização da primeira etapa da pesquisa para a CIBPU, desenvolvida no período de 1 de junho a 31 de setembro do mesmo ano. Neste período realiza a *viagem de estudos* à bacia do Paraná-Uruguai, primeira fase da pesquisa, que envolvia o estudo do território do estado de São Paulo, analisado em si mesmo e em função de sua situação no território global da Bacia.

Para a elaboração do trabalho, Lebret via a necessidade da realização de um "primeiro contato global" do conjunto a ser analisado. O objetivo desta viagem era que, através do método da observação direta, se realizasse um contato geral para se ter uma "primeira intuição sintética do conjunto a ser analisado".[92]

As viagens tinham como finalidade última "descobrir as exigências do Bem Comum" que compreendia tanto "fatores materiais" quanto "fatores imateriais", representados no relatório por: a) o equipamento material: estradas, portos, comunicações, edifícios públicos, equipamento para a vida social; b) elementos intelectuais: nível de cultura, grau geral de competência dos responsáveis; c) elementos morais: honestidade, lealdade,

---

90 BONNECASE, Vincent. PAUVRETÉ AU SAHEL. *La construction des savoirs sur les niveaux de vie au Burkina Faso, au Mali et au Niger (1945-1974)*. Tese (Doutorado). Paris: Université de Paris 1, 2008.

91 SAGMACS. *Problemas de desenvolvimento. Necessidades e possibilidades do Estado de São Paulo.* São Paulo: CIBPU, 1954, 2v.p.105.

92 *Ibidem..*

confiança etc.; elementos espirituais de cultura artística, fé religiosa etc.[93] Assim, Lebret incorporava nos fatores "imateriais" os "elementos morais", difíceis de serem medidos por indicadores, mas possíveis de serem compreendidos através do contato com as instituições religiosas e entidades comunitárias. Para Lebret, a análise regional deveria se basear nas diferenças entre as regiões do ponto de vista histórico e geográfico, natural e cultural por meio de um intenso levantamento.

Este "primeiro contato global" para o estudo da região da bacia Paraná-Uruguai foi realizado durante uma viagem feita por Louis-Joseph Lebret, diretor geral de *Economie et Humanisme*, acompanhado por Benevenuto de Santa Cruz, co-diretor de Economia e Humanismo no Brasil e assessor do governador Lucas Garcez no Governo do Estado de São Paulo, na ocasião do início dos trabalhos para o estado de São Paulo contratados pela CIBPU.[94]

Para esse primeiro contato global da região da bacia foi utilizada a seguinte metodologia: observação direta, entrevista, análise documental e reunião com especialistas. Lebret defendia que para o início do levantamento se devia "ter uma visão em um só olhar" e que para isso era "necessário subir às torres, aos montes vizinhos ou fazer o reconhecimento do conjunto em avião" e que o reconhecimento de avião era particularmente interessante na medida em que se podia ter "em um simples olhar a estrutura essencial da agricultura e da indústria, da cidade e do campo e a sua interpenetração".[95]

O método explicitado por Lebret em relação ao "primeiro contato global" remete a Patrick Geddes que, através de sua Outlook Tower, defendia que

> (...) para um levantamento mais geral (...) são preferíveis os começos mais simples (...) a perspectiva clara, a visão mais panorâmica de uma determinada região geográfica, como por exemplo a que temos sob os olhos num passeio de feriado na montanha (...)[96]

Além da visão do conjunto a uma distância que permitia observá-lo como um todo único, Lebret apontava a necessidade de "percorrer os quarteirões mais ricos e os mais pobres, visitar fábricas, fazendas e sítios e tomar algumas refeições nos diversos

---

93 *Ibidem*, p.109.

94 *Ibidem*.

95 SAGMACS. *Problemas de desenvolvimento. Necessidades e possibilidades do Estado de São Paulo*. São Paulo: CIBPU, 1954, 2v. p.105.

96 GEDDES, 1905 *apud* HALL, 1995, p. 162.

meios", integrando-se ao lugar e percebendo sua dinâmica cotidiana. Para Lebret, a paisagem humana se revelava

> (...) quando se observam os lavradores nos campos, com seu sistema de trabalho, seu vestuário, suas casas, ou quando se presta atenção às pessoas que passam na rua, ou quando se contemplam as saídas das fábricas ou das lojas, quando a gente se mistura ao povo nos ofícios religiosos, nas manifestações populares, nas feiras, nos mercados, e nos espetáculos populares.[97]

Aqui aparece também a concepção da sociologia francesa de Le Play, incorporada pelo planejamento regional por P. Geddes, que compreendia a sociedade e a região a partir da relação lugar-trabalho-povo pela aproximação em relação à escala de análise. Para Geddes, "o caçador e o pastor, o camponês pobre e o rico, esses os tipos ocupacionais que nos são mais familiares, e que se apresentam em sequência à medida que baixamos de altitude e descemos no curso da história social".[98]

A compreensão da região pelo levantamento em diferentes escalas aparece em Geddes em sua seção de vale, ou seja, cortes transversais do "declive que desce das montanhas até o mar e que encontramos no mundo inteiro [o qual] podemos prontamente adaptar a qualquer escala e a quaisquer proporções (...)"[99]

A viagem de estudos foi realizada em oito etapas envolvendo a compreensão das atividades rurais e urbanas e as principais experiências já implantadas. O percurso, realizado de avião e automóvel, está demonstrado na Figura 30.

---

97 SAGMACS, op. cit. p.105.
98 GEDDES, 1925 apud HALL, 1995, p.165.
99 GEDDES, 1925 apud HALL, 1995, p.165.

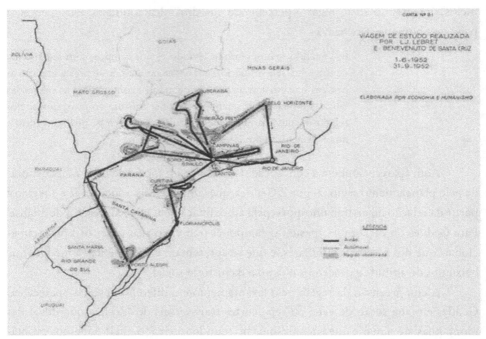

Figura 30 - Viagens de estudos realizadas por L. J. Lebret e Benevenuto de Santa Cruz. Fonte: SAGMACS (1954)

A viagem inicia-se pelo Vale do Paraíba com a visita à Usina de Volta Redonda.[100] O segundo e o terceiro trecho focou o interior paulista incluindo a visita à Usina Hidrelétrica de Salto Grande. O quarto trecho cobriu os estados de Paraná, Santa Catarina e Rio Grande do Sul. O quinto e o sexto trecho retornam ao interior paulista focando a região de Campinas e Piracicaba. O sétimo trecho se ateve às cidades de Poços de Caldas, Belo Horizonte e Rio de Janeiro com visita à Siderúrgica de Sabará, finalizando o oitavo trecho com a visita ao litoral norte paulista.[101]

Durante as viagens foram realizadas também visita às fazendas – entre elas a Fazenda Holandeza em Holambra-SP, a criação de zebu em Uberaba-MG, o sistema de frigoríficos em Barretos-SP –, explorações agrícolas dos vários tipos – entre elas jazidas de bauxita na região de Campinas e Piracicaba no estado de São Paulo, e as coloniza-

---

[100] Lembrando que o Vale do Paraíba constava como uma das regiões de interesse para o planejamento de Vargas, segundo sua mensagem ao Congresso no início das atividades legislativas de 1952. Vargas, Getúlio. *Mensagem ao Congresso Nacional*. Rio de Janeiro: Imprensa Nacional, 1952.

[101] SAGMACS. *Problemas de desenvolvimento. Necessidades e possibilidades do Estado de São Paulo*. São Paulo: CIBPU, 1954, 2v.

ções alemã de Joinville a Blumenau e as italianas em Santa Catarina e Rio Grande do Sul.[102] Foram realizadas além das atividades de observação direta, entrevistas, reunião com especialistas e análise de material cartográfico e documental.

Lebret aproveitava estas viagens para participar de eventos nas cidades e ampliar sua rede de relações da divulgação do movimento Economia e Humanismo. Em sua visita ao Rio Grande do Sul, em agosto de 1952, Lebret ministra aulas sobre o Movimento de Economia e Humanismo na Semana da Pontifícia Universidade Católica que tinha por objetivo promover os cursos da universidade e conseguir auxílios para o desenvolvimento do ensino e da pesquisa.[103]

A CIBPU como "caso concreto" e a formulação da Contribuição à Teoria do Desenvolvimento

Foi a partir do trabalho para a CIBPU que Lebret formula sua *Contribuição à teoria do desenvolvimento* em 1954, documento que seria apresentado mais tarde no I Congresso Internacional de Economia Humana nas comemorações do IV Centenário da Cidade de São Paulo. Este documento foi cedido por Lebret para ser publicado no estudo *Necessidades e possibilidades do Estado de São Paulo* por ser considerado, pela equipe de autores, de grande relevância para o trabalho.

Devemos compreender a *Contribuição à teoria do desenvolvimento* de Lebret no contexto de embates, aproximações e divergências entre aqueles que estavam colaborando para o estudo da questão do desenvolvimento no pós-guerra e formulando suas teorias em relação a este problema. Lebret, numa crítica explícita aos modelos macroeconômicos abstratos formulados pelos países avançados – nos quais se insere o trabalho de François Perroux[104] –, aponta como insuficientes e que só é possível formular a questão do desenvolvimento a partir de um estudo do caso concreto, analisado em profundidade.

---

102 Ibidem, p.107.

103 CLEMENTE, Elvo, Ir. *Pilares da PUCRS*. Porto Alegre: EDIPUCRS, 2001.

104 O economista François Perroux é autor da teoria dos polos de crescimento, publicada em 1955, elaborada a partir da concentração industrial em torno de Paris, na França, e ao longo do Vale do Ruhr, na Alemanha. Perroux foi um dos fundadores do movimento Economia e Humanismo na França, juntamente com Lebret.

Para a formulação de sua *Contribuição à Teoria do Desenvolvimento*, Lebret analisa o caso brasileiro da bacia Paraná-Uruguai, que em sua opinião, representa

> um território especialmente privilegiado para o estudo de "desenvolvimento", tanto por suas dimensões geográficas que permitem a coexistência contígua de espaços em fases de desenvolvimento sensivelmente diferenciadas, quanto pelo ritmo impressionantemente rápido de desenvolvimento verificado em certos estados como no de São Paulo ou no Rio Grande do Sul.[105]

Neste documento afirma que o "desenvolvimento" refere-se não somente a utilização ótima dos recursos naturais, mas também às "máximas possibilidades de bem estar biológico e progresso cultural e moral", considerando a "melhoria de vida das populações sob todos os seus aspectos". Nesta abordagem, o desenvolvimento implica, de fato, um problema de civilização.[106]

Para Lebret as teorias do "desenvolvimento" formuladas pelos economistas de países avançados e pensadas "quase exclusivamente, em função dos progressos da teoria econômica" não teria chegado até aquele momento em uma definição satisfatória, pois tem se levado em conta a realidade daqueles países. Lebret entende o desenvolvimento como um processo e que os países se encontram em diferentes fases de desenvolvimento e de valorização – os países já "desenvolvidos", aqueles que "já conseguiram dominar os grandes problemas do próprio desenvolvimento" e os países em que o desenvolvimento não foi ainda iniciado onde as condições de vida são absolutamente precárias, ressaltando que a confusão entre as fases pode gerar "desequilíbrios irreparáveis". Para Lebret,

> Basta imaginar, por exemplo, até que ponto o desenvolvimento calculado em toneladas de produção ou em cifras de comércio, pode esconder a real desvalorização de uma região ou país.

Para a formulação de sua *Contribuição à Teoria do Desenvolvimento*, Lebret parte da observação direta da realidade dos países "em desenvolvimento" uma "elaboração mais indutiva" e não a partir de modelos teóricos ou político-econômicos que, segundo ele, são formulados a partir de um contexto de países desenvolvidos e que não se aplicam, não podem ser transpostos à realidade subdesenvolvida. Para Lebret a noção de desenvolvimento deve ser definida a partir de sua complexidade que extrapola o

---

105 SAGMACS. *Problemas de desenvolvimento. Necessidades e possibilidades do Estado de São Paulo*. São Paulo: CIBPU, 1954, 2v. p. 533.

106 *Ibidem*.

econômico e o técnico, e atinge as dimensões biológica, ética, cultural, social, política e de condições de habitação. Tratar somente as duas primeiras dimensões é reduzir a compreensão da realidade, o que pode mascarar o verdadeiro desenvolvimento na acepção da Economia Humana.[107]

O desenvolvimento, para Lebret, não pode ser compreendido como uma categoria estática, uma condição – traduzida pelo termo subdesenvolvimento –, mas como um processo, em que os países passam de uma fase de desenvolvimento insuficiente a outra de maior desenvolvimento a partir da realização das necessidades dos grupos sociais rumo a patamares mais humanos, e não apenas considerando o aporte do progresso técnico e econômico como critério único na definição do desenvolvimento. A esta posição se contrapõe o pensamento estruturalista da CEPAL e de Celso Furtado, que compreende subdesenvolvimento como uma categoria e não uma "etapa de desenvolvimento" pela qual passam todos os países, sendo que esta condição é produzida pelos próprios países desenvolvidos, num contraponto entre centro e periferia, condição que tende a se perpetuar.

Para Lebret[108] para atingir aos objetivos do desenvolvimento, os estudos e planos devem ser realizados levando em conta suas diversas escalas, desde as unidades territoriais elementares até o conjunto mundial. "Não se trata, evidentemente, de propugnar um modo único de planificação, mas, pelo contrário, uma grande variedade, levando-se em conta, em cada caso, as possibilidades, as estruturas atuais, os tipos de necessidade, os estágios técnicos e culturais, a qualidade e intensidade dos esforços espontâneos ou a incrementar".

Além disso, outro aspecto que se deve considerar são as *conexões* entre os níveis ou fatores de desenvolvimento e para isso apresenta um método. Deve-se primeiramente identificar nos estudo de caso os problemas e determinar os objetivos, o que deve ser feito a partir de diagramas , inserindo tais problemas como os motivos do subdesenvolvimento o que facilitaria a mobilização de recursos em outras fontes ou instâncias. (Figura 31) Em segundo lugar deve ser analisado o sistema de causas destes problemas. Sobre este aspecto ressalta que cada unidade (município, região, etc) deve aprender a reconhecer as "causas profundas e gerais" que impedem ou retardam o

---

107 Lebret define Economia Humana como a ciência de passagem de uma fase de desenvolvimento técnico e humano considerado "inferior" a uma fase superior, tendo como objetivo essencial a "ascensão humana, no ritmo mais rápido possível". Fonte: SAGMACS. *Problemas de desenvolvimento. Necessidades e possibilidades do Estado de São Paulo*. São Paulo: CIBPU, 1954, 2v. p. 533.

108 LEBRET, Louis-Joseph. *Manifesto por uma civilização solidária*. São Paulo: Duas Cidades, 1962.

próprio desenvolvimento. Em um terceiro momento é feita a arbitragem dos fatores a modificar considerando a progressividade, coerência e mínimo custo.

A Figura 32 sintetiza o método de identificação do sistema de causas tomando como problema a mortalidade infantil no primeiro ano de vida, um dos fatores que identificam o nível de desenvolvimento, e traça um esquema da trama de fatores e suas conexões que constituem suas causas e que devem ser combatidas para a resolução do problema colocado. Neste caso, três sistemas se entrelaçam na formulação deste problema do "subdesenvolvimento": o sistema cultural, o econômico e o sanitário, em seus diversos aspectos.

A *Contribuição à Teoria do Desenvolvimento* de Lebret não pode ser considerada, efetivamente, uma teoria, mas sim como um método para se conseguir apreender os problemas que devem ser superados para a melhoria do nível de vida das populações segundo suas próprias necessidades. A respeito destes métodos, já o prefácio do *Manuel de l'enquêteur* que os apresenta coloca não como uma pesquisa puramente científica que não possui um objetivo aplicado, mas "diretamente voltada ao bem comum" devendo ser prolongada à intervenção, visando alertar a opinião pública e procurando suscitar ações que modifiquem concretamente a vida dos homens.[109]

---

109 LEBRET, Louis-Joseph *Manuel de l'enquêteur.* Presses Universitaires de France, 1952. p. V, VI.

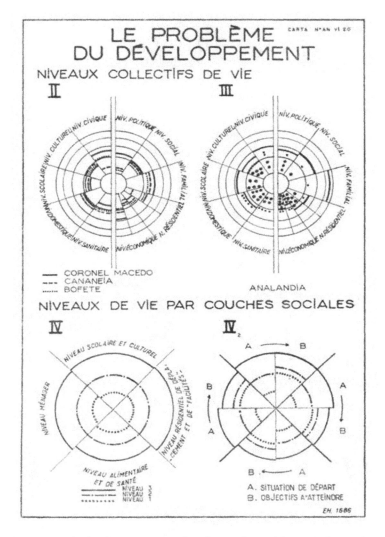

Figura 31 - Método dos diagramas para identificação dos problemas de desenvolvimento.
Fonte: SAGMACS (1954)

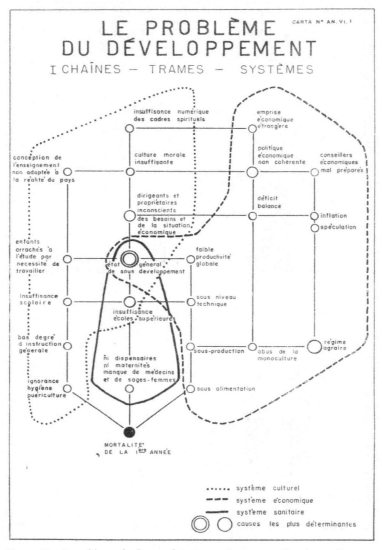

Figura 32 - O problema do desenvolvimento - Correntes – Quadros – Sistemas.

Fonte: SAGMACS (1954)

Capítulo V

A CIBPU e os polos de desenvolvimento da região Centro-sul

A partir de 1955, e com mais intensidade após 1960, os estudos de polarização vão repercutir na CIBPU. Com novos agentes e um novo contexto político, a concepção de planejamento regional e de desenvolvimento da CIBPU se redefine e os estudos, planos e políticas de desenvolvimento regional passam a se orientar pela teoria dos polos de crescimento e polos de desenvolvimento.

Essa concepção se vincula originalmente à teoria francesa dos polos de crescimento formulada por François Perroux, e à vertente norte-americana da Regional Science Association, de Walter Isard. Neste momento os estudos e planos se voltam especificamente para a industrialização regional através da seleção de cidades que funcionaram como polos de atração, e da criação de distritos industriais. Neste período destaca-se também na CIBPU os cursos de formação para o planejamento sob a perspectiva do desenvolvimento polarizado.

A incorporação da noção de espaço polarizado pela CIBPU se dá a partir de duas vias, com o estudo da SAGMACS de 1955 para os estados Rio Grande do Sul, Santa Catarina e Paraná, e com a. atuação dos economistas no quadro técnico da CIBPU nos anos 1960, no contexto de difusão da noção de polos de desenvolvimento no Brasil através de seminários e cursos.

A SAGMACS, a noção de polarização e o foco no "urbano": primeiros traços na CIBPU

É a partir de 1955 que os trabalhos desenvolvidos pela SAGMACS para a CIBPU passam a conter traços da noção de polarização e a conferir um interesse maior ao problema urbanístico. O ponto de partida é o estudo *Necessidades e Possibilidades dos*

Estados do Rio Grande do Sul, Santa Catarina e Paraná para CIBPU, iniciado em 1955 e publicado em 1958.

Este trabalho foi realizado após o término do *Estudo sobre desenvolvimento e implantação de indústrias, interessando a Pernambuco e ao Nordeste*, desenvolvido pela SAGMACS para Comissão de Desenvolvimento Econômico de Pernambuco (CODEPE)[1] e publicado em 1955. Este estudo havia sido feito sob coordenação de Lebret e Baltar, que partem para o nordeste para a elaboração do planejamento regional da "grande Recife", transformando aquele "polo de crescimento em polo de desenvolvimento".[2] Neste estudo é proposta uma seleção de centros urbanos, entre aqueles que dispusessem de condições topográficas e água, para se transformarem em "capitais regionais" formando um "rosário de cidades" que se transformariam em polos regionais.[3]

Pelletier[4] aponta que no estudo *Necessidades e Possibilidades do Estado de São Paulo*, a região já é definida pela SAGMACS como um espaço polarizado. Mas se no estudo dos estados do sul (Paraná, Santa Catarina e Rio Grande do Sul), a região é lida como "uma porção de território vivendo sob a dominação de uma grande cidade", no estudo *Necessidades e Possibilidades do Estado de São Paulo* verificamos que a cidade não é tratada como elemento definidor de uma região. Pelo contrário, no estudo de São Paulo consta que é "perfeitamente lógico que, no caso brasileiro, a unidade territorial 'bacia fluvial' tenha grande significado como unidade normal interestadual de valorização e desenvolvimento".[5]

No estudo para São Paulo, o desenvolvimento regional se daria através de uma reoganização da estrutura territorial agrária, de investimentos em infraestrutura rural e urbana e de uma política de elevação dos níveis de vida da população rural e urbana, o que se daria também através do controle do crescimento desordenado das cidades e a manutenção da população no campo. Desta forma, o problema urbanístico tratado pelo estudo não está isolado da estrutura territorial e se articula tanto aos espaços urba-

---

1 A CODEPE foi criada em 1952 como um órgão consultivo do governo do estado de Pernambuco e de assistência técnica que passa a captar verbas antes destinadas ao setor rural, e conduzi-las para o processo de industrialização. Fonte: CABRAL, Renata. *Mario Russo: um arquiteto italiano racionalista em Recife*. Recife:UFPE, 2006.

2 ANDRADE Manuel Correia. *Espaço, polarização e desenvolvimento*. São Paulo: Atlas, 1987, p.103.

3 LEBRET, Louis-Joseph. *Estudo sôbre desenvolvimento e implantação de indústrias, interessando a Pernambuco e ao Nordeste*. Recife: Comissão de Desenvolvimento Econômico de Pernambuco, 1955.

4 PELLETIER, 1996.

5 SAGMACS, 1954. p.21.

nos interconectados – a capital de São Paulo e dos núcleos urbanos pequenos e médios do interior – que deveriam ser pensados a partir da ideia de "crescimento ordenado" seguindo o critério de "unidades orgânicas" defendidas por Antonio Baltar, como ao espaço rural.[6]

Este quadro conceitual se apresenta na *Carta de La Tourette*,[7] que propõe o "equilíbrio entre as unidades territoriais" através de medidas de ordenação do território que coordenam o rural e o urbano, exigindo "um exame da dependência recíproca da agricultura e da indústria e uma distribuição judiciosa do emprego do habitat e do equipamento coletivo entre zonas rurais, urbanas e mistas, entre zonas agrícolas e industriais". O documento não aponta uma posição rígida em relação à definição das unidades regionais dos "planos de ordenação", defendendo sua "flexibilidade no espaço e no tempo", e que poderiam ser "uma bacia hidrográfica ou um vasto território polarizado por produções dominantes que é preciso coordenar."[8]

Enquanto o estudo de São Paulo[9] privilegiou a análise dos níveis de vida das populações rurais em detrimento do problema urbanístico e compatibilizava o problema agrário o problema industrial, nos estudos para os três estados do sul a questão urbanística e de industrialização ganham força. Na organização do estudo dos estados de Rio Grande do Sul, Santa Catarina e Paraná, a participação da pesquisa rural é reduzida e a pesquisa urbana é ampliada chegando à proposta de uma classificação dos centros urbanos em função das tipologias, a análise aprofundada da problemática da expansão das cidades em geral e a um estudo específico da capital de Porto Alegre-RS como um pólo regional.[10] O problema urbanístico é tratado aqui como um questão regional, colocando como um dos principais pontos a serem tratados naquela região a "organização de pequenas unidades territoriais, municípios e grupos de municípios, em dependência um bem equipado centro urbano" e a "organização dos espaços mé-

---

6 SAGMACS, 1954.

7 A Carta de La Tourette ou *Charte de l'Amenagement* foi resultado de uma semana de estudos realizada em setembro de 1952 em La Tourette, Rhône, França, pelo grupo francês de Economia e Humanismo.

8 *Charte de l'Amenagement*, 1953, p.5-6.

9 SAGMACS, 1954.

10 SAGMACS. Problemas de desenvolvimento. Necessidades e Possibilidades dos Estados do Rio Grande do Sul, Santa Catarina e Paraná. São Paulo: CIBPU, 1958, 2v. p. 375.

dios e grandes".[11] Assim, é após a experiência da SAGMACS em Pernambuco que o conceito de polarização como definidor da região vai ser incorporado à CIBPU.

Em relação à industrialização, o estudo *Necessidades e Possibilidades dos Estados do Rio Grande do Sul, Santa Catarina e Paraná* se referencia no documento da ONU intitulado *Métodos e problemas da industrialização dos países subdesenvolvidos*, de 1955, que coloca a "industrialização rápida" como ponto principal para a superação da condição de "subdesenvolvimento". A concepção de desenvolvimento da ONU, segundo o estudo, refere-se a superação de uma fase dedicada ao setor primário – agricultura e extração – para o secundário – industria de transformação.[12]

Ainda percebe-se entre o estudo de São Paulo e o estudo do Rio Grande do Sul, Santa Catarina e Paraná um deslocamento de análises baseadas na observação e na microanálise dos fatos, de Le Play, para análises mais conjunturais.

Vale ressaltar que, nesses estudos da SAGMACS para a CIBPU, a referência aos trabalhos da ONU é uma constante e um eixo balizador, quase que constituindo um termo de referência. O estudo para o Rio Grande do Sul, Santa Catarina e Paraná apresenta o item *As posições atuais da ONU*, onde a industrialização é a condição para "atingir o nível de país desenvolvido", apresentando como objetivo último a elevação do "nível de vida médio" da população, partindo de análises estatísticas gerais ao contrário do estudo anterior em que elas eram realizada a partir dos indivíduos e grupos homogêneos.

O crescimento da concepção de polos em detrimento da concepção de bacias hidrográficas no planejamento regional da CIBPU acompanha o processo de urbanização e de industrialização dos anos 1950 e a ampliação da influência das teses da CEPAL na politica regional, especialmente a partir de 1959, com a criação da SUDENE.

Fundamentalmente a questão que se colocava era que o crescimento econômico e o desenvolvimento não poderiam se dar de forma homogênea no território, mas através de determinados pontos ou nós que poderiam exercer influência sobre a região. Assim, as cidades se constroem como acessos preferenciais ao movimento de modernização e como possibilidade de ascensão social.[13]

---

11 SAGMACS, 1958.

12 SAGMACS, 1958. p. 375.

13 GORELIK, Adrián A produção da "cidade latino-americana. *Tempo Social*, revista de sociologia da USP, v. 17, n.1. São Paulo: USP, 2005. p. 111-133

Dessa forma, reduzindo-se os investimentos na área rural, que se torna muito onerosa pela sua extensão e concentrando-se os investimentos de infraestrutura na área urbana, aumentaria o cadastro de reserva do setor industrial, e ainda com o esvaziamento da área rural poderia se manter a estrutura agrária de grandes propriedades, sem tocar em uma reforma agrária. Corroborando o afirmado por Pelletier, os trabalhos de Lebret e da SAGMACS realizados entre os anos de 1952 e 1954, período em que se insere o estudo *Problemas de desenvolvimento. Necessidades e Possibilidades do Estado de São Paulo* têm a originalidade de defender a reforma agrária num momento em que a CEPAL não enfrenta e não aborda esse problema. Para os economistas da CEPAL, a industrialização é fator de desenvolvimento regional e de resolução das "disparidades regionais", colocando a cidade como lugar privilegiado.

Outro aspecto a ser considerado é em relação à politica federal, que passa de uma concepção de desenvolvimento integrado de Vale, no período Vargas (1951-1954) para o desenvolvimento pensado na relação rodovia-industrialização-urbanização. No final dos anos 1950, se acentuou a influência da CEPAL sobre a política federal.[14]

A concepção de desenvolvimento da CEPAL difere fundamentalmente da concepção de Lebret. As orientações metodológicas da CEPAL – que teve como principais expoentes os economistas Raul Prebisch, do Chile, e Celso Furtado, do Brasil – se relacionam com as orientações de Perroux.[15] Argumenta-se que a noção de *polos de crescimento* de Perroux, mobilizada no contexto dos países subdesenvolvidos pela CEPAL, adquirem o status de *polos de desenvolvimento*.

A aproximação entre Furtado e Perroux se iniciou nos anos 1940, quando Furtado ingressa no curso de doutorado em economia da Universidade de Paris-Sorbonne, concluído em 1948.[16] Mesmo com divergências conceituais, Furtado parte das formulações de Perroux para elaborar sua concepção de região econômica a partir das "proporções e relações que caracterizam um conjunto econômico localizado no tempo e no espaço", mas, por outro lado, critica os modelos teóricos "ahistóricos", "estáticos" e "abstratos". Sem pretender mergulhar na análise das concepções do campo

---

14   A CEPAL é criada no Brasil em 1953 sob a direação de Celso Furtado. Entre 1953 e 1955, Furtado havia coordenado, por meio da CEPAL, um importante estudo em conjunto com o BNDE, cujos resultados seriam aproveitados no Plano de Metas.

15   COLISTETE, Renato Perim. "O desenvolvimentismo cepalino: problemas teóricos e influências no Brasil". *Estudos Avançados*. São Paulo , vol. 15, n.41, 2001.

16   CAHIERS DU BRESIL CONTEMPORAIN. *Le développement, qu'est-ce?* L'apport de Celso Furtado. Paris: MSH/EHESS/IHEAL, n° 33/34, 1998. 225 p.

econômico, o que vale a pena ressaltar é que as orientações metodológicas da CEPAL em sua criação se relacionam a esse campo específico.

A concepção estruturalista da CEPAL ganha força no final dos anos 1950. Em 1959, Celso Furtado foi responsável pela elaboração do Plano de Desenvolvimento do Nordeste, que deu lugar à criação da SUDENE, órgão que dirigiu por cinco anos (1959-64) sendo, no governo João Goulart, o primeiro titular do Ministério do Planejamento (1962-63).

No entanto, a possibilidade de transição do subdesenvolvimento para o desenvolvimento, para Furtado[17] "é dificilmente concebível no quadro da dependência". Romper com essa problemática era, para Furtado, a tarefa mais importante para os países subdesenvolvidos.

A aplicação desta concepção no caso do Nordeste gerou um resultado bastante distinto daquele "que está implícito na concepção original de François Perroux" (Furtado, 1982: 139). Seguindo a linha de raciocínio elaborada por Perroux, Furtado considera que um polo de crescimento deveria configurar-se como um núcleo indutor do crescimento, capaz de formar uma espessa e diversificada malha de atividades econômicas locais mas, no caso do Brasil, Furtado considera que os polos já nascem vinculados ao Centro-Sul, tanto pelos insumos que absorvem como pela demanda que pretendem satisfazer.[18]

Se, a partir de 1955, temos os primeiros sinais da concepção de polos de desenvolvimento na CIBPU, é nos anos 1960 que essa concepção se consolida. A emergência da concepção de polos de desenvolvimento na CIBPU pode ser entendida a partir da emergência da "cidade latino-americana"[19] abordada por Gorelik. O autor vê os anos 1950 como um dos momentos mais importantes do pensamento social latino-americano em que o acelerado crescimento populacional e a rápida expansão dos centros urbanos latino-americanos se tornam o centro das atenções nas teorias da modernização, nas políticas de desenvolvimento, na concepção da problemática urbana e regional na formulação do conceito de subdesenvolvimento.[20]

---

17   FURTADO, Celso. *O mito do desenvolvimento econômico*. São Paulo, Paz e Terra, 1974. p 87.

18   FURTADO, Celso 1982. *A Nova Dependência*. 3ª Ed. São Paulo: Paz e Terra.

19   Para Gorelik (2005), ideia de "cidade latino-americana" se coloca como categoria de pensamento se coloca na medida que permite entender os aspectos de um período como um "ciclo" da imaginação social latino-americana, no interior do qual talvez tenha sido formulada "a ideia de América Latina como projeto".

20   GORELIK, 2005.

A problemática urbana é construída a partir dos problemas metropolitanos: pobreza e marginalidade, fragmentação e violência, encortiçamento dos centros históricos, urbanização descontrolada do campo, desequilíbrios regionais. Mas, além da dinâmica urbana, Gorelik[21] aponta também que a consolidação da teoria funcionalista e a teoria da modernização, que outorgam à cidade um papel central de indutor a essa modernidade constituíram outro fator de produção da problemática urbana latinoamericana. A cidade, nesse momento, passa a ser o veículo para libertar o homem das amarras do tradicionalismo e o passaporte para a modernidade, cujo ícone é a construção de Brasília.

No estado de São Paulo, a população urbana ainda minoritária em 1940 (44% do total da população do estado) passa a representar 54,5% em 1950 alcançando 63% em 1960. O município de São Paulo quase triplica sua população entre 1940 e 1960, passando de 1,3 milhão de habitantes para 3,8 milhões aproximadamente. A demanda por serviços públicos urbanos cresce muito mais rapidamente do que a renda, considerando-se também as altas taxas inflacionárias dos anos 1960.[22]

Nesse período o processo de urbanização brasileiro se acelera e o processo de industrialização pesada se intensifica. A questão urbana e, especificamente, o progressivo agigantamento metropolitano torna-se um objeto de estudo por excelência. O "excepcional" crescimento das cidades da América Latina foi tema em outubro de 1958 do Seminário de Técnicos e Funcionários de Planejamento Urbano realizado em Bogotá, do qual resultou o documento chamado *Carta dos Andes*, importante documento que orientou o planejamento urbano e regional dos anos 1960.

O documento identifica entre as causas do crescimento urbano latino-americano: a concentração da base econômica nas cidades produzidas por motivo da Segunda Guerra Mundial; a centralização política, administrativa, comercial e de serviços operada nas cidades capitais; as condições defeituosas de vida nas áreas rurais; o notável progresso nos meios e vias de comunicação, o que tem facilitado a rápida vinculação entre as zonas de produção e os centros povoados importantes e destes entre si; o desenvolvimento cultural que se vem operando nas concentrações urbanas e que constitui um fator de atração de pessoas para as cidades; o forte crescimento vegetativo da população produzido, sobretudo, a partir dos anos 1940.

---

21 GORELIK, 2005.

22 KUGELMAS, Eduardo. "Políticas públicas na Administração paulista:1946/77". *Cadernos Fundap*. São Paulo, maio de 1985, vol. 5. n. 9. p. 30-45.

A Carta dos Andes aponta para a necessidade da "planificação do desenvolvimento nacional, regional e urbano" para obter a utilização ótima dos recursos naturais e humanos, destacando que a aplicação de planos isolados interfere nos interesses de jurisdição adjacentes ou promovem inversões em desacordo com a realidade nacional ou sem o proveito social desejável.

Embora a questão urbana e metropolitana tenha sido pauta dos debates urbanísticos e foco das estratégias controle e planejamento desde os anos 1930, como analisa Feldman,[23] nos anos 1950 essa questão se coloca, necessariamente, como um problema regional e a cidade passa a constituir não apenas o centro do debate, mas o centro da região. Mas embora o acentuado interesse na metrópole viesse crescendo, a gestão de Carvalho Pinto trata de maneira integrada as questões rural e urbana.

O início dos anos 1960 é marcado por profundas tensões políticas quando, segundo Almeida[24] o Brasil sai do "período desenvolvimentista" de Kubistchek, "entra na efêmera era Jânio Quadros, transita nas indefinições de João Goulart e cai nas malhas dos Governos Militares". Neste momento, a questão do desenvolvimento baseado na urbanização e industrialização estavam sendo amplamente discutidos principalmente pelos economistas e geógrafos, seja nas instituições governamentais, seja na academia.

O Centro-sul como região

Em 1962, o governador Carvalho Pinto participa da 1ª Reunião de Consultas sobre o Desenvolvimento do Centro-Sul, reunião promovida pelo Instituto Nacional de Estudos Superiores (INES) em colaboração com a CIBPU.[25] Essa reunião foi realizada na Assembleia Legislativa do Estado de São Paulo, cujo presidente era Abreu Sodré. Nela, Carvalho Pinto revela que a política regional de sua gestão na CIBPU se organizava através de três eixos: a realização de infraestrutura em nível regional, o desenvolvimento humano (através da educação, cultura, saúde, justiça, segurança social) e o equilíbrio entre o desenvolvimento agrícola e industrial. Nesta reunião Carvalho Pinto destaca a necessidade de realização da reforma agrária, defenden-

---

23   FELDMAN, 2005.
24   ALMEIDA, Roberto Schimidt de. O IBGE e a evolução da ideia de desenvolvimento. *Revista Geográfica*, 120, jul-dez, 1994. P.5-26.
25   INES/CIBPU. *1ª Reunião de Consultas sobre o Desenvolvimento do Centro-Sul*, realizada entre os dias 24 de abril de 1962 e 4 de maio de 1962. Fundo CIBPU.

do que "São Paulo e o centro-sul devem desenvolver esforços em favor da lavoura, fazendo-a acompanhar a indústria."[26]

Nesta reunião detecta-se pela primeira vez a utilização do termo "centro-sul" para caracterizar a região nos documentos da CIBPU, termo que é utilizado a partir de 1963, substituindo a concepção de "bacia hidrográfica" como unidade regional. Nota-se, na ata dessa reunião, que o termo centro-sul está mais associado à realização de um contraponto com a região nordeste, amplamente trabalhada pelo economista Celso Furtado, que apresenta as grandes disparidades de níveis de renda e ritmos de crescimento econômico entre as regiões Nordeste e Centro-Sul do Brasil. Nota-se aqui esta construção teórica como um artifício para dar conta da caracterização do fenômeno da concentração espacial das atividades industriais e do próprio crescimento econômico da região, assim como o elevado fluxo migratório que provinha do Nordeste.

A referência conceitual está presente na obra de Celso Furtado, *Formação Econômica do Brasil*, publicada em 1959 e que foi referência para o planejamento regional da década de 1960.

Importante ressaltar que, em 1959, Celso Furtado já tinha se debruçado na questão da oposição entre o Nordeste e o Centro-Sul na sua. Essa oposição é colocada por Furtado no quadro das disparidades regionais e da relação centro-periferia, buscando comprovar que a relação entre o Nordeste e o Centro-Sul do Brasil tinha um efeito extremamente negativo sobre a economia do primeiro. De forma semelhante à análise da Cepal para as relações entre países centrais e periféricos, a relação comercial entre o Nordeste e o Centro-Sul do Brasil tinha um duplo efeito de transferência de renda da primeira para a segunda e de impedimento do processo de industrialização do Nordeste.[27] A região centro-sul, para Celso Furtado, compreendia os estados litorâneos do Espírito Santo ao Rio Grande do Sul e os estados interioranos de Minas Gerais, Goiás e Mato Grosso, capitaneada por São Paulo, principalmente, e por Minas Gerais e Rio Grande Sul, secundariamente.

Nos anos 1960, enquanto o IBGE conduzia os estudos que resultaram na regionalização oficial de 1969,[28] o geógrafo Pedro Pinchas Geiger lançava a proposta da

---

26 SÃO PAULO (Estado) Diário Oficial. 27/04/1962. p.15.

27 DINIZ, Clélio Campolina. "Celso Furtado e o desenvolvimento regional". *Nova Economia*. Belo Horizonte, vol. 19 n. 2, maio-agosto de 2009, p. 227-249.

28 A respeito destes estudos ver CORREA, Roberto Lobato. "Hinterlândias, hierarquias e redes: uma avaliação da produção geográfica brasileira". *Revista Brasileira de Geografia*. Rio de Janeiro, v. 5-1, n. 3, p. 113-137., jul./set. 1989.

divisão do território nacional em três complexos regionais, considerando o processo de formação histórico econômico, modernização do espaço urbano e novas relações e vínculos entre lugares do território, ou seja, os resultados espaciais do processo de industrialização acelerada vivenciado pelo país desde o final da Segunda Guerra Mundial. Assim, o espaço brasileiro ficou dividido em três grandes regiões denominadas de "complexos regionais": Amazônia, Nordeste e Centro-Sul, cujas divisões não correspondem aos limites administrativos dos Estados.[29]

O Centro-Sul, para Geiger, era o Brasil moderno, gerado pela conexão do polo produtivo do Sudeste, no qual se concentrava a maior parte das atividades econômicas e das infraestruturas de comunicação, com o Sul e a porção meridional do Centro-Oeste, que se destacavam pela presença de um modelo agrícola intensivo em tecnologia. A região era formada pelos estados Rio Grande do Sul, Santa Catarina, Paraná, São Paulo, Mato Grosso do Sul, Rio de Janeiro, Espírito Santo, e parte dos territórios de Mato Grosso, Minas Gerais e Goiás. O Nordeste era marcado, no aspecto econômico, pela produção agrícola rudimentar e pela industrialização ainda embrionária e no plano social, pela disseminação da pobreza, expressa nos altos índices de mortalidade infantil, subnutrição e analfabetismo, e pela repulsão populacional. Já a Amazônia de destacava como uma imensa área com recursos inexplorados e com pouca conexão com o centro dinâmico da economia nacional, completada pela baixíssima densidade populacional e ainda pelos grandes índices de violência na luta pela terra.

A divisão regional elaborada por Geiger não considerou os limites políticos estaduais, considerando as diferenciações espaciais no interior dos estados, por exemplo, o setor norte do estado de Minas Gerais, que foi incorporado ao complexo nordestino, e o setor norte de Mato Grosso e Goiás (atual Tocantins), foram incorporados ao complexo amazônico.[30] A partir dos estudos de regionalização dos geógrafos do IBGE, especificamente de Geiger, a definição centro-sul passa a ser utilizada amplamente nos estudos regionais e, especificamente, nos trabalhos da CIBPU.

> Conforme revela Delfim Netto, "completados os estudos hidrológicos das futuras usinas à jusante do Paraná, como Taquaraçu até Itaipu, partiu-se para os estudos dos Polos de Desenvolvimento Industrial,

---

29 GEIGER, Pedro Pinchas. "Organização regional do Brasil". *Revista Geográfica*. Rio de Janeiro, n. 61, Tomo XXXIII, jul./dez. 1964. p. 51.

30 Vale lembrar que neste momento não estavam desmembrados os Estados do Mato Grosso (o que ocorreu em 1977 com a criação de Mato Grosso do Sul) e de Goiás (1988 com a criação de Tocantins).

pois os Estados já caminhavam no sentido de implantação das indústrias com a utilização da energia elétrica disponível, aproveitamento as economias de escala e de aglomeração"[31]

Em 1961 foi criada a Eletrobrás, que passa a centralizar o planejamento energético do Brasil e as possibilidades de produção e distribuição de energia elétrica, além de constituir um órgão de assessoramento do MME na supervisão e na elaboração de todos os planos energéticos regionais. Em 1963, é criado o Comitê Coordenador dos Estudos Energéticos da Região Centro-Sul,[32] em que os representantes paulistas eram financiados pela CIBPU. Este comitê tinha por atribuição realizar estudos do potencial hidráulico, do mercado consumidor e da construção das Usinas para o período de 1964-1974. As conclusões foram incorporadas pelo Programa de Ação Econômica do Governo-PAEG (1964-1966) e pelo Programa Estratégico de Desenvolvimento-PED (1968-1970)

Na 9ª Conferência dos Governadores, em 1963, Adhemar de Barros colocava na categoria dos maiores problemas da região, os setores de navegação, energia e de industrialização e é nesses setores que concentra seus esforços como presidente da CIBPU.[33] Nesse sentido são criadas três comissões técnicas: a Comissão de Energia Elétrica, a Comissão de Industrialização Regional e a Comissão de Navegação Fluvial que atuam na elaboração dos planos e estudos. Adhemar de Barros colocava estas três questões como um problema de "planejamento e integração", como objeto de um "plano de desenvolvimento integrado" em consonância com a política federal do período e que adquire contornos nítidos de uma política federal com a criação do Serviço Federal de Habitação e Urbanismo (SERFHAU).[34]

No entanto, o discurso de Adhemar de Barros defendia enfaticamente a realização de estudos para implantação de polos industriais na região.

> Vejo, defendo e profetizo na área desta Comissão sete polos de industrialização regional, um em cada estado-membro (...) planificados para se completarem e apoiarem, aproveitando e servindo-se das circunstâncias e dos fornecimentos locais, valorizando o homem e a região, utilizando o gigantismo benéfico e já então disciplinado de um dos seus rios.

---

31 Entrevista disponível em Gardin, 2002.
32 Portaria MME Nº98 de 25 de abril de 1963.
33 CONFERÊNCIA dos Governadores, 9ª, 23 e 24 de novembro de 1963, Cuiabá-MT. Ata... Cuiabá, 1963.
34 CONFERÊNCIA, 1963.

É a partir da 9ª Conferência dos Governadores que detectamos uma virada na concepção de desenvolvimento regional da CIBPU. Em primeiro lugar, a região não é mais considerada a bacia hidrográfica Paraná-Uruguai, mas a "região centro-sul". Em segundo lugar, o desenvolvimento e a elevação do nível de vida da população não considera mais território como um todo, integrando as áreas rurais e urbanas, mas os "polos de desenvolvimento" baseados no processo de industrialização dos centros urbanos.

A concepção dos polos de desenvolvimento e suas vertentes no Brasil

Para Andrade,[35] a concepção de polos de desenvolvimento foi elaborada no Brasil a partir da entrada e aceitação da concepção de "polos de crescimento" na realidade de um país subdesenvolvido. O crescimento econômico, na realidade subdesenvolvida passa a ser formulado como sinônimo de desenvolvimento, associação esta que repercutirá em toda uma crítica nos anos 1970 mobilizada pela publicação do estudo *The Limits to Growth* pelo Clube de Roma, e trazida à luz no Brasil pela publicação de Celso Furtado, o *Mito do Desenvolvimento Econômico*.

A análise dos trabalhos desenvolvidos pela CIBPU a partir da gestão de Adhemar de Barros revela a intensificação da concepção da macroeconomia e a mobilização das duas "escolas" de pensamento econômico como apresentadas no trabalho de Diniz, a escola francesa de Perroux e a escola americana de Walter Isard.[36]

A primeira "escola", de origem francesa, é a linha desenvolvida por François Perroux e parte da noção das relações econômicas entre centros produtores e desenvolve a concepção de polos de crescimento a partir de uma empresa motriz. Para Diniz, na sua concepção de empresa motriz, Perroux havia recebido forte influência de Schumpeter, com o conceito de inovação, já que ele havia traduzido, em 1935, a *Teoria do Desenvolvimento Econômico*, de Schumpeter, do alemão para o francês. O conceito de "dominação" e de "polo de crescimento" levaram Perroux à concepção das diferentes naturezas do espaço, com sua ideia de espaço homogêneo, espaço polarizado e espaço plano.[37]

---

35   ANDRADE, Manuel Correia de. *Espaço, polarização e desenvolvimento*. São Paulo: Grijalbo, 1977
36   DINIZ, 2009.
37   *Ibidem..*

A concepção de espaço econômico, ou seja, como campo de forças, é a mais importante, porque dá lugar à noção de polo de crescimento. Em suas palavras,

> como campo de forças, o espaço econômico é constituído por centros (polos ou sede) de emanação de forças centrífugas e recepção de forças centrípetas. Cada centro, que é ao mesmo tempo centro de atração e de repulsa, tem o seu próprio campo, que é invadido pelos campos de outros centros. Sob esse aspecto, um espaço vulgar qualquer é receptáculo de centros e pontos de passagem de forças. (...) Nesse processo, determina-se a zona de influência econômica, ligada ou não à zona de influência topográfica[38]

A preocupação principal de Perroux, através da identificação de polos de crescimento, é demonstrar que a expansão econômica não se dá de maneira equilibrada e homogênea no território:

> O fato, rudimentar mas consistente, é este: o crescimento não surge em toda parte ao mesmo tempo; manifesta-se com intensidades variáveis, em pontos ou polos de crescimento; propaga-se segundo vias diferentes e com efeitos finais variáveis no conjunto da economia[39]

Em meio a esse processo de crescimento na desigualdade, pode-se observar que está presente a ideia de dominação, no sentido de que o desenvolvimento vai se dar às custas de uma diferenciação de influências, ou seja, as atividades principais vão dominar, com sua racionalidade própria, as demais, provocando um quadro heterogêneo.[40]

Essas noções de espaço, sem contiguidade geográfica, foram adaptadas por Jacques Boudeville (1969), com a concepção de região homogênea, região polarizada e região-plano (ou região programa). A região homogênea, na percepção de Boudeville (1973), é a mais simples e a mais conhecida dos geógrafos. Consiste num "espaço contínuo, cada uma de cujas partes constituintes apresenta características tão semelhantes quanto possível às da outra"[41] Esse tipo de região é inspirado num estudo morfológico que serve como instrumento estático de análise. As regiões que mais facilmente podem

---

38 PERROUX, François. *A economia d o século XX*. Porto: Herder, 1967. p.151

39 PERROUX, 1967, p.164

40 BREITBACH, Áurea Corrêa de Miranda. *Estudo sobre o conceito de região*. Porto Alegre, Fundação de Economia e Estatística Siegfried Emanuel Heuser, 1988.

41 BOUDEVILLE, Jacques. *Os espaços econômicos*. São Paulo: Difel, 1973. p.13.

se adequar a esse conceito são as de base agrícola devido à continuidade, à homogeneidade e à ausência de desequilíbrio, características componentes desse tipo de região.

Em segundo lugar, e em oposição à região homogênea, Boudeville apresenta a região polarizada, que se define como "um espaço heterogêneo cujas diversas partes são complementares e mantêm entre si, e particularmente com o polo dominante, um intercâmbio maior do que o estabelecido com a região vizinha".[42] Estão, portanto, presentes as noções de interdependência e de desigualdade, nesse conceito, em estrita correspondência com as ideias de Perroux já apresentadas. A região polarizada se expressa num meio urbano em que as atividades industrial e comercial preponderam e irradiam fluxos de troca de bens e serviços com o campo e cidades satélites que se encontram sob a influência do polo.

A chamada região-plano, terceira na classificação de Boudeville, constitui-se num "(...) espaço contíguo de uma mesma decisão, como as filiais dependem de uma matriz. Representa um instrumento colocado nas mãos de uma autoridade, sediada ou não na região, a fim de que seja atingida uma meta econômica determinada".[43] A região-plano apresenta uma especificidade em relação às duas anteriores, que é a de se constituir num resultado do arbítrio, algo deliberado; é um conceito cujas características não são provenientes da realidade em si, pois ele não visa interpretar, descrever ou compreender essa realidade. O conceito de região-plano tem um caráter operacional que expressa um espaço submetido a uma decisão.

Esse quadro teórico serviu de base e critério para diversos trabalhos de regionalização do território e para o estabelecimento de políticas regionais no Brasil.[44] Vale destacar, que Jacques Boudeville, discípulo de Perroux e responsável pela aplicação e desenvolvimento da teoria elaborada pelo mestre, passa três anos no Brasil para desenvolver um estudo sobre a implantação de uma indústria siderúrgica no Estado de Minas Gerais e a possibilidade de transformação de Belo Horizonte num polo industrial, sob a concepção de polos de crescimento de Perroux. Esse trabalho, publicado em 1957 sob o título *Contribution à l'étude des pôles de croissance brésiliens: une industrie motrice, la sidérurgie du Minas Gerais*, foi outro estudo precursor de polarização no Brasil.[45]

---

42 BOUDEVILLE, 1973. p.14.

43 BOUDEVILLE, 1973. p.17.

44 DINIZ, Clélio Campolina Celso Furtado e o desenvolvimento regional. *Nova Economia.* 19 (2), maio-agosto de 2009 Belo Horizonte. p. 227-249

45 BOUDEVILLE, Jaqcques R. "Contribution à l'étude des pôles de croissance brésiliens: une industrie motrice, la sidérurgie du Minas Gerais." *Cahiers de l'Institut de science économique appliquée,* nº 10.

Em 1964, Boudeville retorna ao Brasil a convite de Fernando Roquette Reis, por meio do recém-criado Banco de Desenvolvimento de Minas Gerais (BDMG), para realizar um novo trabalho sobre polarização em Minas Gerais. Em 1965, Fernando Reis e sua equipe no BDMG organizaram o *1º Congresso Brasileiro de Desenvolvimento Regional*, em Araxá, que contou com participantes de várias regiões do Brasil, de representações de instituições internacionais, cabendo destacar a ativa participação do prof. Antônio Delfim Neto, então diretor do DPES da CIBPU.

A segunda escola constitui a chamada "ciência regional", sob a liderança de Walter Isard. Essa "escola" trabalhou com a noção de modelos de equilíbrio, e com ênfase no papel dos custos de transporte, em mercados concorrenciais, desenvolvendo, paralelamente, um conjunto de técnicas de análise regional, entre as quais os modelos de insumo-produto, noções sintetizadas na publicação de 1960 *Methods of regional and inter regional analysis* de Isard, trabalho de repercussão mundial. Em 1954 Walter Isard cria a Associação de Ciência Regional (Regional Science Association), que no início colocou em contato economistas e geógrafos que estavam interessados em suas formulações teóricas, mas logo se transformou em uma instituição internacional com seus próprios programas acadêmicos.[46]

A escola americana é desdobramento das teorias da localização Johann Heinrich Von Thünen e do geógrafo alemão Walter Christaller. Von Thünen (1783-1850) é considerado o pioneiro das teorias de localização das atividades econômicas na incorporação da dimensão propriamente espacial da produção, até então desconsiderada, relacionada ao custo de transporte, distância do mercado, etc.[47]

Christaller formulou os conceitos de centralidade, região complementar e hierarquia que compõem os alicerces de sua *Teoria do Lugar Central*. Para Christaller, a cidade deve ser o centro da região. Entretanto, o que caracteriza a centralidade não é unicamente uma posição geométrica no centro de um círculo, mas sim um conjunto de funções centrais, definidas num sentido mais abstrato. Trata-se da oferta de bens e serviços que tem necessidade de se localizar centralmente, como comércio, serviços bancários, administração pública, serviços culturais e religiosos, etc. Os estudos de

---

Paris: I.S.E.A., 1957. Citado por ANDRADE Manuel Correia. *Espaço, polarização e desenvolvimento.* 5ª ed. São Paulo: Atlas, 1987. p.105

46 FRIEDMAN, J., & WEAVER, C. *Territory and fuction: the evolution of regional planning.* Berkeley: University of California Press, 1979

47 DINIZ, C. C. Celso Furtado e o desenvolvimento regional. Nova Economia 19: 227-249, 2009

Christaller foram desenvolvidos na década de 1920-30 culminando com a publicação de seu livro *Die Zentralen Qrte in Süddeutschland*, em 1933.[48]

Embora as "escolas" francesa e americana partissem de proposições teóricas e analíticas distintas, a ideia de relações interindustriais ou insumo-produto, como elemento central no processo de desenvolvimento regional, é ponto comum.[49] Outro ponto em comum entre elas é a abstração dos fatores sociais em detrimento da pura configuração espacial, ponto este destacado por Friedmann[50] como uma influência da vertente francesa sobre a escola americana a partir de uma conferência de Perroux em Harvard no ano de 1949. Segundo Friedmann,[51] a conferência não teve ampla repercussão no meio acadêmico, exceto para Isard, que havia sido capaz de compreender o sentido do discurso de Perroux sobre o "espaço econômico abstrato". Diniz[52] critica a compreensão do conceito de região a partir da abstração do sistema social, pois a formulação de leis de caráter universal não leva em conta o condicionamento histórico do objeto que pretende estudar.

A CIBPU e a formação para o planejamento econômico: o curso "dos americanos"

A formação de quadros técnicos para o planejamento regional na CIBPU era uma questão que estava presente desde sua criação. A indicação inicial presente no estudo elaborado pela SAGMACS de 1954 para a formação de um corpo de planejadores regionais na CIBPU era a criação de um curso de Planejamento Regional na Faculdade de Arquitetura e Urbanismo da Universidade de São Paulo (FAUUSP). Através deste curso poderiam ser formados os profissionais responsáveis por planejar o desenvolvimento físico, social e econômico do vale do Paraná-Uruguai. No entanto, este curso

---

48　DINIZ, C. C. "Celso Furtado e o desenvolvimento regional". *Nova Economia*, vol. 19, 2009, p. 227-249.

49　*Ibidem*.

50　FRIEDMAN, J., & WEAVER, C. *Territory and fuction: the evolution of regional planning*. Berkeley: University of California Press, 1979

51　*Ibidem*.

52　DINIZ, C. C. "Celso Furtado e o desenvolvimento regional". *Nova Economia*, vol. 19, 2009, p. 227-249.

foi oferecido apenas em 1979, após a extinção da CIBPU, em nível de especialização, organizado pelos professores Lauro Birkholz e Brenno Ciryno Nogueira.

Na CIBPU, a formação de planejadores se inicia nos anos 1960, no âmbito da economia, a partir das teorias e concepções de polarização do espaço trazidas para a CIBPU em 1966 através do Curso de Planejamento Regional, ou do chamado "curso dos americanos".

Foram formalizados dois convênios com a Faculdade de Economia e Administração da Universidade de São Paulo (FEA-USP) para cursos de formação especializada em Planejamento Regional e Economia Regional destacando-se o Curso de Planejamento Regional, realizado em 1966, organizado pelo prof. Delfim Netto. O convênio foi promovido pela United States Agency for International Development (Usaid), que trouxe professores norte-americanos para colaborarem com a FEA, assim como para outros cursos semelhantes, como o que ocorreu na Fundação Getúlio Vargas, do Rio de Janeiro, sob a liderança de Mário Henrique Simonsen.

A FEA havia criado o Instituto de Pesquisas Econômicas (IPE), que na época, era um instituto voltado para atividades de pesquisa e para o desenvolvimento do curso de pós-graduação em Economia, com alunos em regime de tempo integral, selecionados nacionalmente em exame para essa finalidade, sustentados com bolsas de estudos e conduzidos inicialmente ao mestrado, depois de cumprir uma carga de créditos e preparar uma dissertação.[53]

As atividades do IPE desembocaram na criação da Fundação Instituto de Pesquisas Econômicas (FIPE) no início dos anos 70, novamente com grande apoio de Delfim, já então no governo.[54] No final do governo Goulart, foi fundada a Associação Nacional de Programação Econômica e Social (ANPES), com o objetivo de "realizar estudos para o desenvolvimento de planos para governos futuros" e que abriria o caminho, a partir de 1964, para o desenvolvimento crescente (e também consciente) de estruturas de planejamento governamental no Brasil.[55]

O Curso de Planejamento Regional realizado em 1966 foi promovido pela CIBPU em parceria com a Universidade de São Paulo, o Ministério do Planejamento, o Regional Science Research Institute/ University of Pennsylvania e financiado pelo

---

53   MACEDO, Roberto. "Antonio Delfim Netto". *Estudos Avançados*. São Paulo, vol. 15, n. 43, 2001
54   MACEDO, 2001.
55   LOUREIRO Maria Rita (Org.). *50 Anos de Ciência Econômica no Brasil: pensamento, instituições, depoimentos*. Petrópolis: Vozes, 1997, p. 213.

Banco Interamericano de Desenvolvimento (BID).[56] Foi ministrado em formato de extensão universitária por um grupo de professores e pesquisadores norte-americanos, entre eles, Walter Isard e John Friedmann. Isard era vinculado à National Science Foundation and Resources for the Future Inc. Friedmann era professor assistente do Massachusetts Institute of Technology (M.I.T), havia sido membro da Divisão de Estudos Regionais da TVA, consultor da Ford Fundation no Chile e prestava assessoria em planejamento regional ao Brasil.

A realização do Curso de Planejamento Regional abria também a oportunidade aos alunos de realização de doutorado no exterior, e foi responsável pela formação da nova geração de professores do Departamento de Economia ao longo da década de 1970, os quais, nos anos seguintes, chegaram aos cargos de professor titular, com a aposentadoria dos antigos catedráticos.

O curso acaba sendo uma possibilidade de atuação no momento em que a CIBPU estava bastante enfraquecida com a centralização política em nível federal. É um momento em que não ocorre mais as Conferências dos Governadores e é reduzida a participação dos estados nas reuniões. Por outro lado, é destacado, na última reunião Conselho Deliberativo, o papel da CIBPU na formação de quadros técnicos no país, destacando Delfim Netto, que iniciou sua carreira na CIBPU e estava comandando o Ministério da Fazenda em 1972.

A CIBPU no I Seminário Nacional sobre Polos de Desenvolvimento em Recife

As experiências brasileiras utilizando o conceito de polos de desenvolvimento foram apresentadas no I Seminário Nacional sobre Polos de Desenvolvimento, realizado de 18 a 22 de setembro de 1966 em Recife, e promovido pela Superintendência de Desenvolvimento Regional do Nordeste (SUDENE) em parceria com a Universidade Federal de Pernambuco. Este seminário tinha por objetivo discutir a aplicação da teoria dos "polos de crescimento" no contexto do subdesenvolvimento procurando formular um "modelo simplificado de desenvolvimento regional". Para isso, foram convocados, para o debate e para as conferências, profissionais de diversas áreas de atuação representando universidade, empresas de consultoria e órgãos públicos. O geógrafo Michel

---

56 Contratos e convênios efetuados pela CIBPU. Fundo CIBPU, caixas 1 a 9; Atas das reuniões ordinárias do Conselho Deliberativo da CIBPU.

Rochefort, da Universidade de Paris, promoveu a conferência "A concepção geográfica da polarização regional".[57]

Entre os profissionais participantes do seminário destacam-se geógrafos, arquitetos e economistas. Entre as instituições participantes estão a CIBPU e a SUDENE como órgãos regionais, a UFP e a USP representando a universidade, além do economista prof. Fernando Rios como representante do Banco de Desenvolvimento de Minas Gerais e a profª. Lysia Bernardes representando o Conselho Nacional de Geografia.

O Seminário foi aberto pela CIBPU com a apresentação do trabalho "Os polos de desenvolvimento industrial da CIBPU e o planejamento regional" pelo técnico Ernesto Groth. O trabalho apresentava os estudos que vinham sendo desenvolvidos neste órgão. Ele constituía na apresentação da política de seleção de polos existentes em potencial que deveriam ter suas funções intensificadas nos vários estados da Bacia Paraná-Uruguai, ou seja, estudos para definição dos centros urbanos mais adequados para receber os Distritos Industriais. O trabalho foi debatido pelos arquitetos Luis Carlos Costa, diretor adjunto da SAGMACS, por Expedito Fonseca e o economista Dirceu Pessoa, ambos da SUDENE.[58]

O arquiteto Luis Carlos Costa apresentou no Seminário o artigo "Notas para uma conceituação sobre polos de desenvolvimento", e foi responsável pela reorientação da concepção dos trabalhos da SAGMACS, incorporando a noção dos polos de desenvolvimento. Esta reorientação pode ser vista no estudo *Papel das áreas polarizadas em um caso de Planejamento regional* – que apresenta o Plano de Desenvolvimento do Paraná, elaborado pela SAGMACS em 1963 em conjunto com o governo daquele estado.[59] Ou seja, mesmo considerando uma dissolução da SAGMACS através da saída de seus principais membros no início do período militar apontada pelo estudo de Ângelo,[60] a instituição ainda permanece ativa nos debates em torno da questão do desenvolvimento, sendo convidada a ter representatividade neste Seminário.

Segundo o geógrafo Manuel Correia de Andrade, que participou do Seminário representando a UFPe, foram distribuídas cópias de importantes contribuições da teoria da polarização dos autores François Perroux, Walter Isard e Thomas Reiner, Jacques Boudeville e Luis Carlos Costa aos participantes visando a difusão destes métodos para

---

57 ANDRADE, 1987.
58 ANDRADE, 1987.
59 ANDRADE, 1987.
60 ÂNGELO, 2010.

sua aplicação no Brasil. Entre as conclusões do evento está a recomendação para que "os organismos que participaram do presente Seminário prossigam em seus esforços no sentido de estudar e definir polos de desenvolvimento cujos resultados deverão ser divulgados e posteriormente discutidos em futuros encontros".[61]

Os Planos de Industrialização Regional (PIR's) da CIBPU

A partir de 1964, no contexto dos governos militares, os estudos regionais focados na relação industrialização e urbanização, na rede urbana e nos polos de desenvolvimento, se inserem na estrutura governamental. Tais estudos, que já vinham sendo desenvolvidos em outros órgãos, como a CIBPU, passam a obter incentivos federais. O Ministério do Planejamento e Coordenação Econômica conduzido por Roberto Campos solicita uma análise do arcabouço urbano do Brasil com o objetivo de determinar os polos de desenvolvimento, que é realizado pelo IBGE em convênio com o EPEA[62] em 1966.

Neste mesmo ano o DPES/CIBPU realiza o estudo *Análise do centro-sul como região* em colaboração com o EPEA, que oficializa nos trabalhos da CIBPU o "enfoque de rede de cidades", agora realizados no interior do órgão por técnicos do próprio departamento. Para a elaboração do estudo, foram contratados economistas como funcionários efetivos da CIBPU que permaneceram no órgão até sua extinção. Em entrevista, o prof. Added, ex-membro da CIBPU, revela que a equipe de economistas era constituída por ex-alunos da FEA-USP que estavam iniciando suas carreiras.[63]

O trabalho sob essa concepção da CIBPU foi elaborado pela equipe de economistas do DPES com a coordenação geral do diretor do depto. Antonio Delfim Netto abordando alguns aspectos do diagnóstico do Plano Decenal. Cada economista do DPES da CIBPU era responsável pela análise de um setor específico, sendo eles: Akihiro Ikeda responsável pela análise populacional, Carlos Viacava pela agricultura, Hilton Liviero Pezzoni pelo setor da pecuária de corte, Paulo Yokota pela análise do se-

---

61 Conclusões e recomendações do I Seminário sobre polos de desenvolvimento citado em ANDRADE,1987.

62 O Escritório de Pesquisa Econômica Aplicada (EPEA), foi criado em 10 de setembro de 1964, e teve como coordenador técnico o ex-ministro do Planejamento, João Paulo dos Reis Velloso. Em 1967 o escritório se torna instituto (IPEA) Fonte: http://www.brasil.gov.br.

63 CIBPU *Análise do centro-sul como região*. São Paulo: CIBPU/DPES, 1966.

tor industrial, Raul Czarny e José Roberto Mendonça de Barros responsáveis pela análise do saneamento Urbano, Nelson Mortada pelo setor de energia elétrica e Abdalla Added pelo transporte ferroviário.

Em abril de 1963, deu-se início à elaboração do Plano de Industrialização Regional (PIR) com o objetivo de identificar os centros urbanos capazes de, com incentivos, evoluírem e dinamizarem a região sob a sua área de influência. A estrutura do PIR foi apresentada pelo prof. Delfim Netto ao Conselho Deliberativo, em maio do mesmo ano, que explicou aos conselheiros que o objetivo principal deste plano seria a análise das possibilidades de investimento na região da CIBPU para a iniciativa privada e a elaboração de pré-projetos industriais.[64] O plano foi aprovado por unanimidade e, a partir de então, o corpo de economistas do DPES passou a analisar detalhadamente a economia de cada estado. O PIR foi elaborado no interior do Departamento de Planejamento Econômico e Social e seus resultados foram divulgados no *I Seminário de Nacional sobre Polos de Desenvolvimento* em Recife. Foram analisados os sete estados-membros da CIBPU.

Figura 33 – Capa de um dos 7 volumes do PIR. Fonte: Fundo CIBPU.

Os trabalhos para a elaboração do PIR iniciaram-se, por um lado, com um levantamento bibliográfico sobre os diversos setores da economia de cada estado-membro e, por outro lado, com seminários internos sobre a concepção a ser utilizada. Os seminários se basearam em dois trabalhos de François Perroux – *A empresa motora em uma região e*

---

64 CIBPU. Ata da 75ª REUNIÃO do Conselho Deliberativo realizada em 31 de maio de 1963.

a região motora e *Considerações em torno da noção de polo de crescimento* – e no trabalho do prof. Jorge Ahumada – "Notas sobre o Problema de Desenvolvimento Regional".[65] Para Delfim Neto, esta metodologia serviu para unificar a forma de abordagem dos problemas econômicos por parte de todos os integrantes do DPES. Através de Delfim Neto, a concepção de polos de crescimento, que neste momento se encontrava em plena difusão, é levada para o interior da CIBPU e para o cerne dos trabalhos do DPES.

No entanto, no relatório de 1963 da CIBPU, Delfim Neto utiliza a concepção de polo de desenvolvimento para identificar as áreas a serem selecionadas pelo estudo. O estudo tinha como objetivo selecionar as cidades que vinham crescendo a taxas mais elevadas e que, com incentivos, elas taxas se acelerariam mais facilmente. A técnica utilizada para a aceleração do crescimento das cidades do interior passa a ser a implantação de distritos industriais em cidades que já possuíam alguma infraestrutura e que apresentavam condições mais favoráveis ao desenvolvimento industrial. O lema era "desenvolver primeiro o já desenvolvido". Nesse sentido, o foco do planejamento passa a ser a rede urbana, e o desenvolvimento regional passa a ser entendido como produto da industrialização.[66] Neste momento o crescimento acelerado da metrópole de São Paulo já se colocava como um problema de grandes proporções.

Através do PIR, foram selecionadas algumas cidades que poderiam funcionar como polos de desenvolvimento dos estados componentes da bacia e que deveriam ser alvo de projetos para o financiamento da industrialização. Os critérios utilizados foram a existência de infraestrutura, mercado consumidor, disponibilidade de matéria-prima e grau de amadurecimento industrial. Foram selecionadas as seguintes cidades: Caxias do Sul, Santo Ângelo ou Santa Rosa (RS), Blumenau (SC), Ponta Grossa e Londrina (PR), Campo Grande (MT), Goiânia e Anápolis (GO), Uberlândia e Varginha (MG) e Presidente Prudente (SP) (Figura 34).

No período de 1966 a 1972, foram encontradas informações nos arquivos pesquisados sobre o desenvolvimento de projetos de distritos industriais para dois polos de desenvolvimento selecionados pelo PIR – os projetos do distrito industrial de Varginha e do distrito industrial de Presidente Prudente –, ambos elaborados através

---

65 CIBPU. Relatório do Exercício de 1963.
66 CIBPU, 1964.

de um convênio com o Centro de Pesquisas e Estudos Urbanísticos da Universidade de São Paulo (CPEU-USP) e coordenados pelo prof. Brenno Ciryno Nogueira.[67]

● POLOS DE DESENVOLVIMENTO SELECIONADOS

Figura 34 – Localização dos polos de desenvolvimento selecionados pelo PIR.
Fonte: elaboração própria a partir de dados dos Relatórios do PIR.

Com a incorporação da concepção dos polos de desenvolvimento, que tem a cidade como centro da região, e consequentemente, da noção de rede urbana, no Brasil houve uma possibilidade de aproximação entre o planejamento urbano e regional que

---

67 Contratos e convênios efetuados pela CIBPU. Fundo CIBPU, caixas 1 a 9. Atas das reuniões ordinárias do Conselho Deliberativo da CIBPU

estavam sendo desenvolvidos historicamente até os anos 1950 a partir de duas diferentes especializações. Os planejadores urbanos, formados por engenheiros e arquitetos e urbanistas, que se votavam a criar novas cidades ou controlar o processo de urbanização e de expansão urbana dos núcleos já existentes, e os planejadores regionais, engajados a resolver problemas do desenvolvimento econômico e de aproveitamento dos recursos.

Mas se houve uma aproximação entre planejamento urbano e regional, houve ao mesmo tempo, um distanciamento entre o urbano e o rural, ou seja, uma outra fragmentação do espaço regional a partir de sua característica territorial. Para Friedman, o planejamento regional – no sentido de desenvolvimento dos recursos e econômico – que não considera o papel das cidades, que não considera o *core* do progresso econômico, não é efetivo. Do mesmo modo o planejador urbano não pode desconsiderar o caráter da região da cidade e todo seu "hinterland" que circunda os núcleos urbanos.

Para Friedmann,[68] a conceito de polos de crescimento foi vulgarizado e houve uma grande confusão na aplicação prática do conceito nas estratégias de planejamento regional. Para ele, o significado tem se diluído entre os profissionais de planejamento e frequentemente tem chegado a significar um pouco mais que "uma política de urbanização selecionada", ou utilizando o termo de Lloyd Rodwin, uma política de "descentralização concentrada". Nesse sentido para o autor, os defensores da estratégia dos polos de crescimento foram acusados de estar secretamente indo contra ao progresso rural e de favorecer os processos gêmeos de industrialização e de urbanização com exclusão do desenvolvimento de outros setores.

No entanto, Friedmann[69] entende as questões rurais e urbanas como independentes e, em sua opinião, o desenvolvimento agrícola exige certas medidas que não entram em conflito essencial coma estratégia proposta, mas pelo contrario, estas podem colaborar no mutuo desenvolvimento rural e urbano. Para o autor, a estratégia de polos de crescimento favorece claramente o desenvolvimento rural e agrícola através, por exemplo, da criação de novos mercados para os alimentos e matérias primas e da introdução de novos métodos para aumentar a produtividade da mão de obra agrícola. Por outro lado, alerta que a estratégia de ativação de novos polos de crescimento que deixe de lado as áreas rurais é mais custosa para a sociedade que uma estratégia que visa atingir metas estabelecidas em ambas as áreas.

---

68   FRIEDMANN, J. "La estratégia de los pólos de crescimento como instrumento de La política de desarollo". In: PERROUX, F.; FRIEDMAN, J.; TINBERGEN, J.. *Los polos de dasorrollo y la planificación nacional, regional e urbana*. Buenos Aires: Ediciones Nueva Visión, 1969.

69   *Ibidem*.

Considerações Finais

Este trabalho buscou contribuir para a historiografia do planejamento regional no Brasil com a compreensão das ideias que permearam uma instituição pouco conhecida e muito pouco estudada. No contexto de formação do planejamento no Brasil, a CIBPU possui a particularidade de ter sido formalizada a partir de um consórcio interestadual, possuindo gestão compartilhada entre os estados-membros e a participação de todos eles nas decisões para o planejamento e as diretrizes para sua atuação. Se a forma consorciada de atuação manteve a autonomia da CIBPU em relação à centralização das decisões em nível federal, por outro lado, criou-se um outro tipo de centralização, que se definiu pela diferença na composição dos recursos na instituição e que foi capitaneada por São Paulo, o maior contribuinte. Isso reflete no fato da CIBPU se constituir numa instituição de características e interesses regionais, mas conduzida por paulistas.

Se avaliarmos a CIBPU sob o ponto de vista de sua efetividade, podemos verificar que grande parte das metas que estavam previstas para o órgão foi cumprida, considerando sua atribuição como órgão de estudos e planejamento do desenvolvimento regional. É verdade que ao longo de sua trajetória de vinte anos, as condições políticas, econômicas e sociais se modificaram e junto a estas modificações, a própria CIBPU se modificou em relação à estrutura, à atuação, à concepção de desenvolvimento e de região, como resultado de uma auto-revisão do órgão em seu contexto.

Na CIBPU se processa também um deslocamento da própria estrutura do órgão. No início de sua atuação, o órgão apresenta estrutura reduzida, priorizando os convênios e contratos para realização dos trabalhos. A partir dos anos 1960, a CIBPU investiu na formação de quadros técnicos, seja através da ampliação de sua estrutura interna – o Escritório Técnico – seja através de cursos de formação para o planejamento.

Isso interfere no deslocamento das concepções que são mobilizadas pelo órgão, que passa de uma concepção de planejamento de vale para os polos de desenvolvimento, questão central desta tese. A região unitária, como era chamada, passa a ser pensada através de uma rede de cidades articulada por fluxos que podem ser as vias de transporte, a comunicação e as trocas de mercado.

Embora se consiga detectar as entradas e a mobilização de diferentes concepções de região, de desenvolvimento e de planejamento e seu deslocamento ao longo do tempo, tais ideias ocorreram na instituição de forma imprecisa, a partir da maior ou menor força dos agentes envolvidos, como um permanente debate e não como um consenso. Estas imprecisões permitiram uma flexibilidade no órgão que permitiu sua permanência ao longo de 20 anos, consolidando suas ações no desenvolvimento da região nos anos 1950 e 1960.

Se procurarmos nos arquivos da CIBPU por um plano abrangente, não iremos encontrá-lo, pois nunca houve um documento desse tipo. Não foi contratada uma empresa para a elaboração de um plano regional e não houve um setor, na própria CIBPU, responsável pela elaboração deste documento. O que não significa que não houve planejamento. Na atuação da CIBPU, o planejamento não está desvinculado da ação, e constitui um processo contínuo.

Mas da mesma forma que não houve um "plano" para a CIBPU, não houve também uma delimitação precisa de sua região de planejamento por meio de uma lei ou um documento. Os limites permaneceram imprecisos ao longo da trajetória da CIBPU, e esta imprecisão possibilitou seu deslocamento em função das transformações processadas nas ideias e no território, das alterações dos objetivos ou mesmo do deslocamento do perfil de atuação do órgão.

Outra questão que queremos destacar nestas conclusões se refere ao debate de a CIBPU constituir ou não uma instituição de planejamento regional. Diante de todo o exposto ao longo do trabalho, percebe-se que a CIBPU se inicia a partir de uma política de criação de órgãos de planejamento regional no Brasil, mas por outro lado, constitui-se ao longo de sua trajetória como um órgão de estudos e projetos para o desenvolvimento regional. Vale ressaltar que no inicio dos anos 1950 o planejamento estatal estava associado às experiências soviéticas e o modelo liberal da TVA, como uma agencia de desenvolvimento, é a referencia utilizada para a criação da CIBPU.

A mobilização pela CIBPU do conceito de planejamento integral de bacias hidrográficas vinculado à experiência norte-americana se relaciona, ainda, à repercussão que a Tenesse Valley Authority tem no meio profissional e político brasileiro, além de que este passa a ser o modelo difundido no pós-guerra pelos organismos internacionais. Mas uma especificidade que adquire a CIBPU foi os vínculos construídos com o

Movimento Economia e Humanismo, vinculo este que teve como grande articulador o governador Lucas Garcez e que associa ao planejamento dos recursos naturais a concepção humanista de desenvolvimento.

A partir de 1955, a concepção de polos de desenvolvimento adquire relevância nos documentos da CIBPU. Inicia-se uma nova etapa na trajetória das ideias do órgão que se consolida nos anos 1960 que se relaciona com a conjuntura político-econômica deflagrada com a eleição de Juscelino Kubitschek para a presidência da república, que passa a focar a descentralização industrial e urbana através dos polos de desenvolvimento e do Plano de Metas, tendo como meta síntese a construção de Brasília. A virada na concepção de planejamento na CIBPU nos anos 1960 reduziu o escopo de sua atuação, passando a focar especificamente no urbano e no industrial e na geração de energia elétrica hidrelétrica.

Além disso, a CIBPU teve ampla participação no desenvolvimento do campo da engenharia hidráulica, como promotora da interlocução entre empresas nacionais emergentes e estrangeiras, e no campo do planejamento regional, na formação de profissionais planejadores e técnicos em parceria com Universidade e centros de pesquisa.

O patrimônio da CIBPU foi partilhado entre os estados membros na ocasião de sua extinção e a parte paulista deu origem à Fundação para o Desenvolvimento Administrativo (FUNDAP) em 1972 (Lei nº 10 d e18 de setembro de 1972), que deu continuidade a CIBPU no que se refere às atividades de formação e o aperfeiçoamento de técnicos e planejadores e na a prestação de assistência técnica.

BIBLIOGRAFIA

ALMEIDA, Roberto Schimidt de. "O IBGE e a evolução da idéia de desenvolvimento". *Revista Geográfica*, Rio de Janeiro, jul./dez. 1994.

ALMEIDA, Rômulo. "Experiência Brasileira de Planejamento, Orientação e Controle da Economia". *Estudos Econômicos*, ano 1, n. 2, jun. 1950.

ANDRADE, C. R. M.. "A circulação transatlântica da ideia de cidade jardim: as referências teóricas dos urbanistas brasileiros na primeira metade do século XX". In: SALGADO, Ivone; BERTONI, Ângelo (org.). *Da construção do território ao planejamento das cidades: competências técnicas e saberes profissionais na Europa e nas Américas (1850-1930)*. São Carlos: RiMa; Fapesp, 2010, p. 27-33.

ANDRADE, C. R. M. "Camillo Sitte, Camille Martin e Saturnino Brito: traduções e transferências de ideias urbanísticas". In: RIBEIRO, L.C. de Q., PECHMAN, R. (orgs.). *Cidade, povo e nação. Gênese do urbanismo moderno*. Rio de Janeiro: Civilização Brasileira, 1996.

ANDRADE, C. R. M. "Novo Arrabalde: o desenho de um novo modo de vida". In: LEME, M. C. da S. (Org.). *Urbanismo no Brasil 1895-1965*. São Paulo: FUPAM/ Studio Nobel, 1999.

ANDRADE, Manuel Correia. *Espaço, polarização e desenvolvimento*. 5ª ed. São Paulo: Atlas, 1987.

ÂNGELO, Michelly Ramos. *Les développeurs: Louis-Joseph Lebret e a SAGMACS na formação de um grupo de ação para o planejamento urbano no Brasil*. São Carlos: EESC-USP, 2010.

ANHAIA MELLO, Luiz de. "Urbanismo... esse desconhecido". *Revista Brasileira dos Municípios*, ano V, nº 18, abr./jun. 1952, p. 177-190.

BARRETO, William de Miranda. *Eletrobrás: o embate por trás de sua criação*. Dissertação (Mestrado) – FGV, Rio de Janeiro, 2010.

BAUMANN, Renato. *Integração regional e desenvolvimento econômico – com referência a Celso Furtado*. Seminário "Celso Furtado e o Século XXI", Instituto de Economia da UFRJ, Rio de Janeiro: CEPAL/UFRJ, 2005.

BENEVIDES, Maria Victoria. *O governo Kubitschek: desenvolvimento econômico e estabilidade política (1955-1961)*. Rio de Janeiro: Paz e Terra, 1976.

BEZZI, Meri Lourdes. *Região: uma (re) visão historiográfica – da gênese aos novos paradigmas*. Tese (Doutorado) – UNESP, Rio Claro, 1996.

BIANCHINI, Odaléa da Conceição Deniz. *A Companhia Matte Larangeira e a ocupação da terra do sul de Mato Grosso (1880-1940)*. Campo Grande: Editora da UFMS, 2000.

BIELSCHOWSKY, Ricardo Alberto. *Cinquenta anos de pensamento na CEPAL*. Rio de Janeiro: Record, 2000.

BOMFIM, Elizabeth de Melo. "O homem no Vale do São Francisco: um legado de Donald Pierson às ciências humanas e sociais no Brasil". *Psicologia Social*. Porto Alegre, n. 1, v. 18, abr. 2006.

BONNECASE, Vincent. PAUVRETÉ AU SAHEL. *La construction des savoirs sur les niveaux de vie au Burkina Faso, au Mali et au Niger (1945-1974)*. Tese (Doutorado) – Université de Paris, Paris, 2008.

BOUDEVILLE, Jacques R. "Desenvolvimento polarizado e planejamento regional". *Boletim Geográfico*. Rio de Janeiro, v. 32, n. 237, nov./dez. 1973, p. 5-15.

BOUDEVILLE, Jacques. *Os espaços econômicos*. São Paulo: Difel. 1973.

BOUDEVILLE, Jacques-R. *Un modelé de croissance polarisée fondé sur le complexe agricole du Rio Grande do Sul*. Caravelle. Toulouse, 1965.

BOUDEVILLE, Jaqcques Raoul. "Contribution à l'étude des pôles de croissance brésiliens: une industrie motrice, la sidérurgie du Minas Gerais". *Cahiers de l'Institut de science éonomique appliquée*. Paris, n. 10, I.S.E.A. 1957.

BRANCO, Zillah Murgel. "Catulo Branco: Um Pioneiro". *Memória e energia*. São Paulo: Fundação Patrimônio Histórico da Energia de São Paulo, n. 27, 2000.

BREITBACH, Áurea Corrêa de Miranda. *Estudo sobre o conceito de região*. Porto Alegre, Fundação de Economia e Estatística Siegfried Emanuel Heuser, 1988.

BRODIZIAK FILHO, Casimiro. *Paralelismo entre a TVA e a Comissão Interestadual da Bacia Paraná-Uruguai*. Brasil-Oeste. São Paulo, ano 5, n. 50, jul. 1960, p. 18-20.

CABRAL, Renata. *Mario Russo: um arquiteto italiano racionalista em Recife*. Recife: UFPE, 2006.CANNABRAVA, Paulo. *Adhemar de Barros: trajetória e realizações*. São Paulo: Terceiro Nome, 2004.

CANO, Wilson & GUIMARÃES NETO, Leonardo. "A Questão Regional no Brasil, Traços Gerais de sua Evolução Histórica - Pensamiento Iberoamericano". *Revista de Economia Política*. Madrid, ICI. n. 10, 1986.

Castro, Josué de. *Geografia da Fome: A Fome no Brasil*. Rio de Janeiro: O Cruzeiro, 1946.

CASTRO, Paulo de Carvalho. *Saúde e saneamento*. São Paulo: CIBPU, 1964.

CESTARO, Lucas. *Urbanismo e Humanismo: a SAGMACS e o estudo da "Estrutura Urbana da Aglomeração Paulistana"*. Dissertação (Mestrado em Arquitetura e Urbanismo) – EESC-USP, São Carlos, 2009.

CHATELAN, Olivier. "Expertise catholique et débuts de l'aménagement du territoire à Lyon (1945-1957)" *Chrétiens et sociétés*, n. 15, 2008. p. 107-128. Disponibilizado em 20 mar. 2009.

CHIQUITO, Elisângela de A. *Legislação urbanística e cidades planejadas no Brasil*. São Paulo: USP, 1998.

CHRISTALLER, W. *Central Places in Southern Germany*. Prentice-Hall, Englewood Cliffs, N. J. 1966.

CHRISTIE, Jean. "New Deal Resources Planning: The Proposals of Morris L. Cooke". *Agricultural History*, vol. 53, n. 3, jul. de 1979, p. 597-606.

CIBPU. *Análise do centro-sul como região*. São Paulo: CIBPU/DPES, 1966.

CINTRA, Jorge do Amaral. *Meios internacionais de financiamentos a projetos de desenvolvimento da economia paulista*. São Paulo: CIBPU, 1964.

CLEMENTE, Elvo, Ir. *Pilares da PUCRS*. Porto Alegre: EDIPUCRS, 2001.

COHN, Amélia. *Crise regional e planejamento: o processo de criação da SUDENE*. São Paulo: Perspectiva, 1976.

COHN, Gabriel. *Petróleo e Nacionalismo*. São Paulo: Difel, 1968.

COLISTETE, Renato Perim. "O desenvolvimentismo cepalino: problemas teóricos e influências no Brasil". *Estudos Avançados*. São Paulo, vol. 15, n. 41, 2001.

CONSIGLIO, Vespasiano. *Análise de estrutura econômica do Estado de São Paulo*. São Paulo: CIBPU, 1964.

COOKE, Morris L. "Multiple-purpose river valley development - Brazil". *Mechanical Engineering*, vol. 71, n. 130, fev. 1949.

COOKE, Morris L. "The Spirit and Social Significance of Scientific Management". *Journal of Political Economy*.Chicago, vol. 21, n. 6, jun. de 1913. p. 481-493.

COOKE, Morris Llewellyn. *Brazil on the March - A Study in International Cooperation. Reflections on the report of the American technical mission to Brazil*. Nova York: McGraw-Hill, 1944.

CORATO, Aline Coelho Sanches. *A obra e a trajetória do arquiteto Giancarlo Palanti: Itália e Brasil*. Dissertação (Mestrado) – EESC-USP, São Carlos, 2008.

CORREA, Roberto Lobato. "Hinterlândias, hierarquias e redes: uma avaliação da produção geográfica brasileira". In: *Revista Brasileira de Geografia*, vol. 5, n. 3, p. 113-137, 1989.

CORRÊA, Roberto. *Região e organização espacial*. São Paulo: Ática, 1995.

COSTA, Geórgia C. C. *Batatuba, uma cidade serial*. Do.Co.Mo.Mo, 2010

COUZON, Isabelle "Les espaces économiques de François Perroux (1950). Organisation de l'espace et aménagement du territoire dans l'économie et la géographie françaises au milieu du XXème siècle". *Revue d'Histoire des Sciences Humaines*, n. 9, 2003, p. 97.

DAL CO, Francesco. "De los parques a la región. Ideologia progressista y reforma de la ciudad americana". In: CIUCCI, Giorgio; DAL CO, Francesco; MANIERI-ELIA, Mário; TAFURI, Manfredo. *La ciudad americana. De La guerra civil al New Deal*. Barcelona: Gustavo Gili, 1975, p. 139-293.

D'ARAÚJO, Maria Celina. "Amazônia e desenvolvimento à luz das políticas governamentais: a experiência dos anos 50". *Revista Brasileira de Ciências Sociais*. 19, p. 40-55, São Paulo, 1992.

DEAN, Warren. *A industrialização de São Paulo (1980-1945)*. São Paulo: Difel/Edusp, 1971.

Derby, Orville. A.. "Manganese in Brazil". *Twentieth Annual Report of the U.S. Geological Survey*, Part VI, Washington, 1898/1899, p. 140-142.

Diniz, C. C. "Celso Furtado e o desenvolvimento regional". *Nova Economia*, vol. 19, 2009, p. 227-249.

DINIZ, Clélio C. *A dinâmica regional recente da economia brasileira e suas perspectivas*. Brasília: IPEA, 1995.

FAUSTO, B. *História do Brasil*. São Paulo: Edusp, 1999.

FELDMAN, Sarah. "1950: a década de crença no planejamento regional no Brasil". In: XIII Encontro Nacional da ANPUR, *Anais...* Florianópolis: ANPUR, 2009.

FELDMAN, Sarah. *Instituições de Urbanismo no Brasil na década de 1930: olhar técnico e dimensão urbano-industrial*. Tese (Livre Docência). EESC USP. 2008.

FELDMAN, Sarah. "Instituições de Urbanismo no Brasil: espaços de intermediação entre pensamento e prática". In: *VII Seminário de História da Cidade e do Urbanismo*, 2002, Salvador. Historiografia da cidade e do urbanismo: balanço da produção recente e desafios atuais. Anais ... Salvador: PPGAU-UFBa, 2002.

FELDMAN, Sarah. *Planejamento e Zoneamento: São Paulo: 1947-1972*. São Paulo: Edusp/Fapesp, 2005.

FICHER, Sylvia. *Os arquitetos da Poli: ensino e profissão em São Paulo.* São Paulo: Edusp, 2005.

FIGUERÔA, Sílvia Fernanda de Mendonça. *Modernos Bandeirantes: a Comissão Geográfica e Geológica de São Paulo e a exploração científica do território paulista (1886-1931).* Dissertação (Mestrado). São Paulo, 1987.

FREITAS, Luiz Mendonça de. *Problemas básicos da agricultura paulista.* São Paulo: CIBPU, 1964.

FRIEDMANN, J. "La estratégia de los pólos de crescimento como instrumento de La política de desarollo". In: PERROUX, F.; FRIEDMAN, J.; TINBERGEN, J. *Los polos de dasorrollo y la planificación nacional, regional e urbana.* Buenos Aires: Ediciones Nueva Visión, 1969.

FRIEDMANN, John R. P. *Introdução ao planejamento regional – com referência especial à região amazônica.* Rio de Janeiro: FGV, 1960.

FRIEDMANN, John; WEAVER, Clyde. *Territory and function: the evolution of regional planning.* Berkeley: University of California Press, 1979.

FURTADO, Celso. *A Nova Dependência: Dívida Externa e Monetarismo.* São Paulo, Paz e Terra, 1982.

FURTADO, Celso. *O mito do desenvolvimento econômico.* São Paulo, Paz e Terra, 1974.

GARCIA Jr, Gentil da Silva. *O populismo de Adhemar de Barros diante do poder militar no pos-64.* Dissertação (Mestrado). – IFCH, Campinas, 2001.

GARDIN, Cleonice. *Histórico e avaliação do papel da comissão interestadual da bacia Paraná-Uruguai no desenvolvimento regional (1951-1972) São Paulo e Mato Grosso.* Tese (Doutorado) – FFLCH-USP, São Paulo, 2002.

GEIGER, Pedro P. "Industrialização e urbanização no Brasil, conhecimento e atuação da geografia". *Revista Brasileira de Geografia*, v. 50, n. 2, 1988.

Geiger, Pedro Pinchas. "Organização regional do Brasil". *Revista Geográfica.* Rio de Janeiro, n. 61, Tomo XXXIII, jul./dez. 1964, p. 51.

GILBUÉS, Krystel. *Fonds de l'association Economie et Humanisme (1927-2007).* Archives Municipales de Lyon, 2009.

GOMES, Ângela de C. (Coord.). *Engenheiros e Economistas: novas elites burocráticas.* Rio de Janeiro: FGV, 1994, p. 1-11.

GORELIK, Adrián. "A produção da cidade latino-americana". *Tempo Social*, v. 17, n.1. São Paulo: USP, 2005, p. 111-133

GOTTMANN, J et al. "L'Amenagement de l'Espace: Planification régionale et geographie". *Cahiers de La Fondation Nationale des Sciences Politiques.* Paris, n. 32, Librarie Armand Colin, 1952.

GRAY, Aelred J.; JONHSON, David A. *The TVA regional planning and development program: the transformation of an institution and its mission*. Gateshead: Athenaeum Press, 2005.

HALL, Peter. *Cidades do amanhã: uma história intelectual do planejamento e do projeto Urbanos no Século XX*. São Paulo: Editora Perspectiva, 1995.

HAMBURGUER, Amélia Império. *Fapesp 40 anos: abrindo fronteiras*. São Paulo: Fapesp/Edusp, 2004.

HUXLEY, Julian. "TVA: an achievement of democratic planning". *Architectural Review*, Surrey, n. 93, jun. 1943, p. 66-138.

IANNI, Octávio. *Estado e planejamento econômico no Brasil (1930-1970)*. Rio de Janeiro: Civilização Brasileira, 1977.

KRAUSE, Paul. *O problema industrial paulista*. São Paulo: CIBPU, 1964.

KUGELMAS, Eduardo. "Políticas públicas na administração paulista: 1946-1977". *Cadernos Fundap*. São Paulo, ano 5, n. 9, mai. 1985, p. 30-45.

LA BLACHE, Paul Vidal. *Princípios de geografia humana*. Lisboa: Cosmos, 1954 (1ª edição francesa de 1921).

LAFER, Betty Mindlin. *Planejamento no Brasil*. São Paulo: Perspectiva, 1975.

LAMPARELLI, Celso et al. "Debate em E & D: planejamento urbano, do populismo aos dias atuais". *Espaço & Debates*, São Paulo: NERU, n. 4, ano I, 1981, p.137-173.

LAMPARELLI, Celso M.; RIVERA, Luiz L. *Análise da situação educacional: ensino fundamental e médio no Estado de São Paulo*. São Paulo: CIBPU, 1964.

LAMPARELLI, Celso Monteiro. "A politização do urbanismo no Brasil: a vertente católica". In: *Anais do IX Encontro Nacional da ANPUR*, vol. II. Rio de Janeiro: ANPUR, 2001.

LAMPARELLI, Celso Monteiro. "Louis-Joseph Lebret e a pesquisa urbano-regional no Brasil: crônicas tardias ou histórias prematuras". In: PADILHA, Nuno (Org.). *Cidade e urbanismo: história, teorias e práticas*. Salvador: FAU-UFBA, 1998, p. 281-298.

LAMPARELLI, Celso Monteiro. "O Ideário o do urbanismo: São Paulo em meados do século XX – o Pe. Lebret: continuidades, rupturas e sobreposições". *Cadernos de Pesquisa do LAP*. São Paulo: FAUUSP, mar./abr. 1995.

LE TOURNEUR, Mathilde. "Le père Lebret et le Brésil." In: *Colloque de Rennes*, 6–7 octobre de 2005, Actes..., organisé par le CRHISCO (Rennes 2–CNRS) et le Centre d'histoire du XIXe siècle (Paris I–Paris IV). Rennes: Presses Universitaires de Rennes, 2006.

LEBRET, Louis-Joseph *Manuel de l'enquêteur*. Paris: Presses Universitaires de France, 1952.

LEBRET, Louis-Joseph. *Curso de Economia Humana*. São Paulo: Escola Livre de Sociologia e Política de São Paulo, 1947.

LEBRET, Louis-Joseph. *Estudo sôbre desenvolvimento e implantação de indústrias, interessando a Pernambuco e ao Nordeste*. Recife: Comissão de Desenvolvimento Econômico de Pernambuco, 1955.

LEBRET, Louis-Joseph. *Manifesto por uma civilização solidária*. São Paulo: Duas Cidades, 1962.

LEBRET, Louis-Joseph. "Phases e rythmes de civilisation: orientations et méthodes de solution". *Economie & Humanisme*, Paris, n. 74, jul./ago. 1952.

LEBRET, Louis-Joseph. *Suicídio ou sobrevivência do ocidente?*. São Paulo: Duas Cidades, 1958.

LEME, M. C. S.; FERNANDES, A.; FILGUEIRA, G. M. A. (Orgs.). *Urbanismo no Brasil (1895-1965)*. São Paulo: Studio Nobel/FAU USP/FUPAM, 1999.

LEME, M. C. S.. "A circulação de ideias e práticas na formação do urbanismo no Brasil". In: PONTUAL, V.; LORETTO, R. P. (orgs.). *Cidade, territorio e urbanismo*. Recife: Ceci, 2009, p. 73-92.

LEME, Maria C. da S. "Francisco Prestes Maia". *Arquitetura e urbanismo*, São Paulo, n. 64, fev./mar. 1996.

LEME, Maria Cristina da Silva. "The transfers of urban ideas and models of foreign planners shaping the urbanism in São Paulo, Brazil at the beginning of the XX century". In: *Anais... 11th Conference of the International Planning History Society*, Barcelona, jul. 2004.

LEME, Maria Cristina da Silva; LAMPARELLI, Celso Monteiro. "A politização do urbanismo no Brasil: a vertente católica". In: *Anais do IX Encontro Nacional da ANPUR*, vol. II. Rio de Janeiro: ANPUR, 2001, p. 675-687.

LENCIONI, Sandra. *Região e geografia*. São Paulo: Edusp, 1999.

LILIENTHAL, David. *TVA. A democracia em marcha* (Tradução de Octavio A. Velho). Rio de Janeiro: Editora Civilização Brasileira, 1956.

LIMA, Álvaro de Souza. *Exemplo de planejamento regional a Bacia Paraná-Uruguai*. São Paulo: S.N., 1960.

LIMONGI, Fernando. "A Escola Livre de Sociologia e Política em São Paulo". In MICELI, Sérgio (org.). *História das ciências sociais no Brasil*, vol. 1, São Paulo: Vértice, 1989, p. 217-133.

LOPES, Lucas. *O vale do São Francisco*. Rio de Janeiro: Ministério da Viação e Obras Públicas, 1955.

LOPES, Lucas. *Memórias do desenvolvimento*. Rio de. Janeiro: Centro da Memória da Eletricidade no Brasil, 1991.

LOUREIRO, Maria Rita. *50 anos de ciência econômica no Brasil: pensamento, instituições, depoimentos*. Petrópolis: Vozes, 1997.

MACEDO, Roberto. "Antonio Delfim Netto". *Estudos avançados*. São Paulo, vol. 15, n. 43, 2001.

MANTEGA, Guido; REGO, José Marcio. *Conversas com economistas brasileiros*. São Paulo: Editora 34, 1999.

MARTINS, Demhóstenes. *A poeira da jornada: memórias*. São Paulo: Resenha Universitária, 1980.

MASINA, Renato. 50 anos de estudos e pesquisas. Rio Grande do Sul: UFRGS, 1953-2003

McCANN, Frank D. "Brazil and World War II: The Forgotten Ally. What did you do in the war, Zé Carioca?". *Estudios interdisciplinarios de America Latina y el Caribe*, Telaviv, vol. 6, jul./dez. 1995.

MELO, M. A. B. C. Municipalismo, nation-building e a modernização do Estado no Brasil. *Revista Brasileira de Ciências Sociais*. São Paulo, n. 23, ano 8, 1993, p. 85-100.

MONBEIG, Pierre. *Pioneiros e fazendeiros de São Paulo*. São Paulo: Hucitec/Pólis, 1984.

MONIZ BANDEIRA, L. A. *Brasil, Argentina e Estados Unidos: conflito e integração na América do Sul – Da Tríplice Aliança ao Mercosul*. Rio de Janeiro: Editora Revan, 2003.

MUMFORD, Lewis. "Planejamento regional: uma nova tarefa". In: *A cultura das cidades*. Belo Horizonte. Editora Itatiaia, 1970, p. 387-415.

MUSCARÀ, Luca. "A heurística de Jean Gottmann: um dispositivo psicossomático". In: SAQUET, M; SPÓSITO, E. S. *Territórios e territorialidades: teorias, processos e conflitos*. São Paulo: Editora Expressão Popular, 2009.

NAKATA, Vera Lucia M.; TORRE, Silvia Regina S. Della; LIMA, Igor Renato M. *Entrevista com o professor José Augusto Martins, 2003*. Disponível em: <http://www.poli.usp.br/Organizacao/Historia/Diretores/Menezes_Rocha.asp>. Acesso em: jun. 2009.

NOGUEIRA, Brenno Cyrino. *Planejamento de bacias hidrográficas: algumas informações sobre as experiências do TVA (Tennessee Valley Authority)*. São Paulo: FAUUSP, 1979.

NOGUEIRA, Oracy. *O desenvolvimento de São Paulo: imigração estrangeira e nacional e índices demográficos, demógrafos-sanitários e educacionais*. São Paulo: CIBPU, 1964.

NOVICK, Alicia. La ciudad, el urbanismo y los intercambios internacionales. Notas para la discusión. Revista iberoamericana de urbanismo, n. 1, Barcelona, 2009, p. 4-14.

NUCCI, Nelson L. R.; GREINER, Peter; KIMATZ, Tsungo. *Equipamentos urbanos de água e esgotos no Estado de São Paulo*. São Paulo: CIBPU, 1964.

PALMIERI, Victorio. *D'Achille humanismo nas instituições políticas e econômicas*. São Paulo: CIBPU, 1964.

PELLETIER, Denis. "Économie et humanisme". *De l'utopie communautaire au combat pour le Tiers Monde (1941-1966)*. Paris: Éditions du Cerf, 1996.

PERROUX, F. "Nota sobre el concepto de 'pólo de crecimiento'". In: PERROUX, F; FRIEDMAN, J.; TINBERGEN, J. *Los pólos de desarrollo y la planificación nacional, urbana e regional*. Buenos Aires: Nueva Visión, 1955.

PERROUX, François. *A economia do século XX*. São Paulo: Herder, 1967

PINHO, Diva Benevides *Cooperativismo e desenvolvimento das zonas rurais do Estado de São Paulo*. São Paulo: CIBPU, 1964.

PRATES, Arlene M. Maykot. Geohistória na concepção de vicens vives. Geosul, Santa Catarina, n. 2, 1986.

PREBISCH, Raul. "O desenvolvimento econômico da América Latina e seus principais problemas". *Revista Brasileira de Economia*, Rio de Janeiro, ano 3, n. 3, 1949.

PROCHNIK, Wit-Olaf. "Formação de Planejadores". *Leituras de planejamento e urbanismo*. Rio de Janeiro: IBAM, 1965, p. 39-43.

RATTNER, H. *Planejamento urbano e regional*. São Paulo, Editora Nacional, 1974.

RECH, Hélvio. A formação do setor energético de Mato Grosso do Sul: uma análise à luz da teoria do desenvolvimento de Celso Furtado – Tese de Doutorado –EPUSP. São Paulo, 2010.

RIBEIRO, Luiz Cesar Q.; CARDOSO, Adauto L. "Planejamento urbano no Brasil: paradigmas e experiências". *Espaço & Debates*, São Paulo: NERU, n. 37, ano XIV, 1994, p. 77-89.

RICARDO, Cassiano. *Marcha para Oeste (a influência da bandeira na formação social e política do Brasil)*. Rio de Janeiro: José Olímpio Editora, 1940.

RIGHI, Roberto. *A Estratégia dos Pólos Industriais como Instrumento para o Desenvolvimento Regional e a sua Aplicabilidade no Estado de São Paulo* – Tese de Doutorado – FAUUSP, São Paulo, 1988.

RIOS, José Arthur. *Lebret: profeta ou visionário? Carta Mensal*. Rio de Janeiro, v. 55, n. 659, fev. 2010, p. 46-77.

ROCHEFORT, Michel. *Redes e sistemas: ensinando sobre o urbano e a região*. São Paulo: Hucitec, 1998.

SAGMACS. *Problemas de desenvolvimento. Necessidades e possibilidades do Estado de São Paulo*. São Paulo: CIBPU, 1954.

SAGMACS. *Problemas de desenvolvimento. Necessidades e possibilidades dos Estados de Rio Grande do Sul, Santa Catarina e Paraná*. São Paulo: CIBPU, 1958.

SANTA INEZ, José R. M. de "Planejamento territorial intermunicipal: uma proposta para sua instrumentalização". *Revista Integração*, ano X, n. 36, jan./mar. 2004, p. 17-25.

SANTOS, M. *A cidade nos países subdesenvolvidos*. São Paulo: Civilização brasileira, 1965.

SANTOS, M. *Por uma Geografia Nova*. São Paulo: Hucitec, 1978.

SAQUET, M; SPÓSITO, E. S. *Territórios e territorialidades: teorias, processos e conflitos*. São Paulo: Editora Expressão Popular, 2009.

SAQUET, Marcos Aurélio. "A renovação da geografia: a construção de uma teoria de território e de territorialidade na obra de Jean Gottman". *Revista da ANPEGE*, v. 5, 2009.

SARMENTO, João. O Evolucionismo Cultural e o Planeamento Urbano e Regional. Texto em memória dos 150 anos do nascimento de Sir Patrick Geddes (1854-1932). Geo-Working papers, SÉRIE EDUCAÇÃO 2004/2.

SCAGLIUSI, Modesto. *O ensino técnico*. São Paulo: CIBPU, 1964.

SCHERMA, Márcio Augusto. *A atuação do Banco Interamericano de Desenvolvimento no Brasil (1959-2006)*. Dissertação de mestrado – Unicamp. Campinas, 2007.

SCHIFFER, Sueli Ramos. "São Paulo como pólo dominante do mercado unificado nacional". In: DÉAK, C.; SCHIFFER, S. R. (orgs.) *O processo de urbanização no Brasil*. São Paulo: Edusp, 2004.

SEGRE, Roberto. O sonho americano de Oscar Niemeyer. Niemeyer, Le Corbusier e as Américas. Revista Arquitetura e Urbanismo, edição 165, dezembro de 2007, p. 42-49.

SEREBRENICK, Salomão. (1963) Planejamento regional. Revista Brasileira de Geografia. Jan-mar de 1963. Rio de Janeiro: Conselho Nacional de Geografia, 1963.

SILVA, Vicente Gil. A aliança para o progresso no Brasil: de propaganda anticomunista à instrumento de intervenção política. (1961-1964) (dissertação de mestrado) Porto Alegre: UFRGS. 2008.

SILVEIRA, Reolando. *A CESP. Fatos precursores de sua gênese*. São Paulo: CESP, 1987.

SINGER, Paul. De dependência em dependência: consentida, tolerada e desejada. Estudos Avançados, São Paulo, v. 12, n. 33, ago. 1998.

SKIDMORE, Thomas E. *Brasil de Getulio a Castello 1930-64*. São Paulo: Paz e Terra, 1985.

SKIDMORE, Thomas. *Uma História do Brasil*. São Paulo: Paz e Terra, 1998.

Souza, Maria Adélia A.; Campos, Cândido Malta; Andrade, Regis de Castro; Jancso, Ida "Debate: Planejamento em crise" Espaços & Debates, n°1, 1981.

TARTAGLIA, J,C. e OLIVEIRA, O. L. (orgs.) - *Modernização e Desenvolvimento no Interior de São Paulo*. São Paulo, Editora Unesp, 1988.

TAUNAY, Alfredo d'Escangnolle. *História Geral das Bandeiras Paulistas*. São

Paulo: Museu Paulista, 1924.

TINBERGEN, J. A Planificação e os Pólos de Desenvolvimento. Lisboa, Rés, 1975.

VALLADARES, Licia do Prado. A invenção da favela: do mito de origem a favela.com. Rio de Janeiro: FGV, 2005.

VARGAS, Getúlio. A nova política do Brasil. Vol. 1 a 10. Rio de Janeiro: José Olympio, 1938-1941.

VARGAS, Getúlio. Mensagem ao Congresso Nacional. Rio de Janeiro: Imprensa Nacional, 1952.

VIANNA, Sérgio Besserman. A política econômica no segundo governo Vargas (1951-1954). Rio de Janeiro: BNDES, 1987.

Documentos da CIBPU
Acervo pesquisado: Fundo CIBPU.

ATA da Instalação da Comissão Técnica de Estudos da Bacia do Paraná de 15/05/1952.

ATA da Primeira Reunião dos Componentes da Comissão de Estudos dos Problemas Econômicos da Região do rio Paraná e seus afluentes de 16/05/1952.

CIBPU. 2º Curso de Economia Regional. (relatório) (CIBPU/ USP-FEA/FIPE) São Paulo: CIBPU, 1971.

CIBPU. Análise do centro-sul como região. São Paulo: CIBPU/DPES, 1966.

CIBPU. Aproveitamento hidroelétrico do Rio Paraná: Saltos de Urubupungá-Itapura, Barragem de Jupiá. São Paulo: CIBPU, 1960.

CIBPU. Curso de Economia Regional. (CIBPU/ USP-FEA/FIPE) São Paulo: CIBPU, 1970. 2v.

CIBPU. Curso de Planejamento Regional. (CIBPU/ USP-FEA/ EPEA/Regional Science Research Institute- da Pensilvânia/ BID). São Paulo, julho/agosto de 1966.

CIBPU. Curso de técnicas de elaboração de projetos: curso de extensão universitária. (colaboração: BIRD/ FMI/ BID/ USAID/ CEPAL-BNDE/ EPEA/ FGV/ EPUSP. São Paulo: CIBPU, 4v.

CIBPU. Diagnóstico geral da Bacia Paraná-Uruguai (Tese apresentada ao I Congresso Brasileiro de Desenvolvimento Regional). Araxá-MG. São Paulo: CIBPU, 1965b.

CIBPU. Diretrizes para uma política de desenvolvimento regional. In: CIBPU (1966) Curso de Planejamento Regional. (CIBPU/ USP-FEA/ EPEA/Regional Science Research Institute- da Pensilvânia/ BID). São Paulo, julho/agosto de 1966.

CIBPU. Estudos dos obstáculos ao desenvolvimento industrial dos Estados da Região Sul. São Paulo: CIBPU, 1962.

CIBPU. Integração regional e pólos de desenvolvimento. São Paulo: CIBPU, 1966.

CIBPU. Os pólos de desenvolvimento industrial da CIBPU e o planejamento regional. In: I SEMINÁRIO Nacional sobre Pólos de Desenvolvimento. Recife: CIBPU, 1966.

CIBPU. Resumo do PIR = Plano de Industrialização Regional. São Paulo: CIBPU, 1964.

CIBPU. Reunião preliminar das entidades regionais de financiamento do desenvolvimento industrial da região da Bacia Paraná-Uruguai. São Paulo: CIBPU, 1964.

CIBPU/CPEU. Projeto de um distrito industrial: Presidente Prudente. São Paulo, s/d.

CIPBU. Relatório de 1957-1958. São Paulo: CIBPU, 1959.

CIPBU. Relatório do exercício de 1954. São Paulo: CIBPU, 1955.

CIPBU. Relatório do exercício de 1959. São Paulo: CIBPU, 1960a.

CIPBU. Relatório do exercício de 1964. São Paulo: CIBPU, 1965.

CONFERÊNCIA DE GOVERNADORES (10: 18-20 fev. 1968 : Urubupunga) Anais da 10ª Conferência de governadores Urubupunga : CIBPU, 1968.

CONFERÊNCIA DE GOVERNADORES (1ª: 06 a08 de set. de 1951: São Paulo) Ata. São Paulo: CIBPU, 1951.

CORRÊA, C. A. Esquema do Plano Regional da Bacia Paraná-Uruguai (trabalho técnico). São Paulo, 1954.

CZARNY, Raul. Plano de industrialização regional: alguns aspectos da economia do Estado de Santa Catarina e seleção dos pólos de desenvolvimento. São Paulo: CIBPU, 1964.

IKEDA, Akihiro. Plano de industrialização regional: alguns aspectos da economia do Estado do Rio Grande do Sul e seleção dos pólos de desenvolvimento. São Paulo: CIBPU, 1964.

MORAIS, Adail. Os investimentos estrangeiros e a bacia Paraná-Uruguai. Porto Alegre: 1958.

MORTADA, Nelson. Plano de industrialização regional: alguns aspectos da economia do Estado de Mato Grosso e seleção dos pólos de desenvolvimento. São Paulo: CIBPU, 1964.

NOGUEIRA, Oracy. O desenvolvimento de São Paulo: imigração estrangeira e nacional. São Paulo: CIBPU, 1964.

PEZZONI, Hilton Liviero. Plano de industrialização regional: alguns aspectos da economia do Estado de Minas Gerais e seleção dos pólos de desenvolvimento. São Paulo: CIBPU, 1964.

SAGMACS. Problemas de desenvolvimento. Necessidades e possibilidades do Estado de São Paulo. São Paulo: CIBPU, 1954, 2v.

SAGMACS. Problemas de desenvolvimento. Necessidades e possibilidades dos Estados de Rio Grande do Sul, Santa Catarina e Paraná. São Paulo: CIBPU, 1958.

VIACAVA, Carlos. Plano de industrialização regional: alguns aspectos da economia do Estado de Goiás e seleção dos pólos de desenvolvimento. São Paulo: CIBPU, 1964.

YOKOTA, Paulo. A regionalização do Estado de São Paulo. São Paulo: CIBPU, 1968.

YOKOTA, Paulo Plano de industrialização regional: alguns aspectos da economia do Estado do Paraná e seleção dos pólos de desenvolvimento. São Paulo: CIBPU, 1964.

Documentos e relatórios

CEPAL. Boletín economico de America Latina / Comisión Económica para America Latina, Naciones Unidas Vol.1. (1956)-v. 19 (1974) Santiago : La Comisión, 1956-1974.

CAHIERS DU BRESIL CONTEMPORAIN. Le développement, qu'est-ce? L'apport de Celso Furtado. Paris: MSH/EHESS/IHEAL, n° 33/34, 1998.

CHARTE DE L'AMÉNAGEMENT (documento elaborado durante a semana de estudos realizada de 22 a 28 de setembro de 1952 em La Tourette, na França. Revista Economie et Humanisme, n° 79, maio-junho de 1953.

CONGRESSO Brasileiro de Desenvolvimento Regional, 1°, Anais..., Araxá, 14 a 20 de fevereiro, 1965.

ESTADOS UNIDOS. A Missão Cooke no Brasil. (relatório dirigido ao Presidente dos Estados Unidos da América pela Missão Técnica Americana enviada ao Brasil). São Paulo: FGV, 1942.

ESTADOS UNIDOS. COMISSÃO DE RELAÇÕES EXTERIORES DA CÂMARA DOS REPRESENTANTES. O ponto quatro. Repartição de Línguas Estrangeiras da Secretaria de Estado dos Estados Unidos, Washington, D.C, s/d.

I SEMINÁRIO Nacional sobre Pólos de Desenvolvimento. Recife: CIBPU, 1966.

NAÇÕES UNIDAS. COMISSÃO ECONÔMICA PARA A AMERICA LATINA. Desarrollo industrial de America Latina. In: Seminario Internacional sobre Desarrollo Industrial (1967 : Atenas) S.l. : Cepal, 1967.

NAÇÕES UNIDAS. CONSEJO ECONÔMICO Y SOCIAL. Desarrolo Social de America Latina em la Postguerra. (monografia elaborada pela Comision Economica para América Latina). Mar Del Plata: maio de 1963.

NATIONS UNIES. Rapport Sur la definition et l'evaluation des niveaux de vie du point de vue international. New York, 1954. (Documento E/CN.3/179 E/CN.5/299. Mars 1954.)

RELATÓRIO da Comissão Mista Brasil-Estados Unidos. Memórias do Desenvolvimento. Ano 2, n° 2. Rio de Janeiro: Centro Internacional Celso Furtado de Políticas para o Desenvolvimento, 2008.

SÃO PAULO. Comissão Geográfica e Geológica. Exploração do rio Paraná: I. Barra do rio Tietê ao rio Parnahyba; II. Barra do rio Tietê ao rio Paranapanema. 2.ed. São Paulo: Comissão Geográfica e Geológica. 1911.

SÃO PAULO (Estado). II Plano de Ação do Governo Carvalho Pinto (1963-1966). São Paulo: Imprensa Oficial do Estado, 1962.

SÃO PAULO (Estado). Plano de Ação do Governo Carvalho Pinto (1959- 1963). São Paulo: Imprensa Oficial do Estado, 1959.

SÃO PAULO (Estado). Comissão Geográfica e Geológica. Exploração do Rio Paraná. (relatório). São Paulo: s/e. 1911.

UNITED NATIONS. Measures For The Economic Development Of Underdeveloped Countries. (Report by a Group of Experts appointed by the Secretary-General of the United Nations) New York: May, 1951.

UNITED NATIONS. DEPT. OF SOCIAL AFFAIRS. Rapport préliminaire sur la situation sociale dans le monde: et les niveaux de vie en particulier. New York, NY : Nations Unies, 1952.

U.S. DEPARTMENT OF STATE. The Point Four Program. (publication 3347) Washigton D.C.: U.S. Government Printing Office, 1949

Legislação

BRASIL. CONSTITUIÇÃO DOS ESTADOS UNIDOS DO BRASIL - DE 24 DE FEVEREIRO DE *1891*.

BRASIL. Decreto nº 19.924 de 27 de abril de 1931 - Dispõe sobre as terras devolutas.

BRASIL. Decreto nº 22.785 de 31 de maio de 1933 - Veda o resgate dos aforamentos de terrenos pertencentes no domínio da União e da outras providências.

BRASIL. Decreto nº 22.789 de 6 de junho de 1933 - Cria o Instituto do Açúcar e do Álcool e dá outras providências. Sua criação foi principalmente em função da "necessidade de assegurar o equilíbrio do mercado de açúcar conciliando, do melhor modo, os interesses de produtores e consumidores". Foi extinto em apenas em 1990, pela Lei nº 8.029.

BRASIL. Decreto nº 24.643, DE 10 DE JULHO DE 1934. Decreta o Código de Águas.

BRASIL. Decreto-Lei nº 406 de 04/05/1938 Dispõe sôbre a entrada de estrangeiros.

BRASIL. Decreto nº 3.010, de 20 de Agosto de 1938. Regulamenta o decreto-lei n. 406, de 4 de maio de 1938, que dispõe sobre a entrada de estrangeiros no território nacional.

BRASIL. *Decreto-Lei* nº 375 – de 13 de abril de 1938. Cria o *Instituto Nacional do Mate* e dá outras providências. O órgão era "administrativa e financeiramente autônomo" e tinha por função "coordenar e superintender os trabalhos relativos à defesa de sua produção, comércio e propaganda".

BRASIL. Decreto-Lei Federal nº 2009 de 09/02/1940 - Dá nova organização aos núcleos coloniais.

BRASIL. Decreto-Lei Federal nº 3059 de 14/02/1941 - Dispõe sobre a criação de Colônias Agrícolas Nacionais.

BRASIL. Decreto-Lei Federal nº 4504 de 22/07/1942 - Dispõe sobre a criação de núcleos coloniais agro-industriais.

BRASIL. CONSTITUIÇÃO DOS ESTADOS UNIDOS DO BRASIL - de 18 de setembro de 1946.

BRASIL. LEI ORDINÁRIA nº 541 de 15 de dezembro de 1948 - Cria a Comissão do Vale do São Francisco (CVSF) e dá outras providências.

BRASIL. Projeto de LEI nº 19 de 21 de março de 1950 - cria a Comissão do Vale do Paraná e dá outras providencias. Fonte: Diário do Congresso Nacional, 22 de março de 1950, p. 1844-1948.

BRASIL. LEI nº 2.018, de 23 de dezembro de 1952 de São Paulo - Dá organização à "Comissão Interestadual da Bacia Paraná - Uruguai", aprova as suas deliberações e dá outras providências.

BRASIL. LEI ORDINÁRIA nº 1806, de 06 de janeiro de 1953 - Dispõe Sobre o Plano de Valorização Econômica da Amazônia, Cria a Superintendência da Sua Execução e da outras providências.

BRASIL. Decreto nº 36.214, DE 21 DE MAIO DE 1954. Outorga ao Departamento de Águas e Energia Elétrica – DAEE autorização de estudos para aproveitamento do Rio Tietê.

BRASIL. LEI nº 2976, 28 nov. 1956. Dispõe sobre o Plano de Valorização Econômica da Região da fronteira Sudoeste do País.

BRASIL. LEI ORDINÁRIA nº 3.692, de 15 de dezembro de 1959 - Institui a Superintendência do Desenvolvimento do Nordeste e dá outras providências.

BRASIL. LEI ORDINÁRIA nº 4177, DE 11 DE DEZEMBRO DE 1962. Estima a Receita e Fixa a Despesa da União para o Exercício Financeiro de 1963. In: DOU. Diário Oficial da União, 20 Dezembro 1962.

BRASIL. Portaria MME Nº98 de 25 de abril de 1963.

BRASIL. Decreto-Lei nº 281, de 28 de fevereiro de 1967. Extingue o Instituto Nacional do Mate e dá outras providências.

BRASIL. Decreto-Lei nº 301, DE 28 DE FEVEREIRO DE 1967. Dispõe Sobre o Plano de Desenvolvimento da Fronteira Sudoeste, Aprova o Primeiro Plano Diretor, Extingue a Superintendência do Plano de Valorização Econômica da Região da Fronteira Sudoeste do País, Cria a Superintendência do Desenvolvimento da Fronteira Sudoeste - Sudesul - e dá outras Providências. In: DOU. Diário Oficial da União, 28 Fevereiro 1967.

BRASIL. Decreto nº 65790, DE 05 DE DEZEMBRO DE 1969. Dispõe Sobre o Enquadramento do Pessoal da Extinta Superintendência do Plano de Valorização Econômica da Região da Fronteira Sudoeste do País Beneficiado pela Lei 4.069, de 11 de Junho de 1962, Artigo 23, Parágrafo Único Outras Providencias. In: DOU. Diário Oficial da União, 09 Dezembro 1969.

BRASIL. Decreto nº 66627, DE 25 DE MAIO DE 1970. Retifica o Enquadramento do Pessoal da Extinta Superintendência do Plano de Valorização Econômica da Região da Fronteira Sudoeste do País, Aprovado Pelo Decreto 65.790, de 5 de Dezembro de 1969, e da Outras Providencias. In: DOU. Diário Oficial da União, 26 Maio 1970.

BRASIL. Decreto nº 67084, de 19 DE AGOSTO DE 1970. Tratado da Bacia do Prata. In: DOU. Diário Oficial da União, 20 de agosto de 1970.

BRASIL. Lei nº 11.107, de 6 de Abril de 2005. Dispõe sobre normas gerais de contratação de consórcios públicos e dá outras providências.

SÃO PAULO (PROVÍNCIA). Lei Provincial Nº 9, de 27 de março de 1886.

SÃO PAULO (estado). Lei Orgânica dos municípios do Estado de São Paulo de 18/07/47.

SÃO PAULO (estado). Lei estadual nº 487, de 13 de outubro de 1949. Concede subvenção a Convenção dos Engenheiros, certame preparatório do I Congresso Pan-Americano de Engenharia.

SÃO PAULO (estado). Lei estadual nº 1350 de 12 de dezembro de 1951. Cria e organiza o Departamento de Águas e Energia Elétrica, como autarquia estadual, extingue a Inspetoria de Serviço Público da Secretaria de Viação e Obras Públicas e dá outras providências.

Entrevistas

Prof. Abdalla Added, São Paulo, 18 de março de 2008.

Luiz Carlos Mörsch Goelzer, Florianópolis, 27 de setembro de 2011.

Entrevista com o professor José Augusto Martins. Concedida a NAKATA, Vera Lucia M.; TORRE, Silvia Regina S. Della; LIMA, Igor Renato M. de. (2003). Disponível em http://www.poli.usp.br/Organizacao/Historia/Diretores/Menezes_Rocha.asp Acesso em junho de 2009.

Alameda nas redes sociais

Site: www.alamedaeditorial.com.br
Facebook.com/alamedaeditorial/
Twitter.com/editoraalameda
Instagram.com/editora_alameda/

Esta obra foi impressa em São Paulo na primavera de 2017. No texto foi utilizada a fonte Minion Pro em corpo 10,25 e entrelinha de 15, 375 pontos.

Impresso por